기업 10적

기업의 성장과 발전을 가로막는 10가지 적

기업 10적

초판 1쇄 2015년 3월 25일
　　2쇄 2015년 4월 30일

지은이 매일경제 편집국
펴낸이 전호림 　**편집총괄** 고원상 　**담당PD** 이승민 　**펴낸곳** 매경출판㈜
등 록 2003년 4월 24일(No. 2 – 3759)
주 소 우)100 – 728 서울특별시 중구 퇴계로 190 (필동 1가) 매경미디어센터 9층
홈페이지 www.mkbook.co.kr
전 화 02)2000 – 2610(기획편집)　02)2000 – 2636(마케팅)　02)2000 – 2606(구입 문의)
팩 스 02)2000 – 2609 　**이메일** publish@mk.co.kr
인쇄·제본 ㈜M – print 　031)8071 – 0961

ISBN 979 – 11 – 5542 – 236 – 6(03320)
값 14,000원

기업의 성장과 발전을 가로막는 10가지 적

기업10적

매일경제 편집국 지음

매일경제신문사

《기업 10적》을 펴내며

편집국장으로 임명된 지 1주일 지난 2014년 11월 8일, 토요일 오후였습니다. 편집국 당직 기자로부터 보고가 올라왔습니다. 이동찬 코오롱그룹 명예회장이 돌아가셨다는 소식이었습니다. 전화를 받자마자 20여 년 전 일이 떠올랐습니다. 졸병 기자 시절 코오롱그룹의 계열 금융회사인 한양투자금융이 LG그룹 계열인 금성투자금융과 합병을 논의하는 결정적 현장을 포착했는데, 그 자리가 그룹 오너들의 만찬 자리였습니다. 아직도 영업 중인 낙원동에 있는 '송암'이라는 한정식집이었습니다. 저녁 늦게 당시 구자경 LG그룹 회장과 술이 거나하게 취해 방문을 걸어 나오시는 이동찬 회장을 붙잡고 합병 이슈를 취재한 기억이 납니다.

그런 작은 인연이 이 회장에 대한 관심으로 이어졌고 그 후 몇 차례 취재원과 취재기자의 관계로 만났습니다. 그래서인지 이 회장의 별세소식은 조금은 남다르게 다가왔습니다. 그러나 편집국장으로서 이 기사를 다음 날 신문에서 어떻게 다뤄야 할지를 고민해야 하는 현실로 돌아오는 데는 그리 오랜 시간이 걸리지 않았습니다. 담당 데스크와 취재기자와 대강 협의를 하고 다음 날 편집국 데스크 회의에서 의견을 모으기로 했습니다. 나름 마음속으로 결론을 준비하고 있었습니다. 이런 생각을 했습니다.

'부음 기사를 한번 제대로 써보자. 아마 통상적으로는 신문 뒤쪽에 배치된 인물면의 톱 정도로 쓰면 될 것이다. 기사 비중을 좀 높이자면 1면에 1~2단짜리 기사를 별도로 쓸 수도 있다. 그러나 과연 한 시대를 풍미한 기업인의 죽음을 이렇게 보잘것없게 소화해도 되는 걸까?'

편리한 관성에 타협하는 건 쉽습니다. 그 흔한 재벌 오너 중 한 명인데 기사를 대강 소화해도 누가 뭐라 할 사람은 없을 것입니다. 오히려 크게 다루면 오해받기에 십상입니다. 하지만 저는 이런 관행에 저항하기로 했습니다.

고인은 우리나라에서 처음으로 나일론 제조 기업을 세웠고 화학, 건설, 제약, 전자, 정보통신 등 사업 다각화를 통해 경제 발전을 이뤄냈습니다. 1982년부터 1996년까지 14년간 경영자총협회 회장도 역임하면서 노사문화 확립에 이바지했습니다. 숱한 일화가 있고 파고들면 드라마 같은 화젯거리도 찾을 수 있습니다. 단지 국민에게서 따가운 눈총을 받는 '재벌 오너'

라는 이유로 이 회장의 부음 기사를 연예인의 부음 기사보다도 작게 취급하는 건 부당하고 불공평하다고 여겼습니다. 그것이 당시 매일경제신문 편집국의 결론이었습니다. 그래서 이동찬 회장의 부음 기사는 1면 오른쪽 톱과 3면 전체를 할애해서 제작하게 됐습니다.

지금 우리나라는 기업이나 기업인들에 대한 평가가 너무나도 인색합니다. 아니 인색하다면 그나마 다행일 겁니다. 기업하는 어떤 분들을 붙잡고 물어봐도 억울하기 짝이 없다고 할 겁니다. 그중에는 죄를 지은 기업인도 있고 탐욕에 눈이 멀어 타인에게 상처를 준 기업인도 있습니다만 그걸로 전체 기업인을 매도할 수는 없습니다. 어느 시골 동네 청년이 엽기적인 살인을 저질렀다고 그 동네 주민 전체를 매도하는 경우는 없습니다.

많은 사람이 기업의 성장과 기업인들의 부의 축적을 정부의 특혜나 정경유착에서 찾습니다. 너무나 시대착오적입니다. 거기엔 치열한 경쟁에서 살아남으려는 몸부림이 있었고 세계 1등이 되기 위해 뼈를 깎는 노력이 있었습니다. 기업 규모가 크든 작든, 성공했든 문턱에서 좌절했든, 남다른 열정으로 살아온 기업인들은 우리의 영웅입니다. 사실과 현실에 천착하지 않고 단지 인기영합주의에 휩싸여 기업을 괴롭히는 건 천박한 시기심이며, 그런 시류에 편승하는 언론은 저널리즘의 탈을 쓴 흉기일 것입니다.

매일경제신문의 '기업 10적' 시리즈는 그 같은 고민에서 나왔습니다. 적어도 기업에게 박수는 치지 않더라도 부당하게 꿀밤은 주지 말자는 분위기를 만들어보자는 충심이었습니다.

우리나라에 모두 340만 개의 기업이 있습니다. 근로자 수는 1,500만 명입니다. 이들의 가족까지 포함하면 국민 대다수가 직간접적으로 기업과 운명을 함께하고 있습니다. 그런 기업에 우리는 큰 누명을 씌워왔는지 모릅니다. 맹목적으로 기업을 공격하는 세력이 없다고 누가 장담할 수 있겠습니까. 그런 억울한 누명과 무자비한 공격 앞에 기업들은 성장이 발목 잡히고, 자칫 싹도 틔우기 전에 문을 닫기도 합니다.

매일경제신문은 LG경제연구원과 한국리서치와의 공동 설문조사를 통해 기업 경영활동을 가로막는 10개의 장애물을 선정했습니다. 대기업·중소기업 임원 110명, 대학교수 105명, 연구원 21명 등 총 236명을 대상으로 한 설문조사 결과에서, 최대 장애물은 파업을 일삼는 강성노조였습니다. 과도한 규제와 반기업 정서도 있었고 무소불위 기업 오너도 문제였습니다. 내부의 적이지요. '아니면 말고'식 미디어뿐만 아니라 일부 정치권, 시민단체 역시 기업의 앞길을 가로막는 훼방꾼이었습니다.

기업은 흔히 살아 숨 쉬는 생물이라고 합니다. 외부 환경에 민감하게 반응하면서 생명을 유지합니다. 경영진과 조직원들의 판단과 노력에 따라 기업의 운명은 수시로 바뀝니다. 우리

기업들은 지금 이 순간에도 치열한 경쟁 속에서 생존을 위해 허리띠를 졸라매고 있습니다. 그런 노력이 우리나라의 미래를 만들고, 우리 젊은이들에게 일자리를 제공합니다. 매일경제신문의 '기업 10적' 시리즈가 힘든 시기를 견뎌내는 기업들에 큰 힘이 되었길 바랍니다.

책이 나오기까지 수고하신 분들이 많습니다. 연말연시 바쁜 시간을 쪼개서 이번 기획을 준비했던 매일경제 특별취재팀 기자들에게 격려의 박수를 보냅니다. 설문조사를 도와준 LG경제연구원과 한국리서치에도 감사의 말씀을 전합니다. 또한, 출판에 아낌없이 지원해주신 전원태 MS코프 회장님께 진심으로 감사드립니다.

매일경제신문 편집국장 손현덕

한국경제를 망치는 기업 10적

박제순(외부대신), 이지용(내부대신), 이근택(군부대신), 이완용(학부대신), 권중현(농상부대신). 제국주의 일본이 1905년 한반도 침탈에 앞서 을사늑약을 체결할 당시 한국측 대신 가운데 조약에 찬성해 서명한 인물들이다. 후세는 그들을 가리켜 '을사5적'(乙巳五賊)이라고 부른다. 당시 총 9명의 대신 가운데 5명이 을사늑약에 서명했다. 그리고 풍전등화와 같던 구한말 조선은 일제의 침략통치라는 인고와 굴욕의 세월을 겪었다.

1905년 조선을 멸망시키는 데 앞장선 을사5적이 있었다면 2015년 한국에는 '기업 10적'이 있다. 기업 10적이란 우리나라 기업들의 성장과 투자를 가로막는 10가지 적들을 가리키는 용어다. 매일경제가 을사5적을 빗대 기업 10적이라는 용어를 고안한 이유는 기업들의 성장과 투자, 더 나아가 우리나라 경제와 국가 발전에 미치는 악영향이 과거 조선을 팔아먹은 매국노 5명에 비견될 만큼 심각하고 막대하기 때문이다. 을사5적 대신

서울 강남을 가로지르는 왕복 10차선 간
선도로인 테헤란로. 이곳은 국내 굴지의
대기업과 글로벌 기업, 무역센터 등이 들
어선 기업 중심지다.

들은 조선 민중 및 의병에게 공공의 적이 됐고 그 후손들도 주
홍글씨가 새겨져 떳떳하게 활동하지 못했다. 하지만 기업 10적
들은 아직도 왕성하게, 그리고 강렬한 기세로 21세기 한국 사
회를 주름잡고 있다.

  21세기 글로벌 시장을 이끌어 가는 가장 강력한 경제 주체는
바로 경쟁력을 갖춘 기업이다. 기업이 망하는 나라는 경제도
망한다. 기업이 망하면 일자리가 줄어들고 사회는 엄청난 혼란
을 겪게 된다. 1998년 외환위기를 겪을 당시 수많은 기업이 연

쇄 부도로 쓰러졌고 우리 사회는 단군 이래 최대의 경제 대란에 직면했던 기억이 아직도 생생하다. 그런 점에서 기업에게 적이 되는 10가지 암적인 존재는 나라 경제를 망치는 존재들과 마찬가지다.

삼성전자의 갤럭시와 현대자동차의 쏘나타가 세계 시장을 주름잡고 있지만, 우리 기업들은 암초처럼 도사리고 있는 10가지 적들 때문에 다국적 기업으로 성장하는데 큰 제약을 받고 있다. 그래서 매일경제는 결단을 내렸다. 우리 기업들이 더 성장하기 위해서는, 글로벌 기업으로 도약하기 위해서는 암적 저해요인을 낱낱이 까발리고 개선해 나가기로. 매일경제는 2015년 초 LG경제연구원, 한국리서치와 공동 설문조사를 통해 '우리 기업들의 성장과 발전을 가로막는 10가지 적'을 선정했다. 대기업과 중견·중소기업 등 기업체 임원 110명, 대학교수 105명, 국책 연구원과 기업 산하 민간 경제연구소 전문가 21명 등 총 236명이 설문에 참여했다.

설문조사 결과가 시사하는 바는 매우 크고 엄중하다. 조사 결과 '강성 노조'가 응답자의 13.2%의 지목을 받고 기업 10적 조사에서 당당히(?) 1위에 올랐다. 주요 선진국과 비교해 아직 생산성은 낮지만 기득권 챙기기에 급급한 정규직 노조의 이기

'기업 10적' 설문조사 결과

1적 투쟁 일삼는 강성노조 · · · · · · · · · · · 13.2%

2적 일자리 창출을 가로막는 기업규제 · · · · · 12.5%

3적 무소불위 기업 오너 · · · · · · · · · · · 11.0%

4적 반시장법 양산하는 국회 · · · · · · · · · · · 9.5%

5적 반기업정서 · · · · · · · · · · · · · · · 8.7%

6적 시대착오적 정치금융 · · · · · · · · · · · 7.7%

7적 세계 최악 저출산 · · · · · · · · · · · 7.1%

8적 뒷다리 잡는 시민단체 · · · · · · · · · · · 5.1%

9적 '아니면 말고'식 미디어 · · · · · · · · · · · 4.9%

10적 시장질서 해치는 좀비기업 · · · · · · · · · 3.7%

*매경,LG경제연,한국리서치 공동조사(조사기간=2014년 12월16~22일)

주의, 그리고 시도때도없이 불법 파업을 강행하면서 공장 라인을 잡는 '배째라'식 관행이 기업들에게 가장 큰 부담이자 위협 요소인 것으로 조사됐다.

기업 10적 2위는 12.5%의 응답률을 기록한 고용과 투자를 가로막는 '과도한 기업규제'다. 과도한 기업규제를 택한 응답자들은 "국내 기업 관련 규제가 지나치게 불합리한 경우가 많고 이런 불합리한 규제가 기업 활동을 위축시켜 결국 기업 경쟁력을 약화시키는 요인으로 작용하고 있다"고 지적했다.

여의도 국회의사당 전경. X자 모형의 철골 구조물이 마치 정쟁을 일삼는 국회를 꾸짖고 있는 듯하다.

    그 뒤를 이어 '무소불위 기업 오너'가 11.0%의 응답률로 3위에 올랐다. 무소불위 기업 오너는 특히 최근 한국 사회를 강타했던 대한항공 조현아 前 부사장의 '땅콩회항' 사건과 맞물려 주목을 받았다. 기업의 적이 외부에만 있는 게 아니라 내부에도 있다는 사실이 적나라하게 드러났기 때문이다. 무소불위 기업 오너를 기업의 적으로 선택한 응답자들은 "경영권 세습의 부작용과 오너 특유의 독단적인 경영 스타일, 경영 투명성 부족이 기업의 성장과 발전에 큰 장애 요인이 되고 있다"고 꼬집었다.

'반시장법을 양산하는 국회'는 9.5% 응답률로 4위에 올랐다. 전문성이 부족한 국회의원들이 당리당략과 특정집단의 이익을 우선시하는 모습을 목격하는 것은 이제 더는 어제오늘 일이 아니다. 유권자 득표 관리에 함몰돼 경제·민생 법안은 제쳐놓고 무상복지나 분배 포퓰리즘에 앞장서는 국회의원들도 적지 않다. 매일경제의 기획취재가 진행되는 동안 헌법재판소 결정에 따라 통합진보당이 해산되며 역사의 뒤안길로 사라졌다.

'반(反)기업정서'는 8.7% 응답률을 기록해 5위를 차지했다. 물론 기업들에게도 책임이 있다. 돈벌이에만 급급해 사회적 책임과 노블레스 오블리주를 등한시한 기업들이 적지 않기 때문이다. 부모, 형제도 아랑곳하지 않고 재산 다툼 소송을 벌이는 오너 일가, 재벌 2·3세의 부끄럽고 비뚤어진 행동들이 반기업정서를 부추기는 측면도 부인할 수 없다. 하지만 대기업과 부자들을 무조건 죄악시하는 사회풍토는 반드시 개선돼야 한다는 지적이 나온다.

기업 10적 6위는 '정치금융'으로 지목됐다. 정치금융의 가장 큰 문제는 낙하산 인사와 전문성 부족이다. 전문성이 부족한 정·관계 인사들이 낙하산으로 금융권 수장에 오르면서 발전 가능성이 후퇴하고 기업들의 성장에 부정적인 영향을 미치고 있다는 지적이다. 정관계 유착 구조와 금융의 자율성 부족 또한 큰 문제라는 지적도 많았다.

7위로는 세계 최악 수준인 우리나라의 '저출산' 기조가 선정됐다. 얼핏 보면 잘 이해가 되지 않을지도 모른다. 저출산 기조는 기업들의 장애요인과 직접적인 연관성이 없는 것으로 보이기 때문이다. 그러나 저출산 기조는 분명 한국경제에 장기적으로 가장 큰 위협 요인으로 부상했다. 현재와 같은 저출산 기조가 지속될 경우 앞으로 10년간 0.4%포인트, 2020년에서 2030년까지는 1%포인트가량 우리나라의 경제성장률을 떨어뜨리는 요인이 될 것으로 추정됐다. 성장률이 떨어지게 되면 자연스럽게 내수시장이 위축되고 노동 생산성이 떨어지는 후폭풍에 직면하게 된다. 당장 눈에 보이는 적은 아니지만 결국 기업들의 미래 성장을 갉아먹을 수 있는 무서운 적이 된다는 의미다. 특히 정부가 아무리 출산 장려 대책을 내놓아도 단기간에 개선할 방법도 없다는 점이 문제다.

기업 활동의 꼬투리를 잡는 '시민단체'는 8위에 꼽혔다. 시민단체나 비정부기구(NGO)는 건전한 사회발전을 위해 양념 같은 존재들이다. 하지만 일부 시민단체, 특히 환경단체의 막무가내식 주장은 기업들의 투자·고용 활동에 막대한 영향을 미친다. 기업들이 정부나 국회를 담당하는 대관업무에 시민단체 업무를 속속 확대하고 있는 것도 이러한 분위기를 반영한다. "시민단체에 한번 찍히면 사실 여부와 관계없이 기업 이미지에 막대한 타격을 받는다"고 우려하는 기업들이 늘어나고 있기 때문이다. 시민단체는 태생적으로 여론몰이 조직력을 갖추고 있기 때문에 기업들이 더 부담스러워 한다.

　미디어도 기업들의 성장과 발전을 가로막는 기업 10적 중 9위로 선정됐다. 정상적인 미디어 얘기가 아니다. '아니면 말고'식 보도를 일삼는 무책임한 미디어들 얘기다. 미디어의 생명은 말할 것도 없이 '정론 보도'다. 사실을 정확하게 독자와 시청자들에게 전달하는 것이 기본 중의 기본이다. 하지만 일부 미디어들은 경쟁적인 선정 보도를 일삼으면서 사실을 확대하거나 심지어 왜곡하는 경우도 적지 않다. 온라인 시대를 맞아 소셜 미디어(SNS)가 발달하면서 이 같은 현상은 더욱 두드러진다. 일부 신생 온라인 미디어들은 기업들의 약점을 부풀리며 노골적으로 압박을 서슴지 않는다. 언론중재위원회를 통한 정정 보도 제도가 갖춰져 있지만 이미 기사화된 내용을 다시 되돌리기는 무척 어렵다.

　마지막 10위로는 시장 질서를 해치는 '좀비기업'이 꼽혔다. 되살아난 시체를 가리키는 좀비(zombie)란 용어와 기업이 합쳐진 이 말은 사실상 기업 역할을 상실했는데도 시장에서 퇴출되지 않고 있는 기업을 가리킨다. 실제로 현재 한국 경제계에는 다시 회생할 가능성이 없지만 정부 또는 채권단으로부터 지원을 받아 연명하는 기업들이 적지 않다. 좀비기업이 기업 10적으로 꼽힌 것은 해당 기업에만 국한된 문제가 아니라는 점 때문이다. 좀비기업이 존재하면 시장의 정상적인 자금 흐름을 왜곡되어 그 기업이 속해 있는 업계 전체의 경쟁력이 추락하는 동반부실화 현상이 생겨난다. 정부나 채권단이 이미 경쟁력을 상실한 기업을 존속시키기 위해 자금을 지원하면서 정작 도움이 필요한 기업이 지원을 받지 못하는 현상이 발생하기 때문이다.

기업 10적 선정은 어떻게 이루어졌나?

기업 10적을 선정한 이번 조사는 치밀한 준비 과정을 통해 사전 작업이 이루어졌다. 〈매일경제〉는 각계 연구원과 전문가들의 의견을 수렴해 기업발전의 장애요소 944개를 먼저 선출했다. 이를 토대로 기업인과 교수, 학자 등을 상대로 설문조사를 시행했다. 대기업 임원 56명, 중소·중견기업 임원 54명, 경제분석 기관 및 민간경제연구소 소속의 경제·경영 전문가 21명, 경제·경영·행정·사회학 분야의 대학교수 105명 등 총 236명이 응답했다. 이 같은 조사에서 가장 표를 많이 받은 장애물 순으로 순위를 선정했다. 이번 조사는 2014년 12월 16일부터 22일까지 컴퓨터를 이용한 웹조사(CAWI)와 전화조사로 진행됐다. 기업경영에 가장 심각한 장애요인이 되는 항목을 각 응답자가 4개씩 선정해 각각의 항목에 대해 장애요인으로 선정한 이유와 그 장애요인을 극복할 수 있는 정책적 대안을 주관

식으로 기술했다.

주목할 만한 결과는 기업 10적 이외에도 '막강한' 적들이 더 산재해 있다는 점이다. 11위인 '획일적 대입 시스템', 12위인 '서비스정신 제로인 지방자치단체', 13위인 '허술한 지적재산권 보호' 등이 꼽혔다. 이 밖에도 '산업스파이'와 '검찰의 꼬리물기 식 수사', '예측불허의 북한'을 꼽은 응답자들도 적지 않았다.

응답자별로 기업체 임원들과 대학 교수들간 가장 심각하게 여기는 항목에 차이가 있었다는 점도 주목할만하다. 기업체 임원들은 과도한 기업규제를 1순위(15.7%)로 꼽았으며 2위는 강성노조(13.6%), 3위는 반기업정서(11.8%)가 그 뒤를 이었다. 반면 대학교수들은 1순위(15.7%)로 무소불위 기업오너를 꼽았고 2위(13.1%) 강성노조, 3위(10.5%)로는 정치금융을 꼽았다. 기업 임원들의 경우 기업경영 과정에서 체감하는 현실적인 장애물들에 초점을 뒀고, 대학교수들은 재벌 3세나 정치권 낙하산의 전문성 부족에 초점을 둔 것으로 분석됐다. 본론에서는 한국 경제를 멍들게 하고 있는 기업 10적의 면면을 생생하게, 구체적으로 살펴본다. 더불어 기업 10적이 없는 나라를 만들기 위한 전문가들의 견해를 듣고 그 해답을 찾아본다.

목차

01

투쟁
일삼는
강성노조

현대자동차그룹은 2015년 초 '통 큰' 투자 계획을 발표했다. 2018년까지 총 81조 원을 투자하겠다는 내용. 현대차의 투자계획에 따르면 전체 81조 원 가운데 61조 원이 국내 투자에 할당됐다. 주로 연구개발(R&D) 투자, 핵심 부품 생산 시설 확충, 미래 자동차와 관련된 투자다. 반면 해외 투자는 완성차 생산라인을 증설하는 게 투자의 핵심이다. 중국과 멕시코 등 신흥시장에 신규공장을 신설해 현지 전략차종 중심으로 생산능력을 확대할 계획이다. 현대차는 이미 중국 허베이성 창저우시와 서부 충칭시에 각각 연산 30만 대 규모의 공장을 착공하기로 합의했다. 기아차도 중국 3공장의 생산능력(연 30만 대)을 2016년까지 45만 대로 늘릴 계획이다.

Chapter 1

국내투자
주저하는 기업들

현대차가 고용창출 효과가 큰 완성차 생산라인을 주로 해외 공장에 설립하는 것은 무슨 이유일까? 물론 해외시장에 대한 현지화 전략도 있지만, 그 이면에는 강성노조의 파업이 일상화되어 있고 생산성까지 낮은 국내 공장을 늘리지 않겠다는 포석이 깔려 있다.

현대차 노조는 지난 1987년 설립 후 2014년까지 28년 동안 4년을 제외하고는 매년 연례행사처럼 파업을 벌여왔다. 현대차 노조의 24년간 파업 일수는 총 402일에 달하며 이 기간 생산 차질 대수는 120만대, 매출 차질액은 총 13조 1,000억 원으로 각각 집계됐다.

이에 비해 생산성은 어떨까? 부끄러운 얘기지만 세계 최하위 수준이다. 현대차의 국내 울산공장과 미국 앨라배마 공장의 생

현대차 노조는 설립 이후 28년 중 24년 동안 총 402일에 걸쳐 파업을 벌였다. 이로 인한 피해 금액은 13조 원을 넘는다. 사진은 현대차 울산공장에서 수출용 자동차들이 선적을 기다리는 모습.

산성은 큰 차이가 난다. 현대차의 발표로는 2013년 말 기준 국내 공장의 자동차 1대 생산당 시간(HPV)은 평균 27.8시간, 미국공장은 14.8시간이다. HPV는 차량 1대를 생산하는 데 걸리는 시간으로 수치가 낮을수록 생산성이 높다. 국내 공장과 미국 공장의 자동화율이 비슷함에도 불구하고 국내 공장에서는 차를 1대 만드는 데 미국공장보다 13시간이나 더 걸린다. 현대차 관계자는 "우리 자동차 산업 수준이 임금 때문에 해외로 나가는 단계는 지났다. 인력 배치까지 노조가 영향력을 미치고 파업이 일상화된 구조 속에서는 생산 라인을 늘리는 데 한계가 있다"고 말했다.

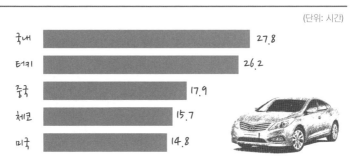

매일경제와 LG경제연구원·한국리서치가 공동으로 진행한 '기업 10적' 설문조사에서 파업 투쟁을 일삼는 강성노조가 1위 (응답률 13.2%)로 꼽힌 이유도 여기에 있다. 바로 기업의 투자와 일자리 창출에 가장 큰 걸림돌이 되기 때문이다.

노조는 사용자와 관계에서 상대적으로 사회적 약자일 수밖에 없는 근로자의 이익을 대변한다. 그런 차원에서 노조는 자본시장에서 그 존재 가치를 충분하게 인정받는다. 하지만 노조 활동이 합리적인 수준을 넘어 정상적인 기업활동을 방해하는 수준까지 치닫는다면, 그리고 기업과 소통의 문을 닫아버린 채 극한투쟁을 일삼고 경영진과 극렬하게 대립한다면, 이야기가 달라진다.

실제로 기업의 생산성과 국가 경제에 미치는 영향을 생각하지 않고 자기 배만 불리는 노조, 집단 이기주의에 함몰된 귀족 노조들이 우리 주변에는 아직도 엄연히 존재하고 있다. 한 중소기업 최고경영자(CEO)는 "시시각각 변하는 기업 환경, 불확실성이 증폭되는 경영환경에서 무엇 보다 기업들의 발빠른 대응과 전략이 필요하다. 하지만 강성노조의 존재와 그 조직 이기주의로 인해 기업의 대응과 변신에 차질을 빚는 경우가 비일비재하다"고 꼬집었다. 실제로 툭하면 파업 으름장을 놓는 강성노조와 임금·단체협상을 위해 많은 시간과 자원을 낭비할 수밖에 없는 구조도 우리 기업들 성장의 발목을 잡고 있는 것으로 파악됐다. 생산성과 수익성에 기초한 임금 체계가 아니라 대기업 노조가 교섭력에 의해 과도한 임금을 받아감으로써 기업 경영을 어렵게 한다.

2014년 12월 금호타이어는 5년에 걸친 워크아웃에서 졸업했다. 2015년부터는 새로운 비상을 준비 중이다. 하지만 이륙도 하기 전에 브레이크가 걸리게 생겼다. 바로 노조가 무리한 요구를 하고 나섰기 때문이다. 금호타이어는 워크아웃 기간의 어려움을 참작해 노조 측에 파격적인 제안을 했다. 업계 1위인 한국타이어와 임금 수준을 맞춰 주겠다는 것이었다. 구체적으로 '임금 15% 인상·상여금 200% 환원·격려금 200%' 등을 제안했다. 하지만 노조는 이를 거부했다. 워크아웃 이전에 한국타이어보다 많이 받았으니 한국타이어보다 높은 임금을 받아야 한다는 것이 금호타이어 노조의 주장이다.

2015년 한국타이어의 예상 매출액과 영업이익은 각각 7조 5,720억 원, 1조 1,585억 원이다. 금호타이어의 예상 매출액은 한국타이어의 절반 수준인 3조 7,000억 원이고 영업이익은 30%선인 3,841억 원이다. 한국타이어 근로자보다 더 높은 임금을 요구하는 금호타이어 노조의 주장은 과연 합리적인가?

현대중공업 노사는 2014년 말 임단협 잠정합의안을 마련했지만, 노조의 벽을 넘지 못했다. 조합원 투표에서 66.47%가 반대표를 던졌기 때문이다. 현대중공업 잠정합의안은 '기본급 3만 7,000원(호봉승급분 2만 3,000원 포함) 인상·격려금 150%(주식으로 지급)+200만 원 지급·직무환경수당 1만 원 인상·상품권 20만 원 지급·상여금 700%를 통상임금에 포함' 등의 내용이 담겨있다. 현대중공업 관계자는 "경영상태나 대내외적 여건을 살피면 회사가 제시할 수 있는 마지노선이었다. 유가 하락 등으로 앞으로 수주여건이 더 나빠질 수밖에 없는데 노조가 자신들만 생각하는 것 같다"고 한숨을 쉬었다.

강성노조는 한국 노동시장의 가장 큰 문제로 꼽히는 비정규직 문제를 유발하는 핵심 요인으로도 꼽힌다. 한국노동연구원 노동통계연구실 사업체패널 김정우 팀장이 2014년 8월 발표한 〈노동조합과 비정규 고용보고서〉에 따르면, 노조 조직률이

35%를 넘어서면 그 이후부터는 노조 조직률이 상승할수록 간접고용 비정규직의 활용이 늘어나는 것으로 나타났다. 김정우 팀장은 "노조의 힘이 어느 정도 강해지는 지점부터 기업은 노조의 교섭력 약화를 위해 더욱 적극적으로 간접고용 비정규직을 활용하고, 노조는 이러한 사측의 움직임을 자신들의 일자리와 노조 지위를 지켜내려고 일부러 내버려뒀을 가능성도 있다"며 "사측과 노조가 서로의 이해관계에 따라 비정규직을 활용하는 구조"라고 설명했다.

노동운동의 대부인 박태주 고용노동연수원 교수는 대기업 정규직의 높은 임금을 "비정규직의 희생이 내포된 것"이라고 규정했다. 박 교수는 "강성노조와 이와 담합하는 기업이 희생을 고스란히 비정규직에게 전가시키고 있다. 비정규직 문제를 해결하기 위해서는 이런 구도를 깨야 한다"고 말했다. 비정규직 문제 해결을 위해서는 강성노조의 양보와 기업의 인식전환이 전제되어야 한다는 것이다.

Chapter 2

독소조항 수두룩한
단체협약

　　다시 현대차 이야기로 돌아가 보자. 현대차 단체협약 43조에는 '조합이 부당한 배치전환이라고 생각해 이의 제기시 회사는 이를 조합과 협의한다'는 조항이 있다. 자동차 차종별 수요가 바뀔 때 회사 측에서는 탄력적으로 인력을 운용하고 싶어 하지만 이 조항이 걸림돌이 되는 경우가 많다. 현대차 관계자는 "부당한 배치전환이라고 주장할 수 있는 근거가 있어야 하는데 그런 근거 없이 조합원들이 부당하다고 주장하면 일단 협의를 해야 한다. 노조 측에서 이 조항을 무기로 삼을 때가 많다"고 토로했다.

　　투자 결정도 사실상 노조 허락을 받아야 진행할 수 있는 경우가 많다. 현대차 단체협약 제41조는 '신기술 도입, 신차종 개발, 차종 투입, 작업공정 개선, 전환배치, 생산방식의 변경 노조와 심의·의결, 신차종 양산 맨아워(M/H) 및 UPH 조정 시 조합과 사전 협의한다' 등의 내용을 담고 있다. 기아차 역시 동일한 조항이 있다. 현대·기아차가 신차를 개발할 때마다 출시가 늦어지는 이유도 여기에 있다. 특히 현대·기아차 노사는 신차 출시 때마다 생산라인 투입 인력을 놓고 홍역을 치른다.

현대차는 해외공장 신설과 해외 현지 공장의 생산 차종 등도 국내 노조와 협의해야 한다. 미국 자동차회사 GM의 한국 생산

» 노조 단체협약 독소 조항

경영권 침해

현대차 단협 제41조
신기술 도입, 신차종 개발, 차종 투입, 전환배치 등 변경 시 노조와 심의·의결을 거친다.

현대차 단협 제42조
해외공장 신설·증설, 해외공장 차종 투입, 해외공장으로 차종 이관 등도 노조와 심의·의결을 거쳐야한다.

고용 세습

대우건설 단협 제23조 1항
회사는 조합원이 업무상 사망 등에 따른 퇴직 시 회사에 당해 인력 소요가 있을때 해당 조합원 배우자 또는 직계가족 중 1인에 한해 우선 채용하도록 노력한다.

한라공조 단협 제23조
회사는 조합원이 질병 등에 따른 사직으로 가족 생계가 불가능할 경우 배우자 또는 직계가족 1인을 고용한다.

인사·징계권 침해

기아차 단협 제37조 2항
판매 부진을 이유로 별도 징계 및 전보 조치를 실시하지 않는다.

기아차 단협 제42조
부당 징계 판명 시 출근 시 받았어야 할 임금과 해고 기간에 대해 평균임금 200%를 즉시 가산 지급하고 소송 경비도 지급한다.

법인인 한국지엠 역시 생산운영 결정과 같은 경영권에 노조가 개입하고 있다. 한국지엠 단체협약 제61조 1항은 '회사는 신차종 양산, M/H 및 JPH 조정 시 안전, 시설 및 환경, 인원 등에 대해 노조 및 부서와 사전 충분한 협의를 통해 시행한다'고 돼 있으며, 2항은 회사는 신차 투입 계획 확정 시 조합에 통보, 설명회를 실시하며, 고용과 근로조건에 영향을 미칠 사안에 대해서는 노사 협의토록 한다'고 돼 있다.

경제협력개발기구(OECD) 통계에 따르면 한국 근로자들이 근로시간 1시간당 창출한 국내총생산(GDP)은 2005년 구매력기준으로 29.9달러에 불과했다. 이는 OECD 회원국 34개국 가운데 25위에 그치는 수준이다. 근로 시간당 GDP 창출액은 OECD 평균이 40.5달러로, 한국은 미국(56.9달러), 프랑스(50.9달러), 독일(50.9달러), 일본(36.1달러)은 물론 슬로바키아(30.4달러)보다도 낮은 수치를 기록했다. 노동생산성의 둔화는 실질 국내총생산(GDP) 성장률의 둔화에도 상당한 영향을 미친 것으로 분석된다. 노동생산성 둔화는 필사적으로 기득권을 지키려는 노조와 이를 묵인하는 회사측, 그리고 정부가 만들어낸 합작품이란 지적이다.

일반적으로 생산직의 장시간 노동은 저임금을 보충하기 위한 성격으로 해석되곤 한다. 하지만 대기업 생산직 노조에는 이 같은 가설이 성립되지 않는다. 결과적으로 이들에게는 초과근로로 소득을 올리려는 동기가 작용하고 있는 것이다. 여기에 노조의 기득권 보호 노력에 회사 측의 묵인도 어느 정도 도움을 줬다. 사측 입장에선 기존 근로자들이 초과근무를 해주면 사람을 더 안 뽑아도 된다. 인건비를 절약하고 구조조정 부담을 줄일 수 있어 노사가 장시간 노동에 대해 암묵적인 합의를 이뤄왔다. 배규식 노동연구원 노사사회정책연구본부장은 "생산직의 교대제 근무 전환 등에 대해 노조 측에서는 업무 강도가 높아지거나 임금이 줄어드는 부분에 대해 반대하는 등 우려가 컸다. 그나마 최근 상당수 노조가 근로시간 단축에 나서는 흐름을 보이는 것은 희망적"이라고 설명했다.

대기업 단체협약에는 '고용세습'에 해당하는 내용도 많다. 대우건설 단체협약 제23조 1항은 '회사는 조합원이 업무상 사망 또는 상병으로 인한 퇴직 시 본인 또는 그 가족의 요구가 있고 회사에 당해 인력 소요가 있을 때는 그 배우자 또는 직계가족 중 1인에 한해 우선 채용하도록 노력한다'는 내용이다.

Chapter 3

외국 기업이 본
한국 노조의 실태

　영국계 기업의 한국 지사장 A씨는 노조와 단체 협상을 할 때마다 곤란한 상황에 처한다. A씨는 본사를 대신해 협상에 나서는데 노조의 요구 사항을 본사쪽에 통보할 때마다 본사에서는 "왜 그런 것을 노조가 요구하느냐"며 황당한 반응을 보인다.

　A씨는 "한국의 노조는 임단협을 통해 경영 간섭에 해당하는 과도한 요구를 하는 경향이 있다. 중요한 경영상의 결정을 할 때 노조의 승인을 받아야 하는 것들이 있는데, 외국계 기업 입장에서 있을 수 없는 일"이라고 말했다. 그는 "강성노조가 결국 기업의 경쟁력을 악화시키고 나아가 한국의 기업 환경을 저해하고 있는 셈"이라고 꼬집었다.

　〈매일경제〉가 2014년 한국외국기업협회(FORCA) 소속 외국 기업 50곳을 대상으로 설문 조사한 결과 외국 기업 CEO들은 한국투자의 최대 걸림돌로 정부의 규제와 노사관계를 들었다. 정부 규제를 꼽은 외국 기업 CEO들이 39.5%로 가장 많았고 이어서 26.3%가 강성노조로 인한 노사 갈등을 꼽았다. 프랑스계 기업의 한국 지사장 B씨는 "노조문제는 한국에 진출한 외국 기업이라면 항상 걱정하는 이슈"라며 "한국에 투자를 결정할 때도 본사가 가장 먼저 고려하는 게 바로 노조문제"라고 말했다.

외국계 기업인들의 눈에는 대법원 판결이 났는데도 공장 굴뚝에 올라가 점거농성을 벌이는 쌍용자동차 정리해고자들의 모습도 이해하기 힘들다. 독일계 기업의 한국 대표인 C씨는 "추운 날씨에 점거농성을 벌이는 그들의 절박한 심정은 이해가 간다"면서도 "대법원의 판결까지 수용되지 않는다면 갈등 해결은 불가능하다"고 말했다.

강성 노조는 민간기업의 암초만이 아니다. 공기업의 경우 그 폐해가 더욱 두드러진다. 공기업은 특히 국민 혈세인 세금으로 운영된다는 점에서 국민의 적이라고 불러도 무방하다. 정부가 2014년 추진한 공기업 방만경영 개선 결과 38개 중점관리 대상 공공기관 중 37개 기관이 단체협약을 변경했다. 정상화 계획에 따라 '부적정한 휴직사유 및 기간·과도한 경조사비·특목고 수업료 등 학자금 지원·장기 근속 기념품' 등 그동안 국민의 눈높이에 맞지 않던 사례가 개선됐다. 특히 과다한 복리후생비가 대폭 정상화됐다. 이를 통해 이들 공공기관은 연간 2,000억

원의 비용을 절감했다. 뒤집어 보면 그동안 공공기관의 단체협약에 노조의 무리한 요구가 얼마나 많이 담겨 있었는지 알 수 있다. 공기업의 단체협약은 정부의 개혁 드라이브로 대폭 수정됐지만, 민간기업 단체협약에는 강성노조가 요구한 독소조항들이 여전히 남아 있다. 투자 결정은 물론 인사권, 인력배치권 등 사측의 고유권한을 침해할 수 있는 내용이 대부분이다.

그렇다면 한국경제의 만성적인 노사갈등을 치유하는 해법은 없을까?

복잡한 고차 방정식 같은 노사관계의 해답을 물으면 대부분 전문가들은 "양보 말고는 뾰족한 답이 없다"고 토로한다. 기업들은 노조의 극단적인 선택을 두려워한 나머지 노조와의 암묵적인 담합행위를 하면서도 심정적으론 노조를 적대시하는 행태를 반복하고 있다. 사회적 안전망이 부족한 노조원들은 불리한 조건이 내걸릴 때마다 더욱 강성으로 치닫고 있다. 한 발 뒤로 물러서 있는 정부는 공허한 구호만 내놓을 뿐이다. 게다가 여야 정치권 눈치 보기도 바쁘다.

이처럼 엇갈린 노사관계는 지금까지의 틀에서 벗어나 사회 전체적인 시각에서 재조명해야 답을 찾을 수 있다는 게 전문가들의 시각이다. 지금까지 논의가 기업과 노조 간 관계에 집중했다면, 이제는 사회·경제적인 큰 틀에서의 노사관계 재정립이 필요하다는 것이다. 배규식 한국노동연구원 노사·사회정책연구본부장은 "노사관계를 바로잡으려면 경직성 문제를 사회 시스템 전체적으로 바라볼 필요가 있다"고 강조했다. 정규직과 비정규직, 대기업과 중소기업 간에 얽히고설킨 문제들은 이미 기업과 노조만의 문제가 아니라는 것이다.

고속 성장을 해왔던 1980년대와 현재는 경제상황이 판이하다. 기업은 생산성을 높여야만 생존할 수 있고, 근로자는 일자리를 더 수월하게 찾아야만 한다. 이 상황에서 노동시장 유연성은 노사 모두에게 피할 수 없는 숙제다. 노사정위원회 노동시장구조개선 특별위원회 역시 이 같은 부분을 집중적으로 논의하고 있다. 고용노동부가 최근 발표한 비정규직 종합대책안은 비정규직에 대한 문제뿐 아니라 노사 간 분쟁이 빈발했던 부분에 대해서도 화두를 던졌다. 대부분 노사문제의 근원이 이곳에서 출발하기 때문이다. 하지만 노사 간 이해관계가 첨예하게 엇갈리고 있다. 노사정위가 2014년 12월 진통 끝에 내놓았던 노사정 합의문에서는 유연성이라는 단어 대신 '노동시장의 이동성'이라는 표현을 썼을 정도다.

윤희숙 한국개발연구원(KDI) 연구원은 "노동시장 유연화에 대해 노조 측이 거부감을 가지고 있는 것은 재취업이 어려운 사회적인 상황 때문"이라며 "회사를 그만둬도 그에 따르는 다른 직장을 찾을 수 있다는 희망이 있어야 노조 측도 유연화를 받아들일 수 있다"고 설명했다. 배규식 본부장도 "지금과 같은 경직된 노사문화를 바로잡기 위해서는 근로자 간의 격차 등을 줄이기 위한 일종의 협의체를 구성해 직무 등의 문제를 일정 부분 표준화 하는 등의 노력이 필요하다. 그래야 근로자들이 노동시장에서 자유롭게 이동할 수 있고, 노사문제도 축소될 수 있다"고 말했다.

결과적으로는 정부가 전향적인 안을 내놓고, 노사는 지금과 같은 대립 상태에서 한 발짝씩 물러서야 복잡한 방정식의 해답을 찾을 수 있다. 현재의 경제상황을 극복하기 위해서는 노사가 기득권을 일정 부분 내려놓는 결단이 필요하다. 이기권 고용노동부 장관은 최근 기자들과 만난 자리에서 "사회 전체가 공통적 책임의식을 가지고 문제를 풀어가야 한다. 그렇게 되면 우리가 안고 있는 여러 가지 문제들이 근원적 해결까진 아니더라도 일정 부분 해소되는 데 도움이 될 것으로 생각한다"고 밝혔다.

노사정위원회도 노동시장 구조개혁을 위한 노사정 합의에 이어 구체적인 실행방안을 내놓기로 했다. 하지만 노사정 대타협을 통해 실행방안이 마련되더라도 강성노조가 변하지 않으면 현장에 적용하기 어렵다는 것이 대체적인 의견이다. 노동개혁을 위해 정부가 법과 제도로 시행할 수 있는 수단은 제한적이고 대부분이 노사 간 단체협상 사안이기 때문이다.

예를 들어 노사정이 호봉제 중심의 임금체계를 직무·직능급이 반영된 임금체계로 개편하는 데 합의하더라도 기업 노조들이 이를 단체협약에서 거부하면 이를 실행할 방법이 없다. 따라서 정규직 과보호의 상징이 되고 있는 단체협약의 혁신 없이는 노동개혁 자체가 불가능할 뿐 아니라 노사정 대타협의 실효성이 없다는 것이 전문가들 시각이다. 박지순 고려대 교수는 "정규직 근로자들에 대한 과보호·고비용 구조가 어느 정도 완화돼야 비정규직의 정규직화, 하청 근로자들에 대한 공정한 배분이 가능할 것"이라며 "노동시장 구조개혁은 임금체계 혁신, 근로시간 유연화, 그리고 배치전환 확대 등 인사관리 방식의 혁신에서부터 시작돼야 한다"고 주장한다.

02

일자리 창출을
가로막는
기업규제

경기도 이천에 위치한 생산공장이 팔당댐 상수원보호를 위한 자연보전권역에 포함되면서 1983년 이후 30년이 넘도록 공장 증설을 못 하고 있다. 성보기업 관계자는 "공장 증설이 지연되면서 영업상 손실이 늘고 있지만 오도 가도 못하는 신세가 돼 버렸다"고 한탄한다. 성보공업은 이천 공장을 충북 진천이나 오창으로 이전하는 방안을 검토하고 있지만, 설비이전과 직원이주 비용, 1년 정도 공장가동을 중단해야 하는 상황을 생각하면 눈앞이 막막하기는 마찬가지다.

Chapter 1

공장증설 가로막는
수도권규제

LS그룹 주력계열사인 LS전선은 지난 2008년 경기도 군포 공장을 전주로 이전하며 공장용지(약 7만 9,000평)에 대한 매각을 추진했다. 하지만 해당 토지가 수도권 공장총량제에 묶여 있다 보니 선뜻 토지를 매입하겠다고 나서는 업체를 찾지 못했다. 공장 총량제는 수도권정비계획법 18조에 따라 수도권 내 공장의 신증축 또는 용도변경 때 총량 범위 내에서만 가능하도록 허용하는 규제다. 수도권 과밀화 현상을 억제하려는 조치지만 재계는 원활한 사업수행과 재산권 침해를 근거로 이 제도의 폐지를 요청하고 있다.

LS전선은 군포공장 토지 매각이 5년 넘도록 지연돼 유동화 문제에 직면하자 분할 매각으로 방향을 틀었고 현재 60% 정도 매각이 이뤄진 상태다. 정부는 2015년 초 규제 기요틴(덩어리 규제 척결)을 통해 114건의 규제를 완화하겠다고 발표했다. 하

» 지자체 규제 얼마나 되나

(단위: 개)

서울	2,555
인천	1,845
경기	7,131
강원	3,312
충북	2,156
충남	3,088
세종	245
대전	556
경북	4,517
대구	1,084
경남	3,128
울산	622
부산	1,464
전북	3,736
전남	4,904
광주	748
제주	1,274

*2015년 1월 초 기준.
자료: 규제개혁위원회

지만 재계가 줄기차게 요구해 왔던 수도권 공장총량제, 자연보전권역 내 공장 신증설을 위한 입지규제, 항만·공항 배후지 개발 제한 완화 등은 추후 논의 과제로 분류된 채 여전히 해결 조짐이 보이지 않는다.

기업들이 투자·고용에 가장 큰 걸림돌로 지적하는 것도 바로 시대착오적인 덩어리 규제들이다. 수도권의 경우 시도별 공장총량제로 묶여 있는 데다 중소기업이나 일부 첨단 업종 기업을 제외하면 공장 신증설이 허용되지 않고 있다. 자연보전권역에서도 6만㎡ 이상인 공장용지는 허용하지 않고 있다. 기업들은 30년도 넘은 수도권규제를 대대적으로 정비해줄 것을 줄기차게 호소해 왔지만, 지방의 반발을 의식한 정부와 국회는 '종합적 국토정책'이라는 명분으로 여전히 미온적인 태도를 유지하고 있다. 경기개발연구원은 자

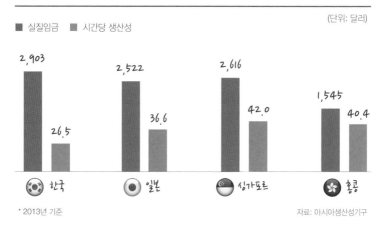

» 아시아 주요 국가 생산성 대비 임금

(단위: 달러)

■ 실질임금　■ 시간당 생산성

2,903

26.5

2,522

36.6

2,616

42.0

1,545

40.4

한국　일본　싱가포르　홍콩

* 2013년 기준

자료: 아시아생산성기구

연보전권역을 비롯해 과밀억제권역, 성장억제권역 등 10여 개에 달하는 복잡한 수도권규제들이 모두 완화될 경우 이 지역에 67조 원이 추가로 투자돼 14만 개의 일자리가 창출될 것으로 분석하고 있다.

수도권뿐 아니라 지방에서도 규제 완화가 속도를 내지 못하는 것은 마찬가지다. 전남 여수산단 공업용지의 경우 GS칼텍스와 여천NCC 등 현지 기업들이 지난 2009년 공장용지 전환을 요청한 이후 무려 6년 만에 규제 완화가 이뤄지게 됐다. 전남도는 여수산단 내 66만㎡에 달하는 녹지를 2015년 상반기 공장 부지로 변경해줄 계획이라고 밝혔고 이에 따라 GS칼텍스, 여천NCC, 롯데케미칼, 대림산업 등 6개 업체가 대체 녹지

전남 여수산단에 입주한 GS칼텍스 고도화설비 공장 전경. 현지기업들이 공장용지 전환을 요청한 후 6년 만에 규제가 완화됐고 이에 따라 이르면 2017년부터 공장증설이 추진될 예정이다.

를 조성하고 이르면 2017년부터 공장 증설에 나설 것으로 보인다. 현지 기업들은 연 생산 2조 8,000억 원, 고용 효과 460명에 달하는 공장증설 투자가 이뤄질 것으로 전망하고 있다.

르노삼성자동차는 2014년 9월 부산 해운대 동백섬 해양레저 시설인 '더베이-101'에서 신차 발표회를 했다. 이후 이곳 시설 운영사(동백섬 마리나)가 해운대구청으로부터 공유수면법을 위반했다고 시정 명령을 받았다. 더베이-101은 공유수면 위 계류 데크로 '지역특화발전특구에 대한 규제 특례법'에 따라 해양레저사업이 아닌 신차발표 행사장으로 사용하는 것은 불법이라는 것이 이유다. 르노삼성측은 "해변 행사장에선 해양 사업만 하라는 얘기냐"며 당황했고 운영업체도 "기업들로부터 장소 예약이 쇄도하고 있지만, 지자체 규제 때문에 제약을 받고 있다"고 토로했다.

한국타이어가 경북 상주에 추진 중인 주행시험장 건립 사업도 일관성 없는 지자체 행정 때문에 큰 차질을 빚고 있다. 한국타이어는 2013년 9월 상주시와 양해각서를 체결하고 2020년까지 2,535억 원을 투자해 132만m²규모의 최첨단 주행시험장과 연구시설을 건립하기로 합의했다. 하지만 2014년 6월 지방선거에서 이정백 상주시장이 당선된 이후 주행시험장 건립 행정·재정 지원을 위해 구성했던 시청 내 테크스포스팀(TF)이 해체됐다. 상주시의회는 한술 더 떠 지난달 주행시험장이 들어설 예정인 공검산업단지 지원비용 6,000만 원 전액을 삭감했다. 지자체의 일관성 없는 행보에 기업만 사업이 중단돼 손해를 보게 됐다. 현재 상주시는 "환경 악화를 이유로 주민들이 반대하고 있기 때문에 의견을 충분히 수렴해 추진하겠다"는 원론적인 입장을 밝히며 뒷짐만 지고 있다.

중앙정부가 덩어리 규제를 풀겠다며 애를 쓰고 있지만, 지자체 규제라는 또 다른 장애 때문에 이처럼 기업 투자가 지연되

한국타이어가 주행시험장 건설을 추진중인 경북 상주시 공검면 일대. 상주시와 시의회가 시험장 유치에 부정적인 입장을 보이면서 2,335억 원 규모 투자가 지연되고 있다.

는 사례가 속출하고 있다. 특히 지자체 규제는 지방선거 때 등장하는 포퓰리즘 공약이나 여야 자치단체장들의 이해관계가 첨예하게 엇갈리면서 범정부 차원의 규제 기요틴 노력을 사실상 무력화시키고 있다는 지적도 나온다. 정부가 2015년 초 규제 기요틴 정책을 발표하자 부산, 울산, 창원 상공회의소로 구성된 동남권경제협의회는 "지방공단 공동화가 우려된다"며 수도권규제를 풀지 말라는 성명을 내놨다.

규제개혁위원회에 따르면 2015년 1월 초 현재 지자체에 등록된 각종 규제는 총 4만 2,616개에 달한다. 지자체 규제는 2011년 2만 8,292건에서 2013년 5만 2,541건까지 증가했다가 박근혜 정부가 출범한 이후 규제 완화 정책으로 2014년 4만

2,323건까지 줄었지만 여전히 4만 건 이상에 달한다. 행정자치부 관계자는 "지자체 규제 정비 과정에서 그동안 누락됐던 규제가 등록되며 숫자가 늘어난 측면이 있다"면서도 "지방 공무원들이 감사와 민원을 의식해 법 해석을 경직적으로 하고 있다"고 지적했다.

제조업체 메카인 울산도 규제 텃세는 예외가 아니다. 이 지역 석유화학업계는 수년째 석탄 등 고체연료 사용 허가를 요구하고 있지만, 울산시는 대기환경보전법에 따라 고체연료 사용이 금지된 지역이라는 상위법을 근거로 규제 개선에 미온적인 태도를 견지하고 있다. 하지만 2000년대 사용 금지지역으로 묶였던 대구와 인천은 열병합발전소 등에 석탄 연료 사용을 허가하면서 차별 논란이 제기되고 있다. 석유화학업제가 밀집한 여수와 대산은 탄력적으로 연료를 선택할 수 있지만 울산의 경우 규제에 가로막혀 석유화학업계의 경쟁력을 약화시킨다는 지적을 받고 있다.

인천시 서구 가좌동 일반공업지구에서 인쇄회로기판(PCB) 업체를 운영하고 있는 C사는 도금공정 과정에서 발생하는 폐수처리시설을 마련하려 했지만 인천서구청이 허가를 하지 않아 난감한 상황에 직면했다. 이 공장에서 발생하는 폐수량은 하루 10~20t이고 위탁처리 비용이 하루 100만~200만 원에 달해 원가 상승 요인이 되고 있기 때문이다. 자체 폐수처리시설을 설치하면 비용이 10분의 1 수준으로 떨어지지만, 인천서구는 폐수총량 규제를 근거로 아직 허가하지 않고 있다. 이 업체 김모 대표는 "폐수처리시설을 갖춘 업체가 같은 지자체 다른 지역으로 공장을 확대 이전하면 폐수처리 용량을 확대해 준다. 공업지역에 허가를 내는 것인데 이를 규제하는 것은 받아들이기 어렵다"고 불만을 토로했다.

이처럼 지자체 공단에서는 "중앙 부처들은 규제를 풀어준다고 앞다퉈 나서는데 정작 일선 지자체는 꿈쩍도 하지 않는다"는 불만이 팽배해 있다. 최흥석 고려대 행정학과 교수는 "지방 수준에서 문제를 풀 수 있는 제3의 대체 논의기구가 있어야 한다"고 지적했다. 정창수 나라살림연구소장도 "관료들이 기존 규제를 없애는 과제를 주저하다 보니 사문화된 규제들이 마치 동맥경화처럼 쌓이게 됐다. 중앙정부가 명확한 기준을 세우고 종전 규제 전면 재평가 작업을 해야 한다"고 강조했다.

Chapter 2

일본·중국보다
강력한 환경규제

　'2015년 석유화학업계 신년 인사회'에 참석한 업계 대표들이 올해 초부터 시행 중인 화학물질등록평가법(화평법), 화학물질관리법(화관법)*, 온실가스 배출권거래제 등 이른바 '환경 3법'에 대한 고충을 집중적으로 호소했나. 국제유가 폭락으로 영업적자가 눈덩이처럼 불어나고 있는 가운데 과도한 환경 규제로 투자와 고용 등 정상적인 경영활동에 막대한 지장이 초래될 것으로 예상했기 때문이다. 정부 측 대표로 참석한 윤상직 산업통상자원부장관은 "공감한다. 환경규제의 합리화와 수입규제 대응반 가동 등 대책을 마련하겠다"고 말했다. 하지만 업계 부담을 덜어줄 수 있는 실효성 있는 대책이 나올지는 여전히 불

＊ 사업장 내 화학물질이 사업장 밖에서 미치는 영향을 평가하고 유해물질 관리인력을 보충해 화학물질의 시설관리를 강화하는 제도이다.

2015년 1월9일 개최된 석유화학업계와 정부의 신년 인사회에서 업계 CEO들이 처음 시행되는 환경 3법에 대한 정부 측 지원대책을 요청하고 있다.

투명하다.

화평법의 경우 모든 신규물질과 연간 1t 이상의 기존물질에 대해 제조 또는 수입 전에 등록을 의무화하도록 규정했다. 또 유해성(유독 여부)과 위해성(노출에 따른 피해정도) 관련 자료를 별도로 제출해야 한다. 이를 위반할 경우 최고 7년 이하 징역, 2억 원 이하의 벌금을 부과하도록 규정했다. 업계는 "중국이나 일본과 비교하면 적용 범위와 처벌수위가 지나치게 엄격하다. 물질등록에만 최소 9개월 이상, 금액으로는 연간 최소 7,000만 원이 소요돼 기업 부담이 크게 늘어날 것"으로 전망했다.

산업계는 배출권 거래제 시행으로 2015년부터 1차 사업연도

인 2017년까지 최대 12조~27조 원에 달하는 추가부담이 발생할 것이라고 추산하고 있다. 정부가 할당한 배출량보다 산업계에서 배출하는 양이 많아서 초과분에 대한 과징금이 대거 발생할 것으로 우려되기 때문이다. 지난 2005년부터 거래제를 시행한 EU는 배출권 가격 폭락과 거래량 부진으로 배출권 시장이 침체 상태이며 2008년 거래제를 도입한 뉴질랜드도 경제규모나 온실가스 배출량이 적어 업계에 미치는 영향력은 제한적인 편이다.

미국과 일본 등 온실가스 배출량이 많은 나라는 자발적 형태의 지역별 거래제를 도입 중이고 환경공해가 심각한 중국도 올해 거래제 도입을 검토하고 있는 것으로 알려졌지만, 기업부담을 최소화하는 보완대책을 준비 중인 깃으로 알려졌다. 업계 관계자는 "배출 할당량을 확대하거나 보완대책을 마련하지 않으면 중국이나 일본, 대만 등 경쟁국가 기업들에 비해 전자, 철강, 화학 등 각 분야에서 우리 기업의 경쟁력을 떨어뜨리는 요인으로 작용할 것"이라고 우려했다.

인터넷 사이트를 통해 건강위험평가 프로그램과 개인 맞춤형 식단을 제공하려는 사업 계획을 세웠던 중소기업 A사. 신사업 발굴을 위해 의욕적으로 서비스 아이템을 발굴했지만 관련 법률을 검토하는 과정에서 사업 계획을 최근 전면 백지화했다.

워낙 복잡한 규제들이 많은 데다 보건복지부의 의료법 위반 행위에 해당할 수 있다는 결론이 내려졌기 때문이다. A사 관계자는"사실상 의료인 외에는 일체의 의료 행위를 할 수 없도록 현행법이 규정돼 있다"고 지적했다. 관련 업계는 건강관리 서비스사업 중단에 따른 A사의 사업기회 상실비용이 약 2,160억 원에 달할 것으로 분석하고 있다. 인구 고령화 추세와 예방중심의 보건의료 패러다임 변화로 해외에서는 휴대용 IT기기 등을 이용한 이른바 U-헬스산업이 신성장산업으로 부상하고 있지만 국내 기업들이 참여하기에는 그림의 떡이나 마찬가지다. 전경련 관계자는 "의료법상 의료행위에 대한 구체적인 기준이 없어서 담당 부처의 유권해석에 의해 의료행위나 의료기기 범위가 정해진다"고 지적했다. 글로벌 U-헬스 시장은 지난 2009년 1,431억 달러를 기록한 후 매년 지속적으로 성장해 2013년에는 2,540억 달러 규모로 성장했다. 특히 GE, 인텔, 지멘스 등 글로벌 기업이 건강관리 서비스를 신성장 사업으로 집중적으로 육성하고 있어 국내 시장을 잠식할 수 있다는 우려감도 높아지고 있다.

기업을 옥죄는 규제 중 철밥통 규제로 분류되는 것이 바로 서비스 관련 규제다. 서비스 규제개혁을 통해 양질의 일자리를 만들자는 구호가 10년 전부터 제기돼 왔지만 실제로 규제완화 속도는 더디기만 하다. 중계무역이 성장한계에 직면한 싱가포르가 의료·교육시장 개방에 이어 카지노까지 허용하는 획기적인 규제 완화를 추진한 것과 좋은 대조를 이룬다. 세계은행에 따르면 서비스업 부가가치가 GDP에서 차지하는 비중(2011년 기준)이 한국은 59.1%에 불과했다. 미국(78.6%), 영국(77.9%), 프랑스(79.2%), 일본(72.7%) 등에 비해 현저히 낮은 수준이다. 이명박 정부 시절인 2012년 7월 서비스산업 일자리 창출과 생산성 향상을 위한 기반조성을 골자로 한 '서비스산업 발전기본법'이 발의됐지만 3년 가까이 지난 현재까지 입법하지 못하고 있다.

'경제민주화' 열풍의 대표적 사생아인 대형마트 영업규제도 마찬가지다. 2015년 초 정부는 규제기요틴 민관합동회의에서 대형마트 영업규제를 '추가 논의 필요 과제'로 분류됐다. 규제 완화의 필요성은 인정하지만, 소상공인과 야당의 반발을 우려한 두리뭉실한 결정이다. 향후 추가 논의가 필요하다고 분류했지만, 현재로선 정부나 민관합동 차원에서 예정된 추가적인 논의 일정이 없는 상태다. 산자부 관계자는 "어떤 규제는 올해 상반기 중 풀겠다는 식으로 기본 방침을 정할 수 있지만, 대형마트 영업규제는 그렇게 약속하기가 어려운 사안"이라고 선을 그었다. 롯데, 신세계, 홈플러스 등 대형마트를 운영 중인 기업에게는 시장주의에 역행하는 말도 안되는 규제지만 소상공인 보호라는 또다른 명분 때문에 정부가 규제개혁의 칼자루를 주도

유통업체 휴일영업을 제한한 규제로 소비자들이 막대한 불편을 겪고 있지만, 소상공인 지원 취지는 크지 않다는 지적이 나온다. 사진은 서울 시내 한 대형마트의 식품매장 전경.

적으로 행사하기 어렵다는 이유에서다.

　실제로 산자부 관계자는 "이해관계가 복잡한 사안은 정부가 의지만 갖고 일을 하기는 어려운 측면이 있다"고 토로했다. 대한상의 조사결과 대형마트 규제 이전 2011년 22조 1,000억 원에 달했던 전통시장 매출규모는 규제 시행 첫해인 2012년 21조 1,000억 원으로 오히려 감소하는 등 소상공인 생계지원이라는 법안 당초의 도입 효과를 못 살린 것으로 조사됐다. 오히려 대형마트에 대한 판매기회가 줄어들면서 입점 업체는 연간 6,000억 원, 중소납품업체는 3조 1,000억 원의 매출감소를 기록한 것으로 조사됐다.

Chapter 3

투자위축하는
'이현령 비현령' 식 배임죄

기업들을 옥죄는 규제 가운데 상법상 규제도 갈수록 강화되고 있다. 특히 '대규모 상장법인 지정과 규제'는 시대에 한참 뒤떨어진 심각한 규제라고 기업들이 입을 모은다. 상법 34조는 자산 2조 원 이상의 상장법인을 내규모 상장법인으로 시정해 여러 가지 의무를 지우고 있다. 대규모 상장법인은 일반법인과 달리 사외이사를 3명 이상 둬야 하고 이사 총수의 과반수가 되도록 해야 한다. 감사위원회를 의무적으로 설치하고, 특수거래인 간 거래에서도 일정규모 이상이면 이사회에 승인을 받아야 한다. 재계는 "감사위원회 설치 강제와 사외이사 선임비율 강제는 외국 입법례에서 찾아보기 힘든 강력한 규제다. 사외이사 선임과 감사위원회 설치는 기업이 자율적으로 결정하는게 글로벌 스탠더드고, 모든 대기업을 잠재적 범법자로 몰아가서는 안된다"고 지적한다.

또 3% 이상 주식보유 주주에게 인정되는 집중투표제 또한, 대규모 상장법인에 대해선 1% 이상 주주로 그 요건이 완화돼 있다. 집중투표제란 2명 이상의 이사를 선출할 때 주당 이사 수와 동일한 수의 의결권을 부여해 소액주주의 권리를 강화하는 제도다. 게다가 상법 542조의7은 자산총액 2조 원 이상의 상장법인이 집중투표를 배제할 경우, 발행주식 총수의 3%를 초과하는 주식은 의결권을 제한하고 있다. 극단적인 경우 소액주주 지분이 6% 이상이고 모두 찬성한다면 대주주가 94%에 가까운 지분을 가지고 반대해도 집중투표제를 도입하는 내용의 정관 변경이 가능하다는 것이다.

문제는 대규모 상장법인을 지정하는 잣대가 10년 넘게 바뀌지 않고 있다는 점이다. '자산 2조원 이상'이라는 기준이 유지된 최근 10년간, 우리 경제규모는 갑절로 커졌다. 2000년 국내 총생산(GDP)이 635조 원에서 2013년 1,428조 원까지 증가한 것이다. 경제규모가 커지면서 대규모 상장법인에 포함되는 기업 수도 2000년 70개사에서 2013년 148개사로 두 배 불어났다. 경제가 커지는 만큼 규제 기준을 높이지 않아, 규제 대상 기업이 크게 늘어났다는 얘기다.

최근 재계와 법학계에선 '배임죄 논란'도 뜨거운 감자로 떠올랐다. 기업 총수 등 경영진을 대상으로 삼는 배임죄가 '코에 걸면 코걸이, 귀에 걸면 귀걸이'식으로 운용되면서 법적 안정성을 무너뜨리고 투자위축 효과까지 낳고 있다는 지적이다. 배임죄란 타인의 사무를 처리하는 자가 그 임무를 위배하는 행위로써 재산상 이익을 취하거나 제삼자로 하여금 이를 취득하게 하여 본인에게 손해를 입힌 때 성립한다. 업무상 임무를 위반하면 '업무상 배임'으로 10년 이하 징역이나 3,000만 원 이하 벌금에 처한다. 부당이득액이 50억 원 이상이면 무기징역 또는 5년 이상 징역, 이득액이 5억~50억원 사이면 3년 이상 유기징역으로 가중처벌된다.

또다른 문제는 회사의 대표이사 등이 회사를 위한 경영상 판단을 행한 경우까지 거의 예외 없이 광범위하게 배임죄로 처벌하고 있다는 점이다. 경영상 판단에 의해 위험을 감수하더라도 나중에 배임죄에 저촉될 수 있어 기업의 투자활동이 위축된다는 것이다. 법적으로는 배임죄 규정의 모호함이 문제로 지적된다. 형법상 배임죄는 '임무위배행위'로써 회사에 '손해를 가한 때' 성립한다고 돼 있지만, 여기에 대한 구체적 기준이 없어 법원의 해석에 따라 유·무죄가 결정되는 상황이다. 판례는 법령상 손해를 가한 때를 일관되게 '손해 발생의 위험이 초래된 때'라고 해석해 실제 손해가 없어도 처벌하고 있다. 법원은 임무위배행위에 대해서도 '본인과의 신임관계를 저버리는 일체의 행위'로 해석한다. 배임죄의 적용 범위가 법의 테두리를 벗어나 지나치게 넓어졌다는 지적이 나오는 이유다. 최근 일고 있는 기업 총수에 대한 가석방 논의도 극도의 경기침체를 벗어나기 위한 자구책에서 나왔다. 실제 대부분 그룹 총수들은 배임죄로 구속되는데 이런 경영 공백이 기업의 투자 결정에 결정적인 위축을 가져오고 있다. CJ는 2014년 상반기 1조 3,700억 원 규모 투자 계획을 밝혔지만, 절반 수준인 8,900억 원만 실제로 투자했다. SK는 그룹 매출의 절반을 담당하는 SK이노베이션이 2014년 2분기 첫 적자로 돌아서면서 위기를 겪고 있다. 이현령비현령식의 불확실한 기준으로 배임죄를 적용하고, 나중에 가석방이나 사면을 생각하기보다는 처음부터 구체적인 법 규정과 예측 가능한 법 해석을 해야 한다는 게 재계의 주장이다. 전경련 관계자는 "형법상 배임죄 구성요건 중 업무상 임무 위배, 손해발생 시기 등 법문상 의미가 불명확한 요건을 명확하게 개정하고, 국회에 계류 중인 상법상 경영판단원칙 도입안을 조속히 통화시켜 기업경영 리스크를 줄여나가야 한다"고 주문했다.

2015년초 정부 '규제 기요틴' 발표때 보류과제로 분류된 규제

- 자산규모별 대기업 규제개선
- 자연보전권역내 공장신증설
- 항만/공항 배후지 개발제한
- 대체근로 사용제한 규제개선
- 경영상 해고요건(구조조정)
- 대형마트 영업규제
- 배임죄요건에 경영판단원칙 도입
- 통상임금 확대따른 부담완화
- 임금피크제 법제화
- 공공기관급식 대기업 입찰제한

2013년 초 출범한 박근혜 정부는 경제 활성화를 위해 '규제 개혁'을 전면에 내세웠다. 박근혜 대통령은 규제개혁에 추진력을 실어주기 위해 업계 전문가들과 '끝장토론'을 열기도 했고, 국무회의 모두 발언에서는 "일자리 창출과 투자를 가로막고 있는 규제들은 한꺼번에 단두대에 올려 처리하게 될 것"이라고 강조했다. 그때 나온 유명한 용어가 바로 '규제 기요틴(단두대)'이다. 단두대에 올려 목을 싹둑 자르는 것처럼 규제를 뿌리째 뽑아내겠다는 것이다. 규제 기요틴 용어는 이명박 정권 시절 유행했던 '전봇대 규제'에 이어 규제 개혁을 상징하는 용어로 자리로 잡았다. 박근혜 정부는 2015년 초에도 규제 기요틴 민관합동 회의를 통해 경제분야 69건, 사회분야 45건 등 총 114건에 달하는 규제개혁 추진계획을 발표했다.

하지만 기업들이 느끼는 체감 온도는 다르다. 아직도 대다수 기업인은 각종 규제 때문에 기업을 운영하기 어렵다고 하소연하기 때문이다. 한 기업인은 "기업이 새롭게 신규사업을 하고 싶어도 산재해 있는 규제들, 그리고 그 규제들을 어떻게 풀어야 하나 생각하다 보면 수개월 또는 수년이 후딱 지나간다"고 하소연한다. 기업들을 도와줘도 모자란 판국에 얽히고설킨 규제 때문에 사업을 포기하거나 비지니스 골든타임을 놓치는 경우가 비일비재하다는 설명이다. 규제는 만들기는 쉬워도 없애기는 어렵다는 구조적인 문제점도 포착됐다. 또 다른 기업인은

"현재 이뤄지고 있는 기업 규제 상당수는 경제 논리보다 정치 논리에 의해 만들어진 것이며 시장 현실이 제대로 반영되지 않았다"고 지적한다. 최근 탄생한 단말기유통구조개선법이나 중소기업 적합업종이 대표적인 사례라고 주장한다. 한 경제연구소 관계자는 "규제 문제를 설정 또는 제거라는 이분법적인 차원에서 접근하지 말고, 규제 비용과 기업편익이라는 경제원칙 아래서 합리적 기준을 설정하고 관리할 필요가 있다"고 지적했다.

무소불위
기업 오너

부친으로부터 대기업을 물려받은 40대 오너 3세인 손진호(정웅인 분)가 사무실과 룸살롱을 오가며 몽둥이를 들고 회사 임원들에게 무소불위로 폭력을 휘두른다. 이런 사실이 언론에 보도되는 것을 막기 위해 그룹의 홍보실장이자 고교시절 동창인 이상훈(유준상 분)을 아무런 죄의식 없이 방패막이 희생양으로 삼는다. 2013년 4월 개봉한 영화 〈전설의 주먹〉에 나오는 장면들이다. 영화 속의 가상장면이지만 이 같은 시나리오 설정이 가능한 것은 우리 국민들의 잠재 의식 속에 기업 오너 총수들은 무소불위로 황제경영을 하는 사람들이라는 인식이 자리 잡고 있기 때문이다.

Chapter 1

재벌이 던지고 욕설하는
'막가파' 오너

중견기업 A사의 김 대표는 유통업계에서 유명한 악덕 오너다. 평소 차분해 보이는 이미지와 달리 회사 내부에서는 직원들에게 온갖 언어폭력과 인신공격을 일삼는다. 남자 직원이라면 그가 던진 재떨이에 한 번쯤 맞아보지 않은 사람이 없을 정도다. A사에 한때 몸담았던 한 관계자는 "회의 시간에 직원이나 팀장급은 물론이고 임원들도 공개적으로 욕설을 듣거나 구타를 당했다. 경력직원 대부분이 한 달을 못 버티고 나갔고 심할 때는 연간 이직률이 60%를 넘은 적도 있다"고 귀띔했다.

또 다른 기업 B사의 박 회장은 업계에서 원로 대우를 받는 경영인이지만 수행비서 처지에서 볼 때는 저승사자와 다름없다. 행여 실수라도 하면 많은 사람이 지켜보는 앞에서 여지없이 공개적으로 망신을 당한다. 뒤통수를 맞거나 얼차려를 당한 적도 있을 정도다. 오너들의 이 같은 행태는 기본적으로 회사를 본

땅콩회항 사태로 물의를 빚은 한진그룹의 서울 중구 소공동 본사. 조현아 전 대한항공 부사장이 구속됐지만 회사는 당시 파장으로 뒷수습에 부심했다.

인의 사유물로 생각하는 경향이 강하기 때문이다. '회사 돈=내 돈'이라는 고정관념으로 횡령 비리를 서슴지 않는 오너들도 적지 않다. 최근 기자가 만난 한 중소기업 단체장은 공식 석상에서 정치권 진출 의사를 묻는 기자들의 질문에 대해 "뭐하러 나서서 남들 눈치 보고 욕을 듣나. 이미 나는 왕인데…"라고 말해 주위 사람들을 당황케 했다.

2014년 말 조현아 전 대한항공 부사장의 땅콩회항 사건은 현대판 봉건체제로 불리며 갑을 관계 핵심으로 떠오른 재벌 오너의 전횡과 대그룹의 조직적인 로열패밀리 육탄방어, 여기에 정부까지 포섭한 재벌의 로비력까지 더해지며 사회 전체의 뜨거운 감자로 떠올랐다. 조 전 부사장 외에도 대한항공은 조현민 전무가 고비 때마다 SNS와 문자를 통해 고위 경영진으로서 경솔한 행동을 하면서 회사가치를 깎아먹었다. 조원태 부사장의 노인폭행 등 과거 이력까지 드러나면서 '오너 3세에게 회사를 맡길 수 있는가'라는 우려까지 터져 나왔다.

선대가 피땀 흘려 일군 기업을 위태롭게 만든 장본인들은 한진가 오너 3세 뿐만이 아니다. 국내 건설면허 1호 업체 삼부토건도 2014년 7월부터 오너 리스크에 시달리고 있다. 조남욱 삼부토건 회장의 차남 조시연 삼부건설공업 대표가 배임수재 혐의로 기소돼 징역 2년의 실형을 선고받았기 때문이다. 검찰에 따르면 당시 삼부토건 전무이자 부사장으로 재직하던 조 대표는 프로젝트 파이낸싱(PF)대출에 회사를 지급보증 세우는 대가로 2008년 7월부터 2012년 9월까지 시행사로부터 12억 2,500만 원의 리베이트를 받았다. 삼부토건은 중견건설사로서의 위상을 잃은 채 자금난에 빠져 현재 워크아웃을 진행 중이다.

맨땅에서 기업을 일군 창업자들과 달리 부의 세습을 통해 큰 어려움 없이 기업을 물려받은 오너일가 3·4세들은 무소불위 황제경영에 더 노출되기 쉽다는 게 전문가들의 평가다. 이장우 한국경영학회 회장은 "오너 2세만 해도 태어날 때부터 귀족이 아니었고, 부친과 함께 기업을 키워나간 경험이 있다"며 "반면 3·4세는 태어날 때부터 일반인과 다른 환경에서 귀족처럼 자라 일반인과의 공감·소통능력이 떨어지고 스스로 무에서 유를 만들어낸 경험이 없다는 점도 취약점이다"라고 지적했다. "돈만 있으면 된다"거나 "기업은 절대 양보 못 한다"는 판단으로 형제는 물론 부모를 고소, 고발하며 법정소송을 벌이는 오너일가도 심심치 않게 눈에 띈다. 오너 일가라는 이유만으로 검증 과정을 등한시한 채 경영권을 물려주기 보다는 미국이나 일본 회사들처럼 지분과 경영권을 분리해 가장 능력 있는 인재에게 경영을 맡겨야 한다는 지적도 나온다. 오너의 자녀들을 잘 교육시켜 경영권을 맡기는 것보다 수천 명의 임직원과 외부전문가들의 풀 중에서 최적의 인재를 꼽는 게 더 경쟁력이 높다는 이유에서다. 이지수 미국 변호사는 "기업의 경영권은 오너의 대물림 대상이 아니고 주주들이 위임하는 권한에 불과하다. 오너 자녀들이 당연히 회사를 경영한다는 고정관념이 변하지 않으면 우리 재벌에게도 미래는 없다"고 지적했다.

최근 3년 동안 유동성 위기로 몰락했던 이들 기업은 오너 의존도가 지나치게 높았다는 공통점을 지녔다. 그룹의 규모가 급성장했는데도 조직력이나 시스템에 의해 운영됐다기보다는 오너 1인에게 의존해 모든 의사결정이 내려졌고 결과적으로 중견기업에서 더 뻗어나지 못한 채 회사가 공중분해 되거나 매각되는 비운을 맞았다. 국내 기업들이 글로벌 기업으로 성장하지 못하고 중도 탈락하는 이유 중 하나는 바로 오너들에 대한 의존도가 지나치게 높았다는 점이다.

웅진그룹의 경우 2006년 태양광 사업 진출, 2007년 극동건설 인수, 2008년 서울저축은행인수 등 공격적으로 사세를 확장했지만, 윤석금 당시 회장의 카리스마에 눌려 시장 상황을 직언하는 임직원은 드물었다. 감사나 사외이사도 견제기능을 제대로 하지 못했고 오너의 입맛에 맞는, 그러나 검증되지 않은 미래 청사진을 제시하는 젊은 유학파 컨설턴트 출신 인사들이 속속 등용됐다. 그러는 사이 2012년 극동건설의 1차 부도를 시작으로 웅진홀딩스, 웅진코웨이 등이 매각 또는 법정관리를 신청하며 그룹 해체의 길로 접어들었다. 강덕수 STX 전 회장도 인수합병을 통해 재계 12위 총수까지 오르며 한때 '샐러리맨의 신화'로 불렸지만 총수 1인에 의존한 무리한 투자 전략으로 글로벌 경기불황의 후폭풍을 극복하지 못한 채 유동성 위기를 겪으며 몰락하고 말았다.

Chapter 2

제동 못 거는
임직원도 문제

오너 1인에 의존한 경영 리스크가 증폭된 이유는 집단 의사 결정을 내려야 할 이사회가 지나치게 무기력하고 책임회피에 급급하다는 사실과 무관하지 않다. 실제로 공정위 조사 결과 최근 1년간(2013년 5월~2014년 4월) 상장회사 238개사의 이사회 안건 5,718건 가운데 사외이사의 반대로 원안이 부결된 안건은 단 3건(0.05%)에 불과했다. 수정의결(5건), 보류(5건), 조건부 가결(2건) 등 일정한 영향력을 행사한 안건도 12건에 불과했다. 원안대로 가결되지 않은 안건은 지난 2012년 36건에서 2013년 25건으로 매년 줄어드는 추세다. 대주주의 전횡을 견제·감시하기 위한 제도적 장치들이 보완됐지만 사외이사들이 여전히 거수기 역할에 머물고 있다는 의미다.

물론 오너 경영이 반드시 폐해만 낳는 것은 아니다. 한국식 오너 경영과 이에 따른 기업 성장은 최근 미국과 일본, 중국에서도 롤모델로 연구할 만큼 장점이 많은 것도 사실이다. 신속하면서도 책임감 높은 의사결정이 가능한데다 임직원들의 충성도가 높은 일관된 조직문화를 만들 수 있기 때문이다. 한국에 추월당한 일본의 전자기업들이 가장 큰 패착 요인으로 꼽은 것도 바로 "한국처럼 신속한 의사결정이 일본 기업들에게는 결여됐다"는 점이었다.

하지만 오너 1인에 대한 의존도가 지나칠 경우 오너 일가가 회사 경영을 전횡할 수 있는 황제 경영이라는 리스크가 증폭된다. 임직원이나 주주들이 반대해도 자신의 의견대로 의사결정을 내릴 수 있는 데다 회사 내부 문제점을 제대로 인식하지 못하거나 새로운 기업 문화를 도입하는 데 물리적으로 한계가 있기 때문이다. 임재운 차기 경영학회장(시강대 교수)은 "오너 경영 자체가 잘못됐다기보다는 오너 일가의 경영능력을 검증하고 전횡을 막는 효율적인 시스템을 구축하는 게 급선무"라고 지적했다. 우리나라 기업의 경우 체계적인 경영교육이나 검증을 받지 못한 채 오너 일가라는 이유만으로 젊은 나이에 경영에 참여하는 오너 3·4세들이 적지 않다.

심지어는 미성년자에게도 '주식 대물림'을 통해 부의 세습을 시도하는 경우도 비일비재하다. 일본 요미우리신문도 최근 '땅콩회항'과 관련한 보도를 통해 "한국의 경우 입사 후 짧은 기간에 임원으로 승진하고 비상식적인 행동을 하는 오너 3세들이 적지 않다"며 "많은 국민들이 취업대란과 양극화로 고생하고 있는 가운데 재벌에 대한 역풍이 더욱 거세지고 있다"고 보도했다. 대기업 한 임원은 "자녀들에게 주식이나 재산을 물려주는 것은 이해할 수 있다"면서도 "검증되지 않은 자녀인데도 피붙이라는 이유만으로 무리하게 경영권까지 세습하려는 행태가 문제"라고 지적했다. 물론 능력이 있으면 이야기가 달라진다. 하지만 경영능력이 전혀 검증도 안됐고 사회적 물의를 일으키는데도 무리하게 경영권을 물려주면 그 회사의 앞날은 묻지 않아도 뻔하다.

Chapter 3

오너도 'CEO 시험'
거치는 독일

　그렇다면 외국은 어떨까? 200년 넘는 역사를 지닌 독일 요한 바르트 운트존은 비상장기업으로 주식 전량을 오너 일가가 보유하고 있다. 맥주원료인 홉을 생산하는 이 회사는 기업 오너라도 중역 이상 임원이 되려면 매우 까다로운 과정을 거치도록 회사 내부규정에 문서로 명시하고 있다. CEO가 되려면 반드시 기술 분야를 전공하거나 경영학 석사 학위를 취득해야 하며, 4개 국어 이상의 언어 구사가 가능해야 하고 5년 동안 다른 회사에서 근무한 경험이 있어야 한다. 오너 일가라도 세계 각국 지사에서 업무 경험을 쌓고 일반 직원들과 똑같은 조건으로 독일 본사에서 근무를 시작한다.

　글로벌 화학기업이자 200년 넘는 역사를 지닌 미국의 듀폰은 델라웨어 주 본사에 CEO실을 설치하고 CEO 후보자를 대상으로 조직과 인재관리, 전략적인 사고와 미래예측, 업무추진

성과라는 3개 항목을 수년간에 걸쳐 지속적으로 평가한다. 부사장 이상 중역들은 물론이고 글로벌 지사 CEO들도 모두 엄격한 평가과정을 거친다. 대주주 일가와 전임자, 외부인사 등이 영향을 미치는 사례가 거의 없으므로 모든 직원들이 수긍하는 리더십을 갖춘 인물이 경영을 맡는다. 듀폰 창사 이래 첫 여성 CEO가 된 앨런 쿨먼도 수석 부사장 2년 동안 CEO실에서 듀폰의 주요사업인 도료·컬러기술, 전자통신기술, 재료 등 주요사업에 대한 실적을 철저하게 검증 받은 끝에 2008년 CEO가 될 수 있었다.

선진국의 이 같은 CEO교육 및 검증 사례는 오너 일가라는 이유만으로 비교적 손쉽게 경영을 승계 받는 우리나라 기업 지배구조와 좋은 대조를 이룬다. 미국의 경영 컨설턴트 이반 랜스버그는 경영권 승계가 원활하게 이뤄지고 있는 선진 기업들이 오너 일가의 전횡을 막기 위해 전문지식 테스트, 목표달성 및 비전제시 테스트, 위기상황 대처능력 테스트, 정치력 및 소통능력 테스트 등 크게 4가지 유형의 사전 검증을 실시한다고 지적한다. 미국 자동차회사 포드의 윌리엄 클레이 포드 2세, 위스키 왕국 시그램의 에드거 브론프맨 주니어, 모토롤라의 크리스토퍼 B. 갤빈 등은 오너 일가로 경영세습 준비가 부족한 상황에서 회사를 물려받고 일하다가 이 같은 검증과 평가를 통과하지 못해 모두 중도에 사임했던 인물들이다.

이웃국가 일본도 도요타자동차, 파나소닉, 혼다자동차, 미쓰비시상사 등 굴지의 대기업이 많지만 소유와 경영의 철저한 분리 원칙이 준수되며 한국처럼 오너 일가들이 대거 계열사 경영을 장악한 사례는 찾아보기 힘들다. 도요타자동차를 이끄는 도요다 아키오 현 사장(오너일가 3세)의 경우 지난 2009년 취임했는데, 이 회사가 전문경영인 체제에서 오너 체제로 다시 전환된 것은 1995년 이후 14년 만이었다. 도요타자동차 이사회는 당시 "더 능력 있는 전문 경영인들이 많은데 오너라는 이유만으로 경영 전면에 나서는 것은 바람직하지 않다"는 원칙을 유지했고 오너 일가들도 기업 발전과 성장을 위해 별다른 이의를 제기하지 않았기 때문이다.

독일 강소기업 오너가 CEO 되기 위한 조건

기업	CEO 조건 및 후계교육
요한바르트 운트존	4개 이상 외국어구사·경영학석사 회사사업과 연관된 기술분야 전공 5년 이상 다른회사 근무경력
FEV	회사 내부 모든기술 프로세스 숙지 장기적 안목과 명확한 비전 검증
헤라에우스	다른 회사를 직접 경영한 경험 40대 중반 이후 회사경영 참여

독일의 경우 중소기업들은 약 97%가 가족기업일 정도로 전문화된 가족기업 형태를 유지한다. 따라서 오너 리스크에 노출되기 더 쉬운 구조를 지니고 있다. 하지만 까다로운 승계 규정을 두거나 철저하게 교육, 검증과정을 거치기 때문에 독일 기업에서 오너 일가로 인한 경영상 문제나 개인적 불상사가 불거지는 일이 거의 없다고 해도 과언이 아니다.

독일이 장수기업 및 강소기업의 산실로 각광받는 이유도 기업인들이 존경받는 사회적 풍토가 자리 잡고 있기 때문이다. 160년째 귀금속 부문 세계 1위 기업인 독일의 강소기업 헤라에우스, 7대째 가족 경영을 이어가고 있지만 CEO가 되는 자격은 전문 경영인을 둔 회사보다 훨씬 더 까다롭다. 그 가운데 독특한 규정은 다른 회사를 경영한 경험이 있어야만 자격을 얻을 수 있다는 점이다. 그래서 헤라에우스 계열회사들의 CEO들은 대부분 가업을 승계할 당시의 나이가 40대 중반을 훌쩍 넘는다.

글로벌 엔지니어링 분야의 독일 히든 챔피언 기업인 FEV의 경우 CEO인 스테판 피싱거가 50대 초반에야 가업을 이어받았다. 오너 일가라는 이유만으로 사업을 승계하지 않고 장기적인 안목과 명확한 비전을 갖고 기업을 안정적으로 경영할 수 있는 사람에게만 CEO 자격이 주어지기 때문이다. 경영 능력도 중요하지만 모든 기술 프로세스를 이해할 역량이 있어야만 가업 승계자가 될 수 있다는 게 이 회사의 내부 규정이다.

우리나라의 경우도 오너 일가라는 이유만으로 경영 수업이나 실적검증 과정을 거치지 않은 채 지나치게 일찍 경영 일선에 등장하는 경우가 적지 않다. CEO 스코어가 상장사를 보유한 국

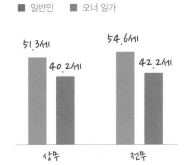

» 대기업 임원 승진 평균연령

■ 일반인 ■ 오너 일가

51.3세   54.6세
40.2세   42.2세

상무   전무

* 44개 그룹 234개 계열사 기준. 2014년 현재.
자료: CEO스코어

내 44개 그룹 234개 기업의 임원 현황을 조사한 결과 2014년 말 현재 이들 기업의 일반 상무급 임원의 나이는 평균 51.3세, 전무급은 54.6세인 것으로 각각 조사됐다. 반면 오너 일가는 첫 임원인 상무를 일반인 보다 약 11년 빠른 평균 40.2세에, 전무는 42.2세에 각각 된 것으로 조사됐다.

외국에서는 단지 부자라는 이유만으로 질시와 경계의 대상이 되지 않는다. 대기업 오너일가들일수록 더욱 앞장서서 노블리스 오블리주를 실천하고 사회적 공헌에 적극 나서기 때문이다. 우리나라도 공익사업에 나서는 기업들이 매년 늘어나고 있지만 '진정성' 측면에서 이들 외국 기업보다 상당히 부족하다는 평가가 지배적이다. 스웨덴의 발렌베리 가문은 지난 1870년대에 상업은행을 세워 큰 부를 이뤘고 지금은 스웨덴 GDP의

독일 엔진개발 회사이자 히든챔피언 기업인 FEV는 오랫동안 가족 경영체제를 유지하고 있지만 오너 일가라도 회사 내 모든 기술과정을 이해할 수 있는 능력과 비전을 검증한 후 경영을 맡긴다. 사진은 독일 FEV 본사 전경.

30% 이상을 차지하고 있을 정도로 막대한 영향력을 행사하고 있다. 보기에 따라서는 독점기업이란 이미지가 있을 수 있지만 스웨덴 국민들은 자신들 국가에 발렌베리 그룹이 있다는 사실 자체를 큰 행운이자 자랑으로 생각한다. 이들이 존경받는 가문이 된 이유는 사회적 책임 뿐 아니라 스웨덴이라는 국가에 대한 애국심까지 고스란히 경영 전반에 반영했기 때문이다. 145년 동안 이들이 쌓아올린 부는 대부분 공익재단을 통해 스웨덴

미국 록펠러센터 전경.

사회로 환원된다. 후계 세습 과정에서 재산권 분쟁으로 위기를 맞는 사례는 상상하기조차 힘들다. 가문 소유의 개인 재산은 약소하지만 대신 후대는 각 세대마다 자신의 이름을 딴 재단을 남겼다. 발렌베리 오너일가들은 어린 자녀들에게 대기업의 특권보다는 사회적 의무에 대해 먼저 가르쳤기 때문이다.

미국에도 약 4만 개 이상의 자선재단이 존재한다. 그중 한 가문이나 가족기업이 설립한 가족재단의 수가 절반 이상을 차지한다. 석유왕 존 데이비슨 록펠러는 1870년 오하이오 스탠더드 오일을 설립해 록펠러 가문에 부와 명성을 안겼지만 지금 록펠러 재단은 자선사업을 위한 공익재단으로 더 유명하다. 록펠러 1세는 미국 시카고 대학 설립을 위해 1890년 당시 4억1,000만 달러를 기부했고 공익재단인 록펠러 재단과 록펠러의학연구소를 설립했다. 록펠러 가문은 100년 넘게 축적한 자선사업의 노하우를 다른 기업들과 공유하기 위해 지난 2002년 록펠러 자선자문단이라는 비영리기구를 새롭게 만들기도 했다. 철강왕 앤드루 카네기가 만든 카네기재단, 자동차왕 헨리 포드가 사업으로 번 돈을 사회에 환원하기 위해 만든 포드 재단도 미국의 대표적인 공익 재단들이다.

Chapter 4

무소불위 횡포를
막는 대책은?

제2의 땅콩회항 사태를 방지하기 위해서는 오너 일가의 철저한 교육과 검증도 필요하지만 제도적으로 효율적인 장치를 만들어 한다는 주장도 제기된다. 정치권은 총수 일가의 비상식적인 '갑질 문화'와 특혜 구조를 견제하는 법안도 검토 중이다. 구체적으로 독점규제 및 공정거래에 관한 법률을 개정해 총수 일가가 임원이나 직원으로 경영에 참여하거나 근무할 경우 그 사실을 공시하고 관련 범죄로 형사처벌을 받은 경우 일정 기간 경영에 참여하지 못하도록 하는 방안이 검토될 것으로 보인다.

» 미성년자 억대 주식 부자

(단위: 명)

2011년 230
2012년 250
2013년 254
2014년 269

*연도 말 기준.

자료: 재벌닷컴

81

주식 대물림을 통한 부의 세습에 대해서도 제도적인 보완장치가 필요하다는 지적도 나온다. 현재 국회에는 미성년 재벌 일가에게 주식을 물려준 뒤 주가가 올랐을 경우 5년 뒤 증여세 또는 양도소득세를 별도로 중과세하는 법안이 의원입법(정희수 새누리당 의원)으로 발의돼 있다. 미성년에게 과도하게 주식을 증여하는 부의 대물림 현상은 재벌기업의 내부거래, 일감 몰아주기 등과 사회 정의를 해치고 일반인에게 위화감을 조성한다는 국민 여론을 의식한 조치다. 업계에 따르면 2014년 11월 초 현재 상장사 보유주식가치가 1억 원 이상인 재계일가의 미성년자 숫자는 총 269명을 기록해 전년 같은 기간보다 6% 가까이 증가했다. 이 가운데 100억 이상을 보유한 8명을 포함해 10억 원 이상을 보유한 미성년자 주식 갑부는 총 107명에 달했다. 미성년자 억대 주식 부자는 지난 2011년 230명에서 2012년 250명, 2013년 254명 등 해마다 늘어나는 추세다.

오너십의 전횡을 제어하기 위해선 상대적으로 지분율이 상승한 기관 및 개인주주들이 적극적으로 주주권을 행사하는 동시에 이사회가 본연의 기능을 회복하는 게 시급하다는 게 전문가들의 진단이다. 한국 대기업 이사회의 경우 사내외 이사들을 절대다수가 오너 측 인사로 꾸려진다. 주주 가치를 훼손하는 의사결정조차 오너 측의 의중대로 이사회를 통과할 수 있는 이유가 여기에 있다. 오너 편향의 이사회의 폐해가 극단적으로

동양증권 투자자들이 현재현 동양그
룹 회장 자택 앞에서 동양시멘트 법
정관리 신청 철회를 요구하는 시위를
벌이고 있다.

드러난 사례가 동양그룹 부도사태다.

　당시 동양증권(현 유안타증권)에선 그룹 계열사들이 발행한
회사채와 기업어음(CP) 등 부실상품을 적극적으로 판매하면
서 투자자들에게 큰 손실을 끼쳤다. 하지만 이사회에선 이 같
은 판매행위에 대해 이의를 제기하는 이사가 전무했다. 실제
관련 상품이 집중적으로 발행된 2013년 4월부터 8월까지 동양
증권 이사회 주요 의결 사항을 살펴보면 17개의 의안이 모두
가결됐고, 이 과정에서 단 한 명도 반대의견을 피력한 경우가
없었다.

김재진 전 부산고등법원장, 이동근 전 서울지검 서부지청장, 양명조 이화여대 법대 교수, 김명진 전 서울고등검찰청 부장검사 등 당시 동양증권 사외이사는 현재현 회장의 친정인 검찰과 모교인 서울대 법대 출신이 절대다수였다. 결과적으로 이 같은 판매행위는 상장사인 동양증권의 부실화로 이어졌고, 주주가치에도 심각한 악영향을 끼쳤다. 이처럼 법과 규정을 무시한 독단적 경영, 오너의 말 한마디면 모든 것이 된다는 '황제 경영'이 역설적으로 우리 기업들을 더 난처한 처지로 몰아넣고 있다. 재계 한 임원은 "기업 오너의 결정은 기업 자체의 성패뿐 아니라 기업에 속한 임직원들의 인생에 큰 영향을 준다"며 "책임감도 능력도 전문성도 없는 오너가 견제 없는 무소불위 권력을 행사하는 것이야말로 기업에게 가장 큰 리스크 요인"이라고 지적했다.

04

반시장법
양산하는
국회

자동차부품과 이륜차를 제조하는 대림자동차공업은 2015년 벽두부터 비상이 걸렸다. 세밑을 앞둔 2014년 12월 24일 대법원에서 "정리해고 대상자를 선정하는데 공정하지 못했다"는 이유로 이 회사 노조원들이 제기한 소송에서 무효 판결을 받았기 때문이다. 대림자동차는 2009년 경영상의 이유로 193명을 희망퇴직 시키고 47명을 정리해고했다. 회사 측은 아직 복직 여부와 관련해 뚜렷한 입장표명을 안 하고 있다.

Chapter 1

19대 국회 출범 후
더 늘어난 규제

19대 국회가 출범한 이후 '경제민주화' 바람을 등에 업고 기업들의 정리해고를 사실상 더 어렵게 만드는 '대못 입법안'들이 대거 상정된 가운데 재계가 다시 긴장모드로 돌입했다. 인력 구조조정을 제대로 못 해 한계기업으로 내몰리는 기업들이 더 늘어날 것으로 우려되기 때문이다. 한국경제연구원은 〈2014 정책리스크 평가 보고서〉에서 "현재 국회에 상정된 해고 요건 강화 개정안들이 모두 입법화될 경우 우리나라는 시장경제를 운영 중인 189개 국가 가운데 베네수엘라, 볼리비아, 튀니지에 이어 세계에서 4번째로 경직적인 노동시장을 갖게 된다"고 전망했을 정도다.

심상정 의원(정의당)이 국회 환노위에 대표 발의한 법안은 정리해고가 가능한 긴박한 경영상의 필요요건(근로기준법 제24조)에 '경영악화로 사업을 계속할 수 없을 경우'라는 조건을

여의도 국회의사당 앞 좌회전 금지팻말이 마치 "시장 활력을 떨어뜨리고 기업 투자를 가로막는 반시장 법안을 입법해서는 안된다"고 꾸짖는 듯하다.

추가했다. 생산성 향상이나 미래 경영위기에 대처하기 위한 구조조정이나, 업종전환 등은 제외했고 이런 요건을 갖추지 못했을 경우 부당해고라는 주석까지 달았다. 김성태 의원(새누리당)이 대표 발의한 법안은 양도·인수·합병에 의한 인원조정도 정당한 경영상의 이유에서 제외했고 정리해고 회피노력의 예시로 자산매각, 신규채용중단, 근로시간단축을 제시했다. 한마디로 회사가 도산하기 직전까지 몰리지 않으면 마음대로 정리해고를 하지 못하도록 규정한 것이다. 대한상의 최근 조사에 따르면 기업에 가장 부담이 되는 법안 중 '경영상 해고요건 강화 법안'에 대해 중소기업은 63.3%, 대기업은 60.9%가 타당성이 결여된 반시장 법안이라고 응답했다. 한국경총 이동응 전무는 "노동시장이 가뜩이나 경직된 상황에서 해고요건을 더 강

19대 국회에서 통과·상정된 기업에 부담을 주는 법안들

쟁점	주요 내용	관련 법안
지배구조개선	- 대주주 적격성심사대상 확대	금융회사지배구조법
	- 신규순환출자금지	공정거래법
	- 집중투표제 의무화 및 다중대표소송도입	상법
계열사간 거래규제강화	- 특수관계인 부당이익제공금지	공정거래법
	- 부당지원행위 기준강화	공정거래법
법집행 강화	- 기업인 범죄처벌 강화	특가법
	- 징벌적 손해배상제 확대	공정거래법
비정규직· 정리해고	- 정리해고 요건강화	근로기준법
	- 정년 60세 연장 의무화	고령자고용촉진
	- 최저임금기준에 물가상승률반영	최저임금법
	- 기간제·파견근로자 보호	비정규직보호법
중소기업보호	- 납품단가부당감액, 부당반품 행위 3배 징벌적 손해배상	하도급법
	- 영업시간제한 및 의무휴일확대	유통산업발전법
	- 중기조합에 납품단가협상권부여	하도급법

화하면 구조조정을 통한 기업회생은 사실상 불가능해진다"며 "자칫 노사 모두가 공멸하는 상황이 초래될 수 있다"고 우려했 다. 이 같은 상황은 선진국이 글로벌 상황에 맞춰 노동시장 유 연성을 보완하고 나선 것과 대조를 이룬다. 일본의 경우 법원 판례를 통해 현재 또는 미래의 경영부진이 예상되거나 사업상

인원정리가 필요한 경우 정리해고를 인정하고 있다. 미국은 정리해고 요건에 대한 규정 자체가 없어 사실상 기업에 일임권을 부여하고 있다.

2015년이 시작되자마자 기업들이 반대했던 온실가스배출권거래법과 화학물질 등록평가법(화평법), 화학물질 관리법(화관법) 등 환경 3법이 줄줄이 시행된다. 소액주주 권리를 강화하는 상법개정안, 하도급업체 범위를 중견기업까지 확대하는 하도급법 개정안 등이 대기 중이다. 국회 입법과정에서 정부와 재계의 처지가 반영될 수 있다는 기대감도 적지 않지만, 이 법안들이 시행되면 가뜩이나 어려운 재계 경영에 막대한 후폭풍을 몰고 올 것으로 전망된다.

기업을 옥죄는 또 다른 법안인 징벌적 손해배상도 규제 강도를 더 높인 법안들이 경쟁적으로 국회에 발의됐다. 중소하청업체에 대한 기술유용뿐 아니라 부당한 단가인하나 발주취소, 반품행위에 대해서도 최대 3배 범위에서 징벌적 손해배상 책임을 지도록 규정하는 하도급법 개정안이 19대 상반기 국회에서 통과됐다. 공정거래 관련법도 이 제도를 확대하려는 개정안들이 국회에 제출돼 있다. 재계는 "OECD 회원국 가운데 우리나라의 형벌 규정이 가장 많고 과징금을 부과할 수 있는데 징벌적 배상제도를 또 도입하는 것이 과연 바람직한지 의문"이라는 입장을 피력하고 있다. 실제로 동일한 부당행위에 대해 징벌적

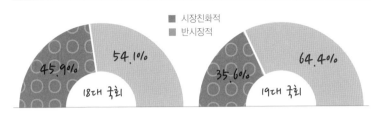

시장친화적
반시장적

45.9%   54.1%   18대 국회

35.6%   64.4%   19대 국회

*19대 국회는 상반기 104대 기업 대상 법안   자료: 자유경제원

성격을 지닌 민사, 행정, 형사적 제재수단을 동시에 부과할 수 있도록 규정한 나라는 OECD 회원국 가운데 우리나라뿐이다. 노동계 최저임금과 관련해서도 문재인 의원(새정치민주연합)이 대표 발의한 법안은 최저임금 결정기준에 물가상승률을 추가하도록 규정했고 심상정 의원(정의당)이 발의한 법안은 최저임금 하한선을 전체근로자 임금 평균의 50%로 정한다는 내용이 포함됐다.

정부 법안과 달리 의원 입법은 제도적으로 반시장 법안을 양산할 수 있는 유리한 구조다. 정부의 입법발의는 관계기관 사전협의, 입법예고, 법제처심사, 국무회의심의 등의 절차를 거쳐야 하지만 의원입법은 국회의원 10인 이상의 동의를 얻으면 발의할 수 있고 입법예고나 규제심사를 받을 의무가 없기 때문이다. 예산이나 기금상의 조치를 수반하는 법안의 경우도 '비용추계서'를 첨부하면 된다. 19대 국회가 출범한 이후 의원발의 법안은 2014년 말 기준 1만 1,700건으로 18대 국회 전체 의원입법 건수 1만 2,220건에 근접한 상태다. 조동근 명지대 교수는 "포퓰리즘에 이끌린 반시장적 입법발의는 필연적"이라며 "규제영향평가를 모면하기 위한 청부입법으로 전락하지 않도록 제도 남용을 제한해야 한다"고 지적했다.

Chapter 2

경제법안 처리엔
뒷짐만 지고…

지난 2012년 10월 8일 정부는 국회에 '물류시설의 개발 및 운영에 관한 법률 일부개정법률안'을 제출했다. 물류터미널을 건설하고자 업체가 공사 시행 인가를 신청할 경우 10일 이내 인가 여부와 지연 사유를 통보해주는 것을 골자로 한 작은 내용을 담은 규제 완화 법안이다. 하지만 이 법안이 국토교통위원회에 공식 상정된 것은 2013년 2월 21일로 4개월이 지난 시점이다. 문제는 2년 가까이 됐지만 이 법안이 단 한 차례도 국토위에서 심사된 적이 없다는 것이다. 이처럼 경제 법안이 지연되는 건수가 갈수록 늘고 있다. 입법부가 정쟁에 함몰돼 기업들이 정작 필요한 투자·고용 활성화 법안들에 대해서는 사실상 뒷짐을 지고 있는 셈이다.

정부가 제출한 법안 가운데 국회에서 낮잠을 자는 법안 중 상당수는 경제 관련 법안이다. 국회는 2014년 정부가 반드시

19대 국회 상반기 경제민주화 영향으로 반시장 법안들이 대거 발의된 가운데 정작 경제, 민생에 중요한 법안들은 상당수가 논의조차 안 되고 있다. 국회에서 한 직원이 입법조사 사무실에 쌓여있는 법안서류들을 정리하고 있다.

처리해 달라고 당부한 경제활성화 법안 51건 중 16건만 처리했다. 대표적인 법안이 유해 시설이 없는 관광호텔을 학교환경정화구역 내에 설립할 수 있도록 한 관광진흥법이다. 2012년 10월에 국회에 제출된 이래 교육문화체육관광위원회에 2013년 7월과 2014년 4월 각각 상정됐고 정부가 수정안도 제안했지만 여전히 계류 중이다.

2014년 4월 교문위 법안소위에서 박인숙 의원(새누리당)은 "관광호텔이 필요한 것은 전 국민이 다 알고 있는 사항"이라며 "법안도 유해시설이 있으면 안 되고 100실 이상이 되어야 하고 50m 밖에 있어야 하며 이를 위반하면 원 스트라이크 아웃으로 등록이 취소되는 것 아니냐"고 처리를 강조했다. 하지만 유기홍 의원(새정치)은 "대한항공 호텔에 대한 특혜가 될 수 있다. 이 법에 반대하는 사람들은 다 반시장주의자냐"고 따져 물었다. 대한항공이 경복궁 옆 7성 호텔을 건립하려고 하는데 이 법안을 처리하면 특혜가 된다는 주장이었다. 당시 조현재 문화체육관광부 1차관은 "관광객들이 숙박시설이 부족해 충남·천안까지도 간다"며 법처리를 호소했지만 받아들여지질 않았다. 이 같은 경제 법안이 제때 처리가 안 되면서 공급이 수요를 못 따라가고 있다. 정부에 따르면 2005년부터 2013년까지 외국인 관광객이 102% 증가한 데 반해 호텔 객실 수는 44% 늘어나 턱없이 부족하다.

이처럼 제때 경제 법안이 처리되지 못하는 주된 까닭은 개정 국회법인 국회선진화법으로 인해 재적 의원 5분의 3 이상의 찬성이 있어야만 반대를 뚫고 안정적인 법안 처리가 가능해졌기 때문이다. 몸싸움은 크게 줄었지만, 경제 법안들은 여야가 합의하지 않으면 처리할 수 없는 대목이다. 야당이 경제 법안과 야당 현안 법안을 묶어 패키지로 처리하려고 시도하기 때문에 엉뚱한 경제법만 발목이 잡히는 꼴이다.

대표적인 사례가 2014년 1월 1일 새벽 통과 마지막 순간까지 진통을 겪었던 외국인투자촉진법(외촉법)이다. 해당 상임위를 통과했지만, 당시 법제사법위원장이었던 박영선 의원이 이 법

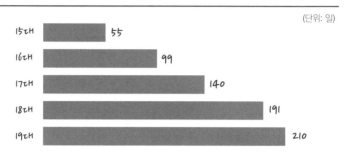

(단위: 일)

15대	55
16대	99
17대	140
18대	191
19대	210

통과를 막으면서 험난한 여정이 이어졌다. 박 의원 등 일부 야당 의원이 일부 재벌에게 특혜와 면죄부를 주는 법안이란 이유로 끝까지 반대했으나 막판에 이 법이 통과되는데 기여한 것은 엉뚱하게도 상설특검법과 특별감찰관제 도입이었다. 민주당은 외촉법 처리에 합의하는 대신 상설특검·특별감찰관제를 요구했고 여당은 결국 1월 1일 새벽 '향후 상설특검법 처리에 합의한다'는 내용의 합의서를 쓰면서 간신히 외촉법이 처리됐다.

매일경제신문이 15대(1996~2000년)부터 19대(2012~2016년)까지 역대 국회별로 정부안이 국회에 처음 제출돼 상임위와 법사위를 거쳐 최종적으로 본회의 문턱을 통과하는 데까지 걸리는 이른바 '정부 발의안 처리 소요 일수'를 비교 분석한 결과, 해가 갈수록 법안 처리가 지연되는 것으로 조사됐다.

15대(1996~2000년)에는 정부 발의안이 국회 문턱을 넘는데

55일에 불과했지만 16대(2000~2004년)에는 99일로 늘어났고 17대(2004~2008년)에는 140일로 급증한 뒤 18대(2008~2012년)에 191일까지 늘어났다. 19대 들어 2014년 말~2015년까지만 놓고 보면, 349건이 처리되는데 평균 153일이 걸렸다. 그러나 이는 2015년 현재 계류 중인 법안 419건을 합산하지 않은 수치다. 만약 419건이 작년 말 통과된 것으로 가정할 경우 무려 약 210일이나 소요됐을 것으로 분석됐다.

이들 법안은 현재도 계류 중이기 때문에 19대 국회의 정부안 처리 소요일수는 역대 최장일 것으로 전망된다. 국회가 다섯 차례 바뀌면서 정부 발의안 처리일수는 두 달 남짓에서 7개월 이상으로 지연된 것이다. 이처럼 뒤늦게 법안이 처리되더라도 경제 활성화 법안이 적시에 기업들을 지원하지 못할 것이라는 우려도 커지고 있다.

Chapter 3

통진당의 유산
'반시장법 대못'

　19대 국회 개원 후 가결된 104개 주요 법안을 대상으로 시장 친화도를 분석한 결과 평균 3개 법안 중 2개 법안은 반시장적 성격을 띠고 있는 것으로 조사됐다. 전경련 산하 자유경제원이 사유재산권 확립, 세금부담 완화, 경제적 자유 및 개방 확대, 규제완화, 법치확립 등 5개 기준을 대상으로 시장친화지수(0~100기준)를 산출한 결과 104개 법안 가운데 64.4%가 반시장적 성격이 더 강한 것으로 조사됐다. 동일한 조사에서 18대 국회 상반기 시장 친화적 법안이 63.3%로 반시장 법안보다 더 많았던 점을 감안하면 19대 국회의 반시장적 입법성향이 더욱 두드러진다. 권혁철 자유기업센터 소장은 "18대 국회는 이명박 정부의 비즈니스 프랜들리 정책의 영향을 받았지만 19대 국회 상반기는 경제민주화 영향을 받아 국회 입법이 대조적인 성향을 보였다"고 분석했다.

19대 국회 상반기 통과된 법안 가운데 납품단가 조정협의권을 중기협동조합에 부여하는 하도급거래 개정안, 근로자 정년을 60세 이상으로 규정한 고령자고용촉진법, 전통시장 지원 유효기간을 삭제한 전통시장 및 상점가 육성을 위한 특별법 등을 대표적인 반시장 법안으로 지목됐다.

자유경제원이 조사대상 법안에 대한 의원별 찬반투표를 분석한 결과 시장친화지수가 가장 낮은 국회의원은 새정치민주연합 소속 장하나 의원인 것으로 조사됐다. 그 뒤를 이어 남인순, 최민희, 은수미, 임수경, 홍의락, 송호창 의원(이상 새정치민주연합), 서기호의원(정의당)등이 시장 친화지수가 낮았다. 시장친화지수 하위 10명 의원 가운데 비례대표 의원이 8명으로 대다수를 차지했다. 정당별로는 새누리당의 시장친화지수가 36.6으로 가장 높았고 새정치민주연합(25.8)과 정의당(23.6)이 그 뒤를 이었다. 조사를 실시한 권혁철 소장은 "19대 국회 상반기 여야 정당의 시장친화지수가 50에 못 미친 것은 정도의 차이는 있지만 대부분 정당에서 반시장적 성향이 더 강하다는 것을 의미한다"고 지적했다.

19대 국회 하반기 입법 과정에서 주목되는 변화 중 하나는 통합진보당(이하 통진당)이 헌법재판소 판결로 전격 해산되면서 국회에서 사라졌다는 점이다. 하지만 2016년 4월 20대 총선을 앞두고 유권자 표심을 의식한 표퓰리즘 성향 법안이 사실상

19대 국회 마지막 해인 올해 봇물을 이룰 가능성도 있다.

통진당이 남기고 간 '반시장 법안 유산'들은 아직도 국회 곳곳에 산재해 있다. 대표적인 사례가 대형유통업체의 신규 출점을 규제하는 유통법과 상생법이다. 2010년 당시 민주노동당 대표이던 이정희 전 의원 주도로 마련된 이 쌍둥이 법안은 기업형 슈퍼마켓(SSM)이 전국의 전통시장과 골목상권에 SSM의 신규 개설을 제한하는 내용을 골자로 하고 있다. 2011년에는 이정희 전 의원이 발의한 상속세 및 증여세법 개정안을 통한 일명 '일감 몰아주기 방지 법안'이 마련됐다. 대규모 기업집단의 최대 주주 일가가 기업 내 특정 계열사를 3% 이상 소유하고 있고 계열사 간 내부 거래를 통해 매출액의 30% 이상의 수입을 올리고 있다면 그 초과 부분에 대해 과세하는 법이다.

통진당은 원내에서 가장 급진적인 진보정당으로 활동하며 대기업-중소기업 상생, 경제 민주화, 부의 대물림 세습 제한 등을 명분으로 다양한 유형의 입법 활동을 전개해 왔다. 지난 대선 때는 30개의 대기업을 3,000개의 전문기업을 쪼개야 한다는 이른바 '재벌해체' 공약을 내세워 논란을 빚기도 했다. 국가 간 자유무역협정(FTA) 체결 시에는 최루탄 등 극단적인 방법까지 동원해 국회의 비준안 통과를 지연시켰다. 통진당 소속이던 김재연 전 의원은 2014년 10월 법인세율 최고구간을 과표구간 1,000억 원에 세율 30%로 인상하는 법인세법 개정안과 미성년자의 상속 재산에 대해 성년까지 증대된 재산가치에 대한 추가 과세를 요구하는 상증세법 개정안 등을 골자로 한 부자증세 패키지를 발의했다. 오병윤 전 의원도 기업의 신규 출점을 추가로 규제하는 유통법 개정안을 내놓은 바 있다.

이들 법안은 대표 발의자가 의원직을 상실하게 됨으로써 추가 논의도 탄력을 받지 못할 전망이다. 앞서 17~18대 민주노동당 시절을 포함해 통합진보당은 그동안 무수한 기업규제 법안을 발의해왔다. 민노당 초창기 시절부터 줄기차게 주장해 왔던 부유세 신설은 참여정부 시절 신설된 종합부동산세의 법적 기초가 됐다. 종부세는 이중과세 위헌 논란 속에서도 몇 번의 개정을 거쳐 현재까지 유지해 오고 있다. 다만 원내 의석수가 5~10석에 불과해 행동에 '기업살인법'과 같이 극단적인 반기업 법안을 통과시키진 못했다. 여론에 따라 반기업 정서가 강화될 때 범야권의 정책연대에서 주도적인 역할을 해 굵직한 규제 법안이 잇따라 처리되곤 했다.

Chapter 4

기업 기 살리는
선진국 의회

　우리나라 국회가 기업에 부담을 주는 반시장 법안을 남발하는 데 비해 일본과 미국, 영국, 호주 등 선진국 의회는 자국 기업들의 투자·고용 활성화를 유도하기 위해 올인하고 나섰다. 아베 총리에 대한 중간평가 선거(2014년 12월 중의원총선)에서 압승한 자민당-공명당 여당연합은 2015년도 법인세율을 현행 표준세율(34.62%)보다 2.51%포인트 더 낮추고 이듬해인 2016년에는 3.29%포인트 더 낮춰 31.33%로 책정하는 법인세법 개정안을 발의해 놓은 상태다. 앞으로 추가 법인세 인하를 단행해 일본의 법인 세율을 20%대까지 끌어내린다는 중장기 계획도 검토 중인 것으로 알려졌다. 아울러 정부의 근로자 임금인상 요구에 부응한 기업에 '소득확대 촉진세제' 적용기간을 완화해 기업 이윤 배분과 경제 활성화라는 두 마리 토끼를 잡는 방안도 추진하고 있다. 현지 언론들은 "아베노믹스의 세 번째 화살인 성장 전략에 성공하기 위해 기업들의 투자·고용 활성화가 최우선 선결과제라는 인식이 자리 잡고 있다"고 분석하고 있다.

미국도 2014년 11월 중간선거에서 공화당이 압승한 이후 상·하원 의회가 기업을 옥죄던 불필요한 규제를 완화하는데 선봉장 역할을 수행할 것으로 보인다. 공화당이 상·하원을 모두 장악하면서 법인세 인하를 비롯해 금융세제 규제완화, 천연가스 수출 허용, 행정부 무역촉진권한(TPA) 부활 등 그동안 의회에서 논란을 빚거나 계류돼 있던 법안들이 무더기로 통과될 가능성이 높아졌기 때문이다. 미국에서는 대기업들이 비교적 높은 법인세율(35%)에 대해 공개적으로 불만을 터뜨렸고 최근 들어서는 해외에 있는 기업을 인수합병한 이후 본사를 옮겨서 과중한 세금을 피하는 다국적 기업들도 늘어나면서 이미 논쟁이 뜨겁게 불붙은 상태. 오바마 정부와 민주당도 세율을 28% 수준으로 내리는 세제개편안을 추진 중이다. 그러나 공화당은 더 나아가 미국 기업들의 경쟁력 제고와 고용창출을 위해 법인세율을 25%까지 내리는 방안을 검토하고 있다. 환태평양경제동반자협정(TPP)의 경우 자국 내 산업보호에 비중을 둔 민주당 내부에서 오히려 반발 움직임이 거세지만 공화당이 의회를 장악하면서 관련 협정 체결 추진이 급류를 타게 될 것이란 전망이 나온다.

주요국 의회의 기업 살리기 정책 사례

국가	의회가 주도 중인 주요 법안
미국	법인세 35% → 25~28% 하향조정 금융규제 세제완화 TPP조기체결로 무역영토 확대
일본	소득확대 촉진세제 적용기간 확대 법인세 31%대로 인하(2016년까지)
영국	레드 테이프 챌린지 프로젝트(규제리스트 3,095개 삭제)
호주	기업부담 큰 탄소세·광산세 폐지
프랑스	친기업 성향 총리 신임투표안 통과

영국의 집권 보수당은 2014년 2월부터 규제와의 전쟁을 선포하고 규제리스트 3,095개를 없애기 위한 '레드 테이프 챌린지 프로젝트'를 시작했고 이 같은 규제 완화는 투자확대로 연결되는 성과를 거두고 있다. 2010년 5만 개이던 런던의 벤처기업은 현재 약 9만 개로 2배 가까이 늘었다. 재정위기와 디플레이션 늪에서 허우적거리고 있는 유로존 국가와 달리 영국 경제에 대해서는 긍정적인 전망이 잇따르고 있다. 세계은행이 최근 발표한 2015년 글로벌 경제 전망(GEP) 보고서에 따르면 영국은 올해 2.9%의 성장률을 기록해 유로존의 평균 성장률은

(1.1%)을 크게 웃돌 것으로 전망됐다.

호주 상원도 2014년 9월 탄소세에 이어 광산세로 불리는 광물자원임대세(MRRT)를 폐지했다. MRRT는 대형 광산업체 이익의 22.5%를 세금으로 내도록 한 법으로 전임 노동당 정부 시절 제정됐다. 그러나 MRRT는 광산업계의 강력한 반발을 가져왔고 결국 친기업 성향의 자유·국민당 연립정부가 주도하는 의회가 법안을 폐지했다. 심지어 좌파정당인 사회당이 집권한 프랑스도 오랜 기간 경제가 침체되자 당초 예상을 뒤엎고 친기업 정책을 적극적으로 펼치고 있다. 여기에는 프랑스 의회의 적극적인 지지가 있어 가능했다. 의회 과반을 장악한 좌파 사회당이 긴축과 친기업 개혁노선을 강력하게 추진하는 마뉘엘 발스 총리에 대한 신임투표를 통과시켰다.

반면 우리나라 국회는 칭찬보다는 악명이 훨씬 더 높다. 국회의원들이 하는 말을 액면 그대로 믿는 국민들도 별로 없을 정도다. 법안 처리 과정만 봐도 그렇다. 상임위를 열지만 쟁정만 일삼고 경제, 민생 법안을 통과시키지 않는 경우도 부지수기다. 그래서 나온 별명이 '식물국회'다. 지난해는 여야의 이전투구 속에 무려 150여 일 가까이 법률안을 단 한 건도 처리하지 못하자 '불임국회'라는 오명까지 생겨났다. 민주주의의 상징이라는 국회에서 대화의 정치는 실종되기 일쑤다. 나라는 어떻게 되든 말든, 유권자 표심만 포퓰리즘에 따라 기업 활동을 옥죄는 악법을 대거 양산하는 곳도 바로 국회다.

실제로 단통법(단말기유통관리법), 도서정가제, 대형마트 영업시간제한 등 소위 약자층을 돕는다는 명분을 내걸고 시장의 경쟁을 제한하는 법안들이 늘어나면서 오히려 소비자들의 이익을 저해하고 더 나아가 그 법이 보호하고자 했던 약자들의 이익도 침해하는 사례가 발생하고 있다. 충분한 논의와 분석을 거치지 못한 채 입법 과정이 이뤄짐으로써 당초 목적과 정반대의 결과를 초래하고 있는 셈이다.

대기업 한 임원은 "나라는 선진국 문턱에 들어섰지만 우리 국회는 아직도 지나치게 이념적 사고에 기초해 대립하는 경향이 있다"며 "우선 국회의원 수가 너무 많고 전문성이 빠져 있어 소소한 지역이기주의에 매달리는 경향이 강하다는 점이 큰 문제"라고 지적했다. 국회 문제를 해결하기 위해서는 입법의 전문성을 요구하는 목소리가 가장 컸다. 여론에 휘둘리고, 베끼기 식의 법안 제출이 많다는 그동안 비판을 방증하는 결과로 해석된다. 특히 국회가 과도한 규제를 더 과감하게 풀어줘야 한다는 요구도 많았다. 정부는 규제를 푼다고 하는데 국회에서는 오히려 규제를 양산하고, 경쟁을 제한하는 법을 제정해 기업 환경을 어렵게 만들고 있다는 지적이다.

반기업정서

우리나라 국민들 사이에는 독특한 이중잣대가 존재한다. 바로 '반기업정서'다. 상당수 국민들이 재벌 기업에 대해서는 막역한 적대감을 갖고 있다. 그러면서도 자기 자식이나 친지들은 대기업에 취업하길 기대한다. 물론 반기업정서가 괜히 생겨난 것은 아니다. 기업들에게 1차적인 책임이 있다는 것은 부인할 수 없다. 정경 유착과 경영 비리, 노블리스 오블리주를 등한시한 기업들의 행태가 오랜 기간 맞물리면서 우리 국민들 뇌리 속에 반기업정서가 뿌리 깊게 자리 잡았기 때문이다. 그렇더라도 막무가내식 반기업정서는 기업은 물론이고 국가나 사회 발전을 위해서도 결코 바람직하지 않은 요소다. 또 얼마든지 개선해 나갈 여지가 많은 분야이기도 하다.

Chapter 1

재벌기업을 보는
이중잣대

재벌개혁은 정치인들의 첫 번째 공약사항이며, 대학생들의 단골 토론주제다. 하지만 정치권은 늘 대기업에 협찬을 기대하며 대학생들은 가장 취업하고 싶은 기업으로 삼성·현대·SK·LG 등을 꼽는다. 한마디로 재벌기업을 보는 '이중잣대'가 존재하는 셈이다.

반올림(반도체 백혈병반도체 노동자 건강과 인권 지킴이) 대표 황상기씨는 삼성전자와 반도체 백혈병 피해자 보상 문제를 놓고 투쟁하고 있다. 하지만 그의 둘째 딸과 사위는 삼성그룹에서 일하고 있다. 황 씨뿐만 아니라 대기업 개혁을 주장하는 많은 인사가 자신의 자식은 대기업에 취직시키고자 하는 경우가 허다하다.

외국 기업과 국내 기업을 바라보는 또 다른 '이중잣대'도 존재한다. 많은 사람들은 빌 게이츠 재단을 통해 기부에 앞장서

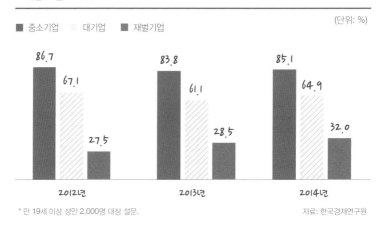

■ 중소기업   ▨ 대기업   ■ 재벌기업

86.7   67.1   27.5   83.8   61.1   28.5   85.1   64.9   32.0

2012년   2013년   2014년

* 만 19세 이상 성인 2,000명 대상 설문.   자료: 한국경제연구원

는 마이크로소프트를 좋은 기업이라고 생각한다. 하지만 게이츠 재단에 들어간 돈은 빌 게이츠와 부인 멜린다 게이츠 그리고 워렌 버핏의 기부금이 전부다. 마이크로소프트는 회사 차원에서 단 한 푼도 출연하지 않았다.

반면 국내 대기업은 매년 수백억 원씩 기부금을 낸다. 삼성그룹은 2015년 초 500억 원을 사회복지공동모금회에 기탁했다. LG그룹도 120억 원을 성금으로 냈다. 하지만 국내 대기업그룹의 성금에 대해 대부분 국민들은 당연한 일로 받아들인다. 이는 기업의 할 일과 기업 오너들에게 기대하는 바를 혼동해서 생긴 일이다.

기업과 기업 총수에 대한 우리 국민들의 구분도 모호하다.

모 대기업 관계자는 "대다수 국민들이 기업에 대한 불만과 기업 총수에 대한 불만을 혼동하고 있다"며 이 때문에 "반기업정서를 해소하려는 온갖 노력에도 불구하고 백약이 무효하다"라고 말했다. 한국경제연구원이 만 19세 이상 성인 2,000명을 대상으로 벌인 설문조사로는 중소기업에 대한 호감도는 85.1%에 달한 반면 재벌기업에 대한 호감도는 32.0%에 불과했다. 기업 총수의 개인 비리로 인해 기업이 타격을 받는 사례가 허다한 것은 물론, 기업 경영악화의 책임을 대주주에게 묻기도 한다. 이처럼 기업과 기업총수를 동일시하는 인식 때문에 반기업정서 해소책을 찾기가 쉽지 않다.

미국·영국·독일 등 기업하기 좋은 곳으로 꼽히는 나라들의 특징은 구체적인 불법 또는 비위에 대해 엄한 처벌을 가할지언정 기업 자체에 대한 반감은 높지 않다. 바로 이 점이 한국을 비롯해 프랑스 이탈리아 등 반기업정서가 높은 나라들과의 차이점이다.

국내 한 경제연구소 고위관계자는 "미국의 경우 환경 고용 부패 분식회계 등 구체적인 사안에 대해 엄한 잣대를 들이대지만, 기업 자체에 대해서는 우호적인 정서를 갖고 있다"고 소개했다. 2002년 엔론과 월드컴의 분식회계 스캔들이 드러나 미국 월가가 떠들썩했다. 관련법이 강화되고 높은 수위의 처벌이 잇따랐으나 기업에 대한 반감으로 이어지지 않았다. 미국의 거대

화학기업인 듀폰이 제품 생산과정에 사용한 독성 화학물질을 유출한 의혹이 제기되면서 현재 재판이 진행 중이다. 공장이 인접한 오하이오와 웨스트버지니아주에서 화학물질 유출에 대한 비난이 거세지고 있지만 듀폰이라는 기업 자체에 대해서는 문제를 제기하지 않았다. 화학물질 유출과 고용 납세 등은 별개의 문제라는 인식이다.

반기업정서라고 흔히 얘기하지만 엄밀히 따져보면 '반(反)대기업 정서'다. 무분별한 반 대기업 정서 때문에 중소기업을 살리는 규제가 아니라 대기업 죽이는 규제가 남발했다. 그 결과 영세업자는 손해를 입었고 소비자는 골탕을 먹었다. 한 예로 중소기업적합업종 지정제도도 큰 부작용을 낳고 있다. LED 전구를 중소기업적합업종으로 지정한 이후 국내 조명시장은 필립스와 오스람 등 외국계 기업이 잠식했다. 2011년 265억 원이던 외국 LED 조명업체들의 국내 시장 매출은 2015년 1,000억 원을 넘을 것으로 예상된다. 국내 시장점유율은 같은 기간 6.8%에서 20% 이상으로 껑충 뛰어올랐다. LED 조명을 생산하는 삼성은 국내에서 팔지 못하고 해외에서만 판매하고 있다.
또 다른 중소기업적합업종인 두부도 애물단지로 전락했다. 대기업이 두부 생산에서 손을 떼면서 콩 생산 농가 소득이 급락했다. 1kg당 5,000원이 훨씬 넘던 수확기 국내산 콩 가격은

3,000원대로 폭락했다. 수입콩 두부에 집중된 중소 두부업체를 보호하느라 국산 콩으로 두부를 만드는 대기업의 발을 묶은 탓에 국산 콩은 설 자리를 잃고 수입콩만 범람하는 상황을 초래했다. 두부에 대한 중소기업적합업종 재지정 여부는 이달 초 확정된다.

대형마트 규제와 중소기업적합업종 지정 등은 모두 우리 사회에 만연해 있는 '반기업정서'에 근거한다. 황재학 한국경제연구원 박사는 "만연해 있는 반기업정서는 과도한 규제의 자양분이 된다"면서 "반기업정서가 확산되면 정치권에서 이를 등에 업고 기업 규제를 남발하는 입법을 하는 악순환에 돌입한다"고 지적한다.

일감 몰아주기 규제도 비슷하다. 글로벌 완성차 회사인 포드나 GM은 자체 할부금융으로 승용차를 판매한다. 하지만 현대·기아차는 일감 몰아주기 규제 때문에 계열사인 현대캐피탈에 할부금융 물량이 몰리지 않도록 오히려 할부금융 금리를 올리는 상황이 발생했다. 낮은 금리로 할부금융을 이용할 수 있는 소비자의 기회가 사라진 것이다. 현대차 관계자는 "외국의 자동차 업체는 자체적으로 할부금융을 제공하지만 우리나라는 별도 회사로 쪼개놓고 일감 몰아주기라고 규제하니 경쟁력에서 차이가 날 수밖에 없다"고 하소연했다.

Chapter 2

적대감을 부추기는
대중문화

2015년 초 방영했던 SBS 드라마 〈펀치〉는 악덕 기업인과 검사와의 위험한 커넥션을 주제로 다룬다. 대기업 회장은 회사는 망했지만 수백억 원을 빼돌린 악당으로 그려진다. 재벌 회장은 검사 등 고위층을 돈으로 매수해 부를 쌓은 악덕 기업주고, 아랫사람은 부속품에 불과한 존재다. KBS에서 방영했던 드라마 〈상어〉에선 악당으로 묘사된 재벌 2세가 등장한다. 그는 자동차 사고로 사람을 죽이고, 불륜을 스스럼없이 저지르는 '저질 인간'으로 그려졌다.

영화에서도 대부분 기업인의 모습은 부정적이다. 2014년 개봉한 영화 〈카트〉의 주인공은 대형마트 직원들이다. 영화에서 주인공과 대척점에 서있는 기업은 노동자를 탄압하는 '악마'로 묘사된다. 〈또 하나의 약속〉은 대기업 공장에서 일하다 세상을 떠난 젊은이와 그 가족들의 이야기다. 이 영화에서도 기업은 노동자를 힘들게 하는 존재로 그려진다.

영화나 드라마에서 기업인을 긍정적으로 다룬 모습은 찾아보기 힘들다. 허구이지만 TV나 스크린 속 왜곡된 기업인의 모습은 반기업정서를 부추긴다는 지적이 나오는 이유다. 특히 감수성이 예민한 청소년들은 대중문화의 영향을 많이 받는데 한번 머리에 자리 잡은 '반기업 마인드'는 쉽게 변하지 않는다고 전문가들은 지적한다. 안민호 고려대 교수는 "영화나 드라마에서 묘사된 기업은 국민들의 머릿속에 잠재된 반기업정서를 대변하고 있다. 시청자나 관객들은 매체를 통해 나오는 영상을 보고 일종의 대리만족을 느낄 것"이라고 설명했다.

대중문화뿐만이 아니다. 청소년들이 보고 배우는 교과서도 문제다. 미국이나 일본의 경우 교과서에서 '기업가정신'을 다루고 있다. 학생들에게 무에서 유를 창조한 기업가 이야기를 들려줌으로써 올바른 기업관을 형성시키는 게 경제 교육의 목적 중 하나다. 반면 한국 교과서는 기업가 이야기에 인색하다. 또한 경제 과목은 학교에서도 홀대받고 있다. 190만여 명에 달하는 고등학생 중 '경제'를 배우는 학생은 3만 8,000여 명에 불과한 게 한국 교육의 현실이다.

기업인은 정치권에게도 맛있는 먹잇감이다. 정치인들은 '경제 민주화'를 부르짖으며 기업인을 때려잡는 것이 '선'인 것처럼 포장한다. 하지만 실상은 기업을 사지에 몰아 서민들에게

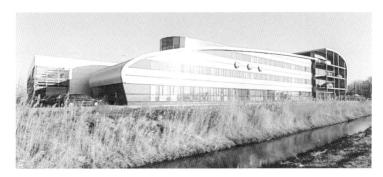

2014년 10월 이탈리아 토리노에서 네덜란드로 본사를 이전한 이탈리아 국민차 브랜드 피아트의 본사 전경.

표를 구걸하는 표퓰리즘적 정치 행태다. 행정부도 기업인에게 그다지 호의적이지 않다. 정권이 바뀔 때마다 국세청, 검찰, 공정위 등이 동원돼 기업인을 옥죄는 모습은 낯설지 않다. 기업의 꼬투리만 잡는 시민단체도 문제다. 일부 시민단체들은 대안 없이 막무가내로 기업을 몰아세우는 것을 치적인 양 홍보하기도 한다. 특히 시민단체가 노사문제에 개입해 사회적 문제로 이슈화 시키는 사례는 심심치 않게 찾아볼 수 있다. 비판은 필요하지만 무분별한 기업 때리기는 사회적 비용만 초래한다는 지적이 나오는 이유다.

반기업정서가 위험한 이유는 기업을 국외로 내쫓기 때문이다. 기업이 본국을 떠나면 일자리도, 세금도 함께 사라진다. 그래서 근거 없는 반기업정서는 기업 활동을 저해하고 국익을 해

치는 요소가 된다. 피아트는 이탈리아 국민차 브랜드다. 그러
나 2014년 10월 미국 크라이슬러와 합병한 후 이탈리아 토리
노에 115년 뿌리를 내렸던 본사를 해외로 옮기기로 결정했다.
1899년 창립과 함께 자리 잡았던 이탈리아 토리노를 떠나 등기
상 본사는 네덜란드에, 세법상 주소지는 영국에 두기로 했다.
세금이 이탈리아가 아닌 영국으로 가는 것은 말할 것도 없다.
피아트 크라이슬러 합병법인의 연간 생산량은 세계 7위로 440
만 대에 달한다. 이탈리아는 유럽에서 반기업정서가 강한 대표
적인 나라다. 근로자에 대한 해고가 어려워 노동 유연성이 떨
어지고 기업에 대한 정치권의 압박도 심한 편이다. 마테오 렌
치 이탈리아 총리는 노조와 여론의 반발을 감수하고서라도 제
도를 개혁하겠다는 의지를 보이고 있지만, 난관이 적지 않다.
피아트에 이어 이탈리아의 대표적인 스포츠카 브랜드인 페라
리 또한 고율의 법인세를 피해 해외로 본사를 옮기는 방안을
검토 중인 것으로 알려졌다. 페라리 측에서는 본사 이전설을
부인했으나 가능성이 여전하다는 것이 업계 시각이다.

　프랑스도 반기업정서가 높은 국가다. 부유세 논란이 일었던
곳이 바로 프랑스다. 프랑스의 반기업정서와 부유층에 대한 높
은 세율이 문제가 되자 프랑스 대표 명품 브랜드 루이뷔통을
생산하는 LVMH그룹 베르나르 아르노 회장이 지난 2012년 벨
기에 시민권을 신청했다. 최근에 국내에 진출한 스웨덴 대표

한국사회 전반에 재벌기업에 대한 반기업 정서가 커지고 있다. 사진은 국내 최대 기업인 삼성그룹의 대표 계열사인 삼성전자 서울 서초동 사옥.

기업인 이케아는 세금과 반기업정서를 피해 네덜란드로 본사를 이전했다. 스웨덴은 반기업정서가 크지 않은 곳이지만 유독 이케아에 대해서는 반감이 큰 편이다. 이케아의 본사 이전으로 이케아가 벌어들인 이윤에 대한 법인세는 네덜란드 정부가 가져간다.

반면 기업에 대한 우호적인 정서는 공장과 일자리를 끌어온다. 2012년 삼성전자의 중국 시안 반도체 공장 기공식. 시안 시내에서 삼성공장 부지까지 연결되는 20km 구간이 삼성전자를 환영한다는 붉은 색 플래카드로 뒤덮였다. 자발적으로 나선 환영인파가 삼성전자 일행을 환영하며 손을 흔들었다. 도로 이름도 '삼성로'라고 명명됐다. 황사가 많은 지역이어서 반도체 공장으로 좋은 입지가 아니라는 의견이 적지 않았지만, 이 같은 지역정서를 감안해 삼성전자는 시안을 공장부지로 선택했다. 2014년 완공된 삼성전자 시안공장은 향후 직간접적으로 1만 3,000명의 고용 효과를 기대하고 있다.

잘못한 점 반성해야
국민신뢰 얻는다

이렇듯 문제가 큰 '반기업정서'지만 돌이켜 보면 기업들 스스로 자초한 면도 적지 않다. 조현아 전 대한항공 부사장의 '땅콩 회항' 사건이 대표적인 사례다. 오너 일가에는 엄연히 법인격을 갖춘 주식회사를 자신들의 사조직처럼 생각하는 시대착오적인 사고방식이 엄연하게 존재한다.

현재현 동양그룹 회장은 2014년 10월 징역 12년의 중형을 선고받았다. 투자부적격 기업어음(CP)을 무려 1조 3,000억 원어치나 발행해 4만여 명의 투자자들에게 손실을 끼친 혐의가 인정됐다. 서울중앙지법 형사합의25부(위현석 부장판사)는 "CP 발행 당시부터 자력으로 만기상환이 불가능하다는 점을 알면서도 회사의 재무 사정을 은폐해 투자자를 기망하고, 서민 피해자들이 생계에 타격을 입었는데도 범행을 부인하며 반성하기는커녕 피해 회복을 위한 노력도 하지 않아 중형을 선고

하지 않을 수 없다"고 꾸짖었다. 현재현 회장의 아내 이혜경 전 동양그룹 부회장은 동양그룹의 범행이 드러나자 가압류를 피하고자 107점에 이르는 그림과 고가구 등 남은 재산을 빼돌렸다. 결국 강제면탈 혐의로 불구속 기소됐다.

LIG그룹도 2,000억 원대 CP를 사기발행하고 700여명의 투자자들에게 피해를 끼쳤다. 구본상 LIG넥스원 부회장과 구본엽 전 LIG건설 부사장은 대법원에서 형이 확정돼 현재 수감 생활을 하고 있다. 회삿돈 450억 원을 횡령해 펀드 투자에 활용했던 SK그룹 최태원 회장·최재원 부회장 형제도 대법원에서 각각 징역 4년과 징역 3년 6월의 실형이 확정됐다. 대법원은 "재계 서열 3위인 SK그룹의 회장 형제가 계열사 자금을 사적으로 유용했다"며 엄벌을 내린 이유를 설명했다. 법무법인 로고스 최진녕 변호사는 "파렴치한 부패 범죄를 저지른 기업 총수들이 전관예우를 기대하면서 거액의 수임료를 지출하고 유리한 판결을 이끌어 내는 것도 일반 국민들은 특혜로 본다. 경제 살리기를 운운하며 가석방 요건을 갖췄다고 주장하는 건 형집행에서도 한 번 더 특혜를 받으려고 하는 '이중특혜'로 비춰지고 결국 반기업정서를 더 악화시킨다"고 말했다.

경제인들이 공통적으로 지적한 리스크는 막연하게 확산된 반기업정서가 투자위축으로 이어질 수 있다는 점이다. 김동욱

경총 홍보본부장은 "대기업이 어느 분야에 수 조원을 투자한다고 했을 때 이 과정에서 상대적으로 피해를 보는 계층이 생기게 된다. 이 부분이 반기업정서로 연결돼 막연히 기업을 적대시한다면 기업인들의 투자 의지는 꺾일 수밖에 없다"고 했다. 임상혁 전경련 홍보본부장 역시 "정부에서 기업 투자 활성화를 위해 규제를 풀어주면 곧바로 관련 대기업들은 특혜 시비에 휘말린다"며 "반기업정서를 없애기 위해선 기업들이 노블리스 오블리주를 해서 솔선수범해야하지만 한편으로 우리 사회가 이런 분위기를 객관적으로 바라볼 필요도 있다"고 설명했다. 일부 경제인들은 우리나라의 반기업정서가 사회주의 국가인 중국보다 더 심하다고 지적한다.

반기업정서가 정부의 각종 규제 신설로 이어져 '기업하기 어려운 나라'를 만들고 있다는 지적도 나왔다. 강석구 대한상의 기업정책팀장은 "반기업정서의 직접적인 영향은 기업이 투자를 하기 어렵도록 정부가 규제를 만들게 한다는 것"이라며 "창업가들의 도전정신과 기존 경영인들의 의욕도 떨어뜨릴 수 있다"고 밝혔다. 정서상 문제기 때문에 주요 경제단체들은 소극적으로 대책을 세울 수밖에 없다.

전문가들은 일부 대기업 총수들의 범법 행위로 인해 모든 기업인들이 도매금으로 넘어가는 것은 절대 바람직하지 않다는 의견을 피력했다. 이번 설문에 응한 기업체 임원 중 34.8%는 일자리 창출 등 기업의 역할에 대한 사회적 인정이 필요하다고 입을 모았다. 한 응답자는 "경제를 일으킨 기업인에 대한 사회적 재평가, 기업인으로 성장하기 위한 창업 여건 조성이 선결돼야 우리나라의 재도약을 이끌 수 있는 창업과 투자가 가능하다"고 강조했다. 기업 스스로 사회적 책임을 가져야 반기업 정서를 차단할 수 있다는 의견도 21.7%로 만만치 않았다. 주요 대기업 총수들의 비자금 조성과 '황제노역' 등 사태가 반기업정서를 초래했다는 반성이다. 한 응답자는 "경제성장을 위해서는 무엇보다 기업가 정신의 재무장이 필요하다. 기업의 탈법·편법에 대한 엄중한 처벌이 잘못된 기업경영을 바로잡을 수 있을 것"이라고 권고했다.

시대착오적
정치금융

정권이 바뀔 때마다 금융 정책이 180도로 변하는 것은 이제 익숙한 일이 됐다. 금융 정책에 정치 논리가 개입하기 시작하면 시장의 신뢰가 추락하고 시장 변동성이 확대된다. 결국 경제 전체에 리스크 요인으로 작용하게 된다. 국내총생산 대비 금융 산업 비중은 2008년 6.5%였지만 2012년 말 현재 5.5%로 오히려 퇴보했다. 금융 산업이 활발하게, 그리고 시장 논리에 따라 전개되지 못하면 기업들도 정상적인 자금조달에 곤란을 겪을 수밖에 없다.

Chapter 1

5년마다 방향이 바뀌다

지난 2012년 준공된 여의도 국제금융센터(IFC)에는 3개 동 건물 중 1개 동은 입주한 금융사가 없어 2년째 텅 비어있다. 노무현 정부 때 서울을 동북아금융허브로 육성하겠다고 발표하고, 이명박 당시 서울시장이 여의도를 홍콩과 같이 국제화된 금융 중심지로 만들겠다는 야심찬 계획을 세웠지만 빛 좋은 개살구가 된 셈이다.

그런데 박근혜 정부가 들어서면서 이번에는 부산이 새로운 국제금융 중심지로 부상했다. 2014년 8월 22일 준공식을 하고 문을 연 63층짜리 부산국제금융센터에는 9개 금융기관이 입주했지만, 우리나라 금융 공기업뿐이고, 외국계 금융기관은 한 곳도 없다. 두 개 도시를 국제금융 중심지로 만들면서 정치인들이 표를 얻는데 성공했을지 모르지만 결과적으로 금융 산업은 한걸음도 앞으로 나가지 못했다. 오는 2016년 예정된 국민

여의도를 홍콩같은 국제금융도시로 만들겠다는 당초
구상에 차질이 생긴 것을 보여주듯 서울 여의도 국제금
융센터(IFC) 부근 교차로 신호등에 빨간불이 켜졌다.

연금공단 기금운용본부의 전주 혁신도시 지방이전을 두고도
시장에서는 기금운용의 경제적 효율성을 고려하지 않은 채 정
치적 판단만 작용했다는 비판이 거세다.

　금융권에는 박근혜 정부가 끝나면 '기술금융'도 어찌될지 모
른다는 회의적인 시각이 벌써부터 나오고 있다. 박근혜 정부가
들어선 이후 전 정권인 MB정부의 '녹색금융'에 대한 지원은 뚝
끊겼다. 금융권 관계자는 "녹색금융과 기술금융은 그나마 무늬
만 달랐을 뿐 내용은 똑같았는데 다음 정권에서 야권으로 집권
세력이 바뀌면 금융정책 방향도 180도 뒤집어질까 걱정"이라
고 말했다.

정권 차원에서 기술금융을 과도하게 밀어붙인 것이 나중에 부실 부메랑으로 돌아오는 것이 아니냐는 우려도 있다. 그동안 경제 정책이 정치 논리에 좌지우지되면서 시장에 붐이 조성됐다가 거품이 꺼져 침체되는 사례를 여러 차례 봐왔기 때문이다. 일례로 2000년 코스닥 시장 붕괴한 이유 중 하나는 정부가 시장 기반이 구축되지 않았는데도 무리하게 벤처기업 육성 정책을 추진한 것이다. 경제 정책에 정치논리가 개입하기 시작하면 금융정책에 대한 시장의 신뢰가 추락하는 것은 물론 정권에 따라 시장 변동성이 확대돼 결국 경제 전체에 위협 요인으로 작용할 수 있어 위험하다.

정부보다 국회 쪽으로 금융 정책의 균형추가 점점 기울어지면서 업계도 정부보다 국회를 쳐다보는 일이 많아지고 있다. 금융 산업은 규제 산업이기 때문에 업계에서는 미래의 규제가 어떤 방향으로 갈지가 최대 관심사다. 금융권에서도 관련 문제가 있을 때 소관 부처보다 국회를 먼저 찾아가기 일쑤다.

담당 공무원과 먼저 논의해서 해결할 일도 국회를 통해 공무원을 압박하는 '쓰리 쿠션'으로 해결하려는 행태가 종종 목격된다. 지난해 말 정부가 금융회사 지배구조 모범규준을 추진할 때도 대기업들이 국회를 통해 강력하게 압박하면서 결국 제2금융권은 임원추천위원회 신설 적용 대상에서 제외하는 쪽으로 결정됐다. 다양한 이해관계가 얽힌 사안일수록 금융당국의 고민도 깊어질 수밖에 없다. 금감원 관계자는 "신한이나 KB 사태처럼 내부 갈등이 불거져 이해관계가 첨예하게 갈리는 사안에 부딪히면 양쪽에서 국회를 통해 민원을 제기해 힘들 때가 많다"고 털어놨다.

"법안 통과될 때까지 언제까지 기다리고만 있어야 하나요? 도대체 창업을 하라는 건지 말라는 건지 답답할 따름입니다." 크라우드펀딩 플랫폼을 창업하려고 준비 중인 A씨는 요즘 막막하다. 벌써 사업계획을 고치기를 수차례 했지만 관련 법안이 마련되질 않아 마냥 기다리고 있다. 불법을 저지를 순 없기 때문이다.

크라우드펀딩은 금융기관이 아니라 불특정 다수의 투자자들로부터 자금을 모으는 방식을 말한다. 금융권에서 자금 조달이 어려운 초기 창업 기업이나 중소기업의 새로운 자금줄로 부상하고 있다. 선진국에서 활성화돼있을 뿐 아니라 2014년 일본도 관련 법안을 통과시켰지만, 한국에서 크라우드펀딩은 아직 불법이다. 2013년 6월 신동우 새누리당 의원이 크라우드펀딩을 합법화하는 내용의 자본시장법 개정안을 제출했고 정부가 수차례에 걸쳐 활성화 방안을 발표했지만, 법안은 1년 7개월째 국회에서 잠자고 있다. 업계에서는 이래서야 어디 정부가 발표한 정책을 믿을 수 있겠냐는 회의적인 목소리가 나온다. A씨는

"이렇게 오래 걸릴 줄 알았으면 사업 계획부터 다시 짰을 것"이라고 말했다.

이 같은 상황은 자본시장법 개정안에만 해당되는 얘기가 아니다. 현재 국회에 계류돼있는 금융 관련 법안은 240여 개. 지난해 국회가 통과시킨 법안은 21개에 불과하다. 전 국민의 가슴을 철렁하게 한 1억 건 카드정보유출 사건의 대책으로 발표된 신용정보법 개정안도 1년여 만인 지난 12일 겨우 통과됐다.

국회의원들의 의정 활동이 활발해지면서 발의되는 법률안은 계속 늘어나는 데 정작 통과돼 실제 국민들의 생활을 개선시킨 사례는 눈 씻고 찾아보기가 어렵다. 국회의원들이 일부러 트집을 잡으며 시간 끌면서 금융당국을 군기 잡으려고 한다는 볼멘소리까지 나온다. 전직 고위 관료는 "금융환경은 하루가 다르게 변하고 있는데 법은 한참 뒤쳐져있다. 생산적인 토론은 당연히 필요하지만, 단순히 정치적 판단 때문에 국민 경제와 밀접하게 연결된 법안들이 뒤로 밀리는 것은 심각한 문제"라고 말했다.

법률안이 나와도 국회라는 고비를 넘기기가 어렵다 보니 정부도 시급한 정책은 법률안이 아닌 하위 규정으로 우선 처리하려는 경향이 나타나고 있다. 기술금융을 활성화하기 위해 도입한 기술신용평가기관(TCB)이 대표적인 사례다. 정부는 기술신용평가시스템을 신속히 도입하기 위해 나이스신용정보나 한국기업데이터 같은 기존 신용조회회사(CB)가 기술신용평가 업무를 겸업할 수 있도록 신용정보업 감독규정을 우선 개정했다. 그리고 2014년 하반기 바로 TCB 사업을 시작했다. 현재 국회에 박대동 새누리당 의원이 발의해 '기술신용조회업'을 도입하는 내용의 신용정보법 개정안이 계류돼있지만 언제 통과될지 미지수다. 법안 통과를 기다렸다면 기술금융은 한발도 떼기 어려웠을 것이다.

'銀피아'가 장악한 좀비기업

글로벌 금융위기 여파로 자본잠식 위기에 놓여있던 동양그룹의 주력 계열사 동양시멘트는 2009년 2월 김윤태 당시 산업은행 기업금융 4실장을 사외이사로 선임했다. 산업은행은 동양그룹의 주채권은행이었고 선임 당시는 김 실장이 동양그룹을 담당하는 기업금융 4실로 발령 난 직후였다. 기업금융 4실장으로서 동양시멘트를 충분히 감시할 수 있었는데도 불구하고 사외이사 자리를 겸임했다. 더욱이 산은캐피탈 투자영업본부장 출신이 이미 동양시멘트 상근전무로 자리 잡은 상태였다.

산업은행은 동양그룹과 재무구조개선 약정을 맺고 구조조정을 추진했지만, 사정은 나아지지 않았다. 동양시멘트가 재무약정을 제대로 이행하지 않는데도 오히려 준수요건을 완화해 피해를 키운 것이 한몫했다.

2011년 1월 김 실장이 부행장으로 승진하면서 같은 해 3월

후임 권영민 기업금융4실장이 사외이사 자리를 이어받았다. 3달 뒤 이윤우 전 산업은행 부총재가 고문으로 왔다. 산업은행은 2010년 말부터 2012년 초까지 모두 3차례에 걸쳐 동양시멘트의 재무약정 준수요건을 완화해줬다. 이 같은 '배려' 덕택에 동양시멘트는 2011년부터 2013년 9월까지 동양증권을 통해 회사채 3,562억 원을 발행할 수 있었다. 이는 수많은 국민에게 손해를 끼친 이른바 '동양사태'의 화근이 됐다. 동양시멘트는 경영사정이 호전되지 못하다 결국 2013년 10월 법원의 기업회생절차에 들어갔다.

전 방위적인 정치금융은 기업구조조정의 걸림돌로도 작용하고 있다. 정치금융이라는 유령이 금융기관에 영향력을 행사하고 금융기관은 국책과 민간을 막론하고 자신이 채권은행으로 있는 구조조정 대상 기업에 퇴직 간부를 내려보내면서 정치금융의 악순환이 광범위해지는 상황이다.

산업은행 실장·부행장과 동양시멘트 사외이사 겸직으로 도마 위에 올랐던 김윤태 전 부행장은 2014년 말 KB금융 계열사인 KB데이터시스템 대표에 선임됐다. 김 대표는 최경환 경제부총리겸 기획재정부 장관의 대구고 동기이자 서강대 출신 금융인 모임인 '서금회' 멤버다. 권영민 실장은 동양시멘트에 이어 산업은행이 대주주로 있는 대우조선해양의 비상근이사까지 겸임한바 있다. 지금도 대우조선해양에는 김갑중 재경실장 부사장(전 산업은행 부행장), 이영제 감사위원(산업은행 기업금융4부장) 등 금융권 출신들이 대거 포진해 있다.

수출입은행 퇴직 간부들은 성동조선해양과 대선조선 등 자율협약을 체결한 주 채권업체에 포진했다. 성동조선해양에는 수출입은행 특수여신관리실장, 리스크관리부장, 무역보험공사 부장, 창원지점장 출신 등이 이사나 감사로 재직 중이다. 대선조선에도 부산지점장, 선박금융부장 등 수은 출신 인사가 둥지를 틀었다. 성동조선해양의 경우 최근 이 회사 정광석 대표가 취임 6개월 만에 사임했는데 수은 출신 인사들의 '단결'로 입지가 좁아진 데 따른 것이라는 분석도 나오고 있다. 조선업에서 잔뼈가 굵은 정 대표가 물러난 이후 이 회사는 수출입은행 특수여신관리실장 출신인 구본익 대표이사 직무대행 체제로 들어갔다. 성동조선과 대선조선은 물론이고 STX조선(주채권은행 산업은행)과 SPP조선(우리은행)도 사정은 마찬가지다. 특히 대선조선과 SPP조선은 2015년 자율협약 5년째를 맞이했지만, 구조조정에 이렇다 할 진전을 보이지 않는 실정이다.

이처럼 구조조정의 진척 없이 은행들이 주 채권업체들을 인사적체 해소 수단으로 활용하면서 '시장마찰' 논란은 날로 증폭되고 있다. 금융기관들이 주 채권업체들에 진 '빚' 탓에 주채권업체들과 이해상충 문제에서 벗어날 수 없다는 우려가 나오고 있다.

Chapter 3

틈만 보이면
파고드는 정치권력

스위스 국제경영개발원(IMD)에 따르면 2014년 우리나라의 금융 경쟁력은 29위에 그쳤다. 2012년 25위에서 2013년 28위 등 계속해서 순위가 떨어지는 추세다. 경제 전문가들은 우리나라의 금융경쟁력이 떨어지는 가장 큰 이유를 '정치금융'으로 꼽았다. 이명박 정부 시절 고려대 인맥이 금융계를 장악한데 이어 박근혜 정부가 출범한 이후에는 서강대 인맥이 주요 금융지주 회장으로 입성하는 등 정치권 입김이 강하게 작용하고 있다는 지적도 나온다.

정치 금융이 기업 10적으로 지목된 것은 기업들에 대한 정상적인 여신 활동을 제약하기 때문이다. 과거 관치금융 시대처럼 기업의 흥망성쇠를 좌우할 정도는 아닐지라도 정치금융으로 인해 기업의 자금상황이 좌우되는 상황이 개선되지 않으면 기업들의 정상적인 발전과 성장을 기대할 수 없기 때문이다.

정치금융을 막기 위한 최선책은 금융기관이 정치금융에 강한 지배구조를 마련하는 것이라고 전문가들은 입을 모은다. 주주나 이사회, 경영진의 의사결정 공백을 틈타 정치금융이 활개를 치는 악순환을 막자는 얘기다. 전문성을 갖춘 이사회를 구성하고 체계적인 최고경영자(CEO) 승계 프로그램을 마련하자는 학계와 정부의 방침에는 큰 이견이 없다. 문제는 이 같은 개선방안에도 이사회의 이익 집단화나 정치금융의 개입 여지는 여전하다는 점이다.

'KB사태' 같은 중대한 기로에서 최소한의 금융당국 행정지도를 제외한 정치금융의 부적절한 개입 여지를 차단하기 위해서는 먼저 주주구성이 개선될 필요가 있다는 목소리가 나온다. 2008년 글로벌 금융위기 이후 국유화된 은행과 중국 은행들을 제외하면 나머지 세계 50대 은행들은 5~10개의 주주가 과점적 대주주 그룹을 형성하고 있다. 1996년 민영화된 호주의 CBA(Common Wealth Bank of Australia)도 각각 4.7~14.8%의 지분을 보유한 주주 5곳이 45.1%(2014년 2월 기준)의 지분을 보유하고 있다.

예금보험공사가 전체 지분의 절반 이상을 가진 우리금융지주를 제외한 국내 은행들도 많아야 10% 미만의 기관투자자들이 주요 주주를 구성하고 있다. 문제는 이 주주들이 흩어져 있다는 점이다. 현행 법령상 주주들 운신의 폭이 지나치게 좁기 때문이다. 자본시장과 금융 투자업에 관한 법률(자본시장법)에 따르면, 5% 이상(특수관계인 포함)의 주식 보유자는 닷새 안에 해당 주식의 보유 상황과 보유 목적을 금융위원회와 한국거래소에 신고해야 한다. 특히 인사나 정관 변경 같은 경영 참여 목적이 있을 때 자본시장법은 엄격한 통제 규정을 마련하고 있다.

굵직한 사건·사고가 터지고 최고경영자(CEO) 인사를 놓고 내용이 끊이지 않을 때도 주주들이 이렇다 할 역할을 하지 못하는 이유다. 반면 캐나다는 5% 이상 지분을 보유한 주주에게 이사 추천권을 허용하는 등 재량을 허용한다. 대신 주주가 추천한 이사가 각종 위법행위 발생에 대한 책임을 떠안는 구조다.

김우진 한국금융연구원 선임연구위원은 "소유와 지배의 분리라는 대원칙이 훼손되지 않는 것도 중요하지만 지배할 주체 자체가 없는 것은 더 큰 문제다. 주주들이 최소한의 역할을 할 수 있게 해주고 도를 넘어서는 개입이 발생하면 그 이후에나 당국이 나서는 방안을 고려할 수 있다"고 강조했다.

국내 금융그룹 중에서는 비교적 주주들이 제 목소리를 내고 있는 것으로 평가받는 신한금융지주의 경우 창업주인 재일교포들의 2세들이 실질적 대주주다. 모두 5% 미만의 소액주주 200여 명이 과점 주주단을 형성하고 있다.

주요 주주들이 일종의 펀드를 만들고 이 펀드의 GP(General

Partner, 실질적 업무를 진행하는 무한책임사원)가 의장을 맡도록 함으로써 외국인을 포함한 투자자의 부적절한 관여를 배제하자는 제안(이규성 전 재정경제부 장관)도 귀담아들을 만한 대안이다. 주주들의 위임을 무기로 정치금융의 외압에서 벗어날 명분을 확보하되 명시적인 가이드라인에 기반한 의사결정으로 이사회의 이익집단화를 방지할 수 있다는 얘기다.

2009년 경영권 승계 불확실성으로 곤혹을 치른 바 있는 뱅크오브아메리카(BOA)와 씨티그룹은 이사회가 구체적인 경영자 승계 계획에 대한 보고서를 작성하도록 규정하고 있다. 최근 국내 금융당국도 추진하고 있는 경영승계 프로그램이 제대로 가동되려면 직원들의 인사·승진 시스템도 CEO 후계자와 전문가그룹으로 이원화할 필요가 있다고 전문가들은 조언한다.

체계적인 구획이 미비한 틈을 타 수만 명의 금융사 임직원들이 '정치'에 뛰어드는 무질서가 정치금융이라는 바이러스의 숙주가 될 수 있다는 경고가 나온다. 이원화된 시스템에 따르면 주주와 이사회의 위임을 받은 경영진이 전문성에 기반을 둔 직원들의 보고에 따라 의사결정을 한다. 정치금융이 개입할 여지가 최소화될 수 있다.

"정치금융이 파고들 여지를 없애려면 아예 금융관련 규제를 과감하게 철폐해야 한다." 갈수록 거세지는 정치금융의 입김을 원천적으로 차단하려면 금융당국 스스로 규제를 확 풀어버려

탄탄한 지배구조를 갖춰 정치금융 외풍을 비교적 잘 막아내고 있는 신한은행의 과점주주 모델이 최근 관심을 모으고 있다. 서울 중구 신한은행 본점 앞을 한 시민이 지나가는 모습.

야 한다는 금융계의 목소리가 높다. 원론적인 얘기이지만, 관치금융을 넘어 정치금융으로 넘어간 금융권을 법치금융으로 바로잡자는 주문도 나왔다.

국내 모 금융회사의 대표는 "최근 금융권 화두가 되고 있는 '핀테크'가 하나의 시험대가 될 수 있다. 핀테크에 대해선 향후 5년간 네거티브 규제만 하겠다는 선언을 할 필요가 있다"고 말했다. 웬만한 것은 규정에 없더라도 창의적으로 뛰어들 수 있는 바탕을 만들자는 얘기다.

금융당국 전직 수장을 역임했던 A씨도 "핀테크, 인터넷전문은행도 정치금융 때문에 말짱 도루묵이 될 수 있다"며 "규제 완화 기조가 지속된다는 확신이 없다면 어떤 업체도 인터넷전문은행에 뛰어들지 않을 것"이라고 말했다. 그의 말대로 인터넷전문은행 설립은 이번 정부에서 처음 나온 얘기가 아니다. 지난 2008년에도 신성장동력으로 인터넷전문은행 도입을 두고 치열한 논쟁이 벌어졌다. 지금과 마찬가지로 가장 민감한 주제는 은산분리 규제, 산업자본의 은행 지분 소유를 4%로 제한한 은산분리법을 어디까지 완화해줄 것인지가 가장 '뜨거운 감자'였다.

본질은 국회와의 설득전이었다. 당시 실무를 주도했던 한 전직 관료는 "정부 쪽에서 12%까지 허용해줄 것을 제안했다가 국회에서 너무 많다고 8%를 얘기해 결국 9%까지 허용하는 쪽으로 대략적으로 합의를 봤다"며 "숫자 자체가 특별한 의미가 있다기보다는 의견을 한 곳으로 모으는 게 더 중요했다"고 말했다. 그때만 해도 인터넷전문은행이란 신개념 은행 출범이 코앞에 다가온 줄만 알았다. 그런데 2008년 9월 미국발 글로벌 금융위기가 터지고 정치권도 다시금 혼란에 휩싸였다. 여야 막론하고 국회에 경제민주화 바람이 불면서 인터넷전문은행 설립 얘기는 쏙 들어가고 없던 일이 돼버렸다.

정치권이나 정부가 규제에 대한 유혹을 뿌리쳐야 시장 참여자들의 자율적이고 적극적인 참여를 이끌어낼 수 있다는 지적이다. 전직 금융당국 수장은 "금융은 본질적으로 규제 산업이기 때문에 정치권이나 정부에서 개입할 여지가 많다. 금융 산업의 발전 수준이 그 나라 정치 수준에 따라 결정된다는 말이 맞다"고 말했다.

Chapter 4

뒷북치는 감사원
정치 감사

임영록 전 KB금융지주회장에 대한 금융감독원의 제재 절차가 한창 진행 중이던 2014년 6월 말. 감사원이 느닷없이 금감원 징계에 개입했다. KB금융지주가 금융당국 승인 없이 국민은행 고객 정보를 가져간 것이 신용정보법 위반이라고 판단한 금융위 유권해석에 제동을 걸었던 것이다.

감사원은 그전부터 카드사 개인정보 유출 사태를 놓고 금융당국의 감독 실태를 감사하던 중이었지만 특정 사안, 그것도 제재 절차가 진행 중이던 민감한 사안에 직접적인 입장을 표시한 것은 이례적인 일이었다. 금융당국의 정책적 판단에 '반대' 의사를 명확히 한 것이다. 결국 임 전 회장의 개인정보 유출 혐의에 대한 금감원 제재는 없던 일이 됐다. 당시 유권해석을 내린 금융위원회 입장만 난처해졌다.

금융당국 관계자는 당시 "당시 감사원이 갑자기 개입한 데

다른 배경이 있다는 말들이 많았다"며 "감사원이 정부 부처의 유권해석까지 일일이 따지기 시작하면 실무진이 소신 있게 일하기 어렵다"고 말했다.

감사원의 무리한 정책 감사가 금융당국과 금융사의 보신주의를 낳는 악순환을 만든다는 지적이다. 금융회사들이 당국 눈치를 보듯이 금융당국이 가장 두려워하는 곳이 바로 '감사원'이다. 감사원이 작정하고 정책적 판단, 세세한 부분까지 다 파볼 수 있는 현실에서 실무진들은 절대 흠 잡힐 일은 하지 않으려고 긴장한다. 특히 우리나라처럼 사건·사고가 발생하면 가장 먼저 책임자부터 찾아서 처벌하는 분위기 속에서 감사원은 피감기관인 금융당국에 '무소불위'의 권력을 행사할 수 있다. 금융시장 발전을 위해 금융 감독도 '자율'과 '창의'를 중시해야 한다고 아무리 열심히 떠들어도 나중에 감사원이 시시비비를 따질 일을 생각하면 일단 철저히 '조지는 게 낫다'는 인식이 실무진들 사이에 팽배하다.

금융사들은 급변하는 금융환경 속에서 사업을 확장하기 위해 수시로 금융당국의 공식적인 판단을 요청할 때가 많다. 이럴 때 금융당국이 감사원 눈치를 보며 적극적으로 움직이지 않고 책임을 회피하면 그 피해는 고스란히 금융사들이 떠안게 될 수밖에 없다. 물론 제도적으로는 공무원이 자신의 업무를 적극적으로 수행하다가 가벼운 잘못을 저질렀을 때 감사원이 그 책임을 면제해주는 제도가 있다. 일명 '적극행정 면책제도'로 2009년 1월 도입됐는데 실제로 거의 적용되지 않아 유명무실한 상태다.

특히 2011년 저축은행 사태 이후 금융감독원 출신의 금융권 감사행이 금지되다시피 하면서 감사원 출신이 한 때 금융권 감사 자리를 독차지하기도 했다. 최근 세월호 사태 이후 낙하산 인사에 대한 거부감이 커지면서 감사원 출신도 자리 찾기가 어려워졌지만 여전히 금감원 감사는 감사원 출신이다. 이 같은 폐해를 줄이기 위해 응답자들은 '금융권 인사의 낙하산 발탁을 막아야 한다'(42.5%)고 입을 모았다.

한 응답자는 "관치금융을 없애나 싶더니 이번엔 정치금융이 등장했다"며 최근 벌어지고 있는 시장 현실을 개탄했다. 다른 응답자는 "정치권과 이해관계가 없는 제3기관을 통해 전문성과 도덕성이 있는 인사들을 철저히 검증하고 금융기관이나 기업 경영진을 임명해야 한다"고 목소리를 높였다. 조영무 LG경제연구원 연구위원은 "금융시장은 금융회사들에 대한 신뢰와 새로운 금융상품을 만들어내는 창의성이 핵심"이라고 전제한 뒤 "금융시장에서 정치력에 의해 좌우되는 의사결정이 빈번히 일어나게 되면 그 시장은 경쟁력을 갖추기 어려워진다"고 지적했다.

세계 최악
저출산

"생산인구가 20년 넘게 줄어들면서 소비 지표는 내리막길을 멈출 기미가 안 보인다. 인천과 울산 등 주요 공단 지역은 가동을 중단한 공장이 속출하면서 을씨년스럽기까지 하다. 40여 년째 외국으로 나간 기업들은 이제 한국으로 돌아올 생각이 없다. 태어난 이후 단 한 번도 호황을 경험해보지 못한 20~30대는 디플레이션과 불황을 당연하게 받아들이고 있다. 지난 25년간 65세 이상 노인 인구는 660만 명에서 1,650만 명으로 2.5배 늘었다."

저출산이 몰고 올 디스토피아(distopia), 2040년 대한민국의 모습이다. 이미 일본 경제가 앞서 걷고 있는 길이기도 하다. 〈포춘〉지 선정 세계 100대 컨설턴트이자 경제 예측 전문기관 덴트연구소 창업자인 해리 덴트는 최근 자신의 저서 《2018 인구 절벽이 온다》에서 "한국은 인구 절벽 아래로 떨어지는 마지막 선진국이 될 것"이라며 "통화·재정 부양책으로는 향후 한국이 경험할 경기 하강을 피할 수 없을 것"이라고 경고했다. 그는 애석하게도 한국 정부와 사회가 저출산 문제를 그다지 심각하게 받아들이지 않고 있다고 걱정했다.

Chapter 1

성장엔진 꺼져가는 한국

저출산은 우리나라 미래 경제의 발목을 잡고 있는 가장 큰 걸림돌 중 하나다. 인구 감소는 생산·소비·투자를 동시에 위축시키고 경제 활력을 떨어뜨린다. 특히 저출산은 고르디우스의 매듭처럼 단칼에 해결할 수 있는 해법을 찾기 어렵고 설령 찾더라도 짧은 시간에 해결할 수 없다는 점에서 더 심각한 문제다. 통계청이 발표한 장래인구추계(2013~2040년)에 따르면 지난해 5,042만 명이었던 한국 인구는 2030년 5,216만 명으로 정점을 찍은 뒤 2040년까지 5,109만으로 서서히 감소한다. 2014년 3,683만 명이었던 15~64세 생산가능인구는 2016년 3,703만 명으로 정점을 찍고 계속 줄어들어 2040년에는 2,887만 명까지 감소한다.

생산가능인구 감소로 인해 경제성장률이 떨어지고 경제 역동성도 약해질 수밖에 없다. 삼성경제연구소는 "25~49세 핵심

노동력 비중 축소 탓에 2041~2045년 한국의 경제성장률이 평균 1.7%로 하락하고 2060년대에는 0%대에 진입할 것"이라고 전망했다. 기업들은 고착화된 국내 인구 감소가 소비 감소와 노동력 위축으로 연결되기 때문에 국내에서 해외로 눈을 돌릴 수밖에 없게 된다. 이는 양질의 일자리 감소로 이어진다.

중소기업의 상황은 더 심각하다. 인천에서 중소기업을 운영하는 김 모사장은 "청년실업률이 높아졌다는데 왜 우리는 늘 사람 구하기 힘드냐"며 하소연했다. 저출산으로 2017년부터 생산가능인구가 줄어든다지만 중소기업들이 구직난을 겪은 지는 10년도 더 됐다. 대졸자는 구직난, 중기는 구인난이라는 일자리 '미스매치'는 갈수록 심각해지고 있다. 지난 2011년 청년패널조사 분석보고서에 따르면 취업을 앞둔 대학생 가운데 경영·금융·무역·사무직에 취업하고 싶어 하는 비율이 37.3%로 가장 높았지만, 실제 이 직종에서 일하는 청년취업자는 29.7%에 그쳤다.

반면 기술·기능직을 원하는 대학생은 14.4%에 불과했지만, 실제 이 업종에 취업하는 비율은 22.9%나 되는 것으로 나타났다. 기술·기능직은 구인난, 경영·무역 등 사무직은 구직난이 발생할 가능성이 높은 셈이다.

한국무역협회 국제무역연구원은 최근 "한국인은 47세에 소비 수준이 정점에 달하는데 이 연령대의 인구가 감소하기 시작하는 2020년경 소비둔화와 경제가 하강하는 인구절벽에 도달

할 것"이라는 내용의 보고서를 냈다. 수요 부족으로 인해 부동산·주식 등 자산 시장도 침체에 빠질 가능성이 높다. 특히 부동산 시장은 인구 감소로 수요대비 공급 과잉이 우려된다. 노후 생활 자금을 마련하기 위해 증권을 처분한다면 주식 시장에도 별로 좋을 게 없다.

더 심각한 문제는 국가 재정이다. 생산가능인구 감소로 세입은 줄지만, 노령층 증가로 인해 세출은 늘어날 수밖에 없다. 세금을 대폭 인상하거나 복지혜택을 삭감하지 않는다면 국가 재정이 위협받게 된다는 뜻이다.

국회예산정책처는 〈2014~2060년 장기재정전망〉 보고서를 통해 국내총생산(GDP) 대비 국세수입이 차지하는 비중이 2014년 15.2%에서 2018년 정점을 찍은 뒤 2060년 14.7%에 이르기까지 비슷한 수준을 유지할 것으로 내다봤다. 반면 2014년 GDP대비 25.4%였던 총지출 규모는 2060년 32.6%까지 늘어나게 된다. 예산정책처는 2033년 이후 기존의 세입·세출 구조를 유지하면서 국채발행을 통해서도 채무를 갚을 수 없는 상태에 빠진다고 우려했다. 김광석 현대경제연구원 선임연구원은 "보육시설 확대 등으로 여성이 경력 단절 없이 육아와 일을 함께할 수 있도록 하는 환경을 조성해야 한국이 저출산 위기를 극복할 수 있을 것"이라고 조언했다.

Chapter 2

4050 지갑 닫는
'소비절벽'

"요새는 아예 분만을 안 하는 산부인과들이 많아요. 분만하는 산모들이 거의 없는데 신생아실, 분만실 등을 운영하다 보니 적자투성이가 되거든요. 그래서 그냥 부인과 질환 치료만 하는 추세입니다."(분당 B 여성병원 관계자)

"우리 아버지 세대를 보면 노후 대비가 안 돼서 힘들게 독거노인으로 사는 분이 많거든요. 그걸 보고 국민연금과 퇴직연금만으로는 도무지 노후 대비를 할 수 없다는 생각이 들었습니다. 그래서 작년부터 33만 원씩을 매월 연금저축에 넣고 있죠. 제 월수입이 300만 원 정도인데 10% 정도를 연금에 쓰다 보니 다른 데 돈을 쓰기는 많이 팍팍합니다."(40대 중소기업 직장인 K씨)

한국의 소비계층이 사라지고 있다. 저출산으로 소비성향이 높은 젊은 계층이 줄어들고, 여기에 고령화의 여파로 30~50대

아기울음 소리가 그치고 있다. 저출산은 우리 기업들에게 당장 눈앞에 보이지 않지만, 가장 무서운 적이 될 수 있다. 서울시내 한 병원의 신생아실 요람에 빈자리가 가득하다.

가 씀씀이를 줄이는 현상까지 나타나고 있다. 빠른 속도로 진행되는 저출산으로 인해 유아·어린이를 대상으로 하는 산업들이 휘청거리는 것은 어제오늘 얘기가 아니다. 아이를 낳지 않는 상황에서 가장 필요 없어진 존재는 산부인과다. 통계청과 보건복지부, 건강보험심사평가원 등에 따르면 2014년 6월 기준으로 분만이 가능한 종합병원·병원·의원·조산원 등 의료기관은 2004년의 49.9% 수준으로 줄어든 것으로 나타났다. 10년 새 반토막이 난 셈이다.

산부인과 의원의 개업 대비 폐업률은 2013년 223.3%로 외과 등 다른 과목들과 비교해 가장 높았다. 1곳이 문을 열면 2곳 이상이 문을 닫는 것이다. 모 병원 관계자는 "병원에도 시장 논리가 있다. 산부인과 간판을 걸고도 돈을 벌려고 산모를 받지 않고 피부과 같은 다른 과목 진료를 하는 병·의원도 상당수"라고 지적했다.

출생아 수가 줄어드니 유아용품 시장도 맥을 못 춘다. 시장조사업체 닐슨코리아 조사 결과 2014년 상반기 분유 매출은 지난해 같은 기간보다 24.2% 줄었고 기저귀 매출은 18.9% 감소했다. 급기야 1979년 설립된 국내 1호 유아복업체 아가방은 지난해 중국기업 손에 넘어가고 말았다. 32년간 유아복을 생산해온 베비라는 4년 전 파산했다.

저출산의 쓰나미는 여기에 그치지 않는다. 학령인구 감소로 가계의 소비지출 중에서 교육비가 차지하는 비중이 줄었다. 통계청의 가계동향에 따르면 2014년 3분기에 2인 이상의 전국가구 소비지출 중 교육비가 차지하는 비중은 12.8%였다. 연간 기준으로 가계의 소비지출 중 교육비 비중은 2003년 11.0%에서 2009년 13.5%까지 계속 증가한 이후 2010년 13.0%, 2011년 12.3%, 2012년 11.7%, 2013년 11.4% 등으로 감소하고 있다.

비중뿐만 아니라 교육비 지출 자체도 줄어들고 있다. 교육비 지출액은 연간 기준으로 2004년부터 2010년까지 계속 증가했지만 2011년 -0.7%, 2012년 -2.1%, 2013년 -1.8% 등으로 최근 3년 연속 감소했다. 이준협 현대경제연구원 경제동향분석실장은 "저출산과 고령화에 따른 인구 구조 변화와 정부의 유치원비 지원 등 제도적 영향으로 가계의 소비지출 중에서 교육비 비중이 감소하는 것으로 보인다"고 분석했다.

2000년대 중반부터 국내총생산(GDP) 대비 경상수지가 증가하는 현상도 저출산으로 인한 투자부진, 고령화로 인한 과다 저축 때문이라는 분석이 나왔다. 고령화와 저출산에 따른 일종의 '불황형 흑자'가 고착화 돼 경제의 활력이 사라졌다는 것이다. 한국개발연구원(KDI)이 최근 내놓은 〈인구구조 변화가 경상수지에 미치는 영향〉 보고서에 따르면 상당 기간의 경상수지 흑자는 저출산·고령화로 인해 소득과 비교하면 내수가 활성화되지 못한 결과로 해석된다. 경상수지는 저축(소득-소비)과 투자의 차이로 정의되는데, 중·장년층 인구 증가에 따라 저축이 증가하고, 유·청년층 인구 감소에 따라 투자가 감소해 경상 흑자가 나타난다는 것이다.

저출산은 곧바로 투자 감소로 이어진다. 유년인구 감소로 교육·주택 등 투자 수요가 줄고, 청년 인구 감소로 생산가능인구가 줄어들기 때문이다. 반면 소득이 가장 많은 중·장년층 시기에는 미래에 대한 불안 등으로 상대적으로 많은 저축을 하게 돼 저축 과다로 국내 투자수익률은 하락하게 된다.

보고서는 유·청년층의 인구비중이 1%포인트 줄어들고, 중·

장년층 비중이 1%포인트 증가할 경우 국내총생산(GDP) 대비 경상수지 흑자가 0.5~1.0%포인트 상승한다고 추정했다. 골드만 삭스에 따르면 2010년에서 2020년 사이 한국의 중장년층 (35~69세)의 인구증가율은 13.6%로 같은 기간 세계 인구증가율 전망치 4.1%를 세 배 이상 웃돌아 이 같은 현상이 상당기간 지속될 것으로 예측했다.

KDI는 2013년 29% 내외에 있는 투자율이 2025년경에 25% 내외까지 하락할 것으로 전망했다. 또 특단의 조치가 있지 않은 한 이 추세를 바꾸기 어렵다고 진단했다. 권규호 KDI 연구위원은 "임금피크제와 연동된 정년 연장 등을 통해 노후에 대한 불안을 완화시키면 소비를 활성화시킬 수 있다. 과감한 규제 합리화를 통해 투자의 기대수익률을 높이는 정책도 투자 활성화에 도움이 된다"고 조언했다.

Chapter 3

초고령화 사회
모범답안은?

저출산은 당장 눈앞에 보이는 적은 아니다. 하지만 기업들의 미래 성장을 갉아먹을 수 있는 무서운 적이 된다. 산업현장에서 일할 사람조차 모자라 청년실업 대란이 호랑이 담배 피우던 시절 얘기로 취급될 때가 곧 올 수도 있다. 부존자원이 절대적으로 부족한 우리나라의 경우 국가 경쟁력의 90% 이상이 사람인데, 저출산 기조가 지속될 경우 산유국에서 석유가 고갈되는 것과 같은 사태가 빚어질 수 있다는 의미다.

저출산의 대안에 대해서 오피니언 리더들은 "출산정책에만 시야를 한정해서는 안 된다"고 권고했다. 한 응답자는 "우리나라도 이제 이민정책을 전향적으로 제고해 이민자를 적극적으로 수용할 필요가 있다"고 제안했다. 또 "아기를 기르는 미혼녀에 대해서도 정부가 전폭적으로 지원해야 한다"는 주장도 나왔다. 모 대기업 임원은 "저출산의 가장 큰 원인 중 하나는 기형적으로 비싼 사교육 부담"이라며 "사교육 금지와 같은 획기적인 교육 정책이 등장하지 않는 한 저출산 문제에 대한 명쾌한 해결 방안을 찾기가 쉽지 않을 것"이라고 지적했다.

현재 세계에서 가장 늙은 나라 '톱3'는 일본, 독일, 이탈리아다. 전체 인구 가운데 65세 이상 노인 비중이 일본이 25.1%, 독일과 이탈리아는 21.1%나 된다. 독일은 합계출산율이 일본과 이탈리아보다도 낮아 '저출산 고령화' 측면에서는 오히려 더 심각하다. 하지만 일본과 이탈리아가 국내총생산(GDP)을 훨씬 초과하는 나랏빚을 지고 있음에도 독일 재정은 아직 튼튼하다. 늙어버린 유럽 대륙에서 거의 유일하게 성장을 계속하는 나라이기도 하다.

세계에서 가장 빠른 속도로 늙어가는 나라 한국에게 독일은 모범답안이다. 독일이 초고령사회 진입에도 불구하고 경쟁력을 유지할 수 있었던 비결은 뭘까? 현대경제연구원은 고용·연금개혁, 연구개발(R&D) 투자 확대, 투자환경 개선, 복지 지출 효율성 제고를 비결로 꼽았다. 우선 독일은 십여 년 전부터 시간제 일자리 확대 등을 통해 고용 유연성을 높여 왔다. 또 지난 2007년 연금 수급 연령도 63세에서 65세로 높여 고령자의 일자리 유지 기간을 늘렸다. 노인 연금 수급 시기도 해마다 한 달씩 늦춰져 2023년에는 66세, 2029년에는 67세로 상향된다. 이 같은 노력으로 독일의 고용률은 계속 상승해 70%대를 유지하고 있다.

또 연구개발 투자를 1985~2007년 연평균 2.3% 증가에서 2008년 이후 2.7% 증가로 시간이 지날수록 더 늘렸다. 2003년 고용 개혁을 통해 현장실습형 직업훈련 지원을 강화했다. 초고령사회 진입에도 불구하고 독일의 노동생산성이 꾸준히 증가하는 이유다. 2007년 법인세율을 39%에서 29%로 낮추고 고용보험요율도 6.5%에서 3.3%로 하향 조정하는 등 기업 투자 환경도 개선했다.

빠른 속도의 고령화에도 불구하고 고령자에 대한 복지지출은 1980년 GDP 대비 9.7%에서 2009년 9.1%로 줄었다. 보건복지부 관계자는 "독일은 '세대간 형평성 위원회' 등을 통해 무분별한 복지 지출을 막고 후세대를 위해 꾸준히 복지 구조조정을 단행하고 있다"고 지적했다. 특히 독일 기업들이 저출산 고령화를 새로운 일자리와 시장을 창출하는 '실버 경제(silver economy)'로 인식하고 관련 투자를 늘린 점이 눈에 띈다. 제조업의 경우 고령자의 생활 편의를 높이는 로봇, 전자동 자동차와 건강 증진에 도움이 되는 헬스케어 등에 투자를 늘렸다. 현대경제연구원은 "한국도 고용 유연성 확대, 기업 투자 환경 정비, 고령자·여성 직업훈련 강화 등 정책적 노력이 필요하다"고 조언했다.

우리 정부도 저출산 문제를 심각하게 인식하고 있다. 하지만 뾰족한 대책이 없어 고심하고 있다. 저출산은 취업과 보육, 교육비 문제 등이 실타래처럼 뒤엉켜서 발생하는 문제이기 때문이다. 최경환 경제부총리 겸 기획재정부 장관은 최근 "경제에서 가장 중요한 것이 인력인데 현장 수요에 맞는 인력 공급이 제대로 이뤄지지 않고 있다"고 지적했다.

정부는 2014년 4월 '일자리 단계별 청년고용 대책'을 제시하며 업무와 동떨어진 학교교육을 지양하고 학생들의 조기취업 촉진, 일·학습 병행 활성화 등의 정책을 추진하기 시작했다. 마이스터고 활성화에 이어 미국 대안학교를 본뜬 한국형 'P-TECH(Pathways in Technology Early College High School)' 학교를 개설하는 정책이 추진되고 있다. 또 '미스터피자과', '망고식스과'처럼 기업들이 대학과 손잡고 전문 인력을 키우도록 유도하고 있다.

중소기업들도 저임금·비정규직 위주 채용 행태를 바꿔 나가야 한다는 지적이 나온다. 우리보다 20년 앞서 생산가능인구 감소를 경험한 일본의 경우 최근 비정규직의 정규직 전환과 미숙련자에 대한 훈련 강화 등을 통해 효율적인 기능 전수를 하려는 기업들이 늘고 있다. 한국무역협회 국제무역연구원은 "중소기업은 미숙련의 젊은 인재를 채용해 훈련 프로그램을 통해 숙련 인재로 육성한다는 장기 전략이 필요하다"고 지적했다.

앞으로 시행될 저출산 대책은 젊은 세대가 결혼과 출산을 기피하지 않도록 유도하는 제도 마련에 초점이 맞춰질 예정이다. 문형표 복지부 장관은 올해 가장 역점을 두고 추진해야 할 사업으로 저출산 대책을 꼽으면서 "젊은이들이 일자리·집·돈이 없어 결혼을 늦추는 것을 어떻게 해결할 수 있을지 고민하고 있다"고 밝혔다.

주무부처인 복지부 외에도 기획재정부 고용노동부 여성가족부 교육부 등 정부 관계부처들이 관련 대책 마련에 고심하고 있기 때문에 결혼과 보육 전반에 대한 대대적인 대책이 나올 가능성이 있다. 구체적으로는 중소기업 일·가정 양립 인센티브 강화, 가족친화기업 확산, 신혼부부 임대주택 지원 확대, 청소년 한부모 양육·학업 병행여건 강화, 중소기업 공동 직장 보육시설 활성화 등이 제시될 전망이다.

여성들의 경력단절 문제를 해소하기 위해 정부가 2014년 제시했던 시간선택제 일자리 활성화와 보육체계 강화 방안도 발전·보완이 이뤄진다. 이기권 고용노동부 장관은 대통령 업무보고에서 "1년에 약 47만 명인 출산여성 리스트를 전부 받아 기업들에 출산 휴가뿐 아니라 근로시간 단축과 육아휴직 등을 제공해 일과 가정이 양립할 수 있도록 개별지도를 강화할 것"이라며 "2015년 획기적으로 여성 고용률이 높아질 수 있도록 대책을 강화하겠다"고 밝혔다.

08

뒷다리
잡는
시민단체

수원환경운동연합 등 12개 시민·환경단체로 구성된 '삼성전자 물고기 집단폐사 대책위원회'가 올해 초 수원시 삼성전자 인근 원천리천에서 시위를 벌이고 있다. (사진은 수원환경운동연합 홈페이지 발췌)

TV를 비롯한 생활가전을 생산하는 삼성전자 수원사업장은 2015년 초 때아닌 '물고기 논란'으로 곤욕을 치르고 있다. 이 공장에서 흘러나온 화학약품 때문에 인근 원천리 천에서 가물치, 메기, 붕어 등 11종에 달하는 물고기 1만여 마리가 떼죽음을 당했다며 시민단체들로부터 수원지검에 고발을 당했기 때문이다. 수원환경운동연합과 다산인권센터, 수원YMCA 등 12개 시민·환경단체는 '삼성전자 물고기 집단폐사 대책위원회'를 조직하고 2015년 초 "사고 원인을 파악하기 위해 수원 공장이 사용하는 화학물질을 전면 공개하라"며 기자회견도 열었다.

하지만 이는 하수를 관리하는 삼성전자 하청업체 직원의 과실로 밝혀져 경찰이 조사를 마치고 이미 검찰에 사건을 송치한 사안이다. 그런데도 시민단체는 삼성전자에 시비를 붙는 것이다. 삼성전자 관계자는 "문제가 된 중수처리 소독약은 공장에서 쓰는 것이 아닌데도 삼성전자가 사용하는 화학물질 목록을 모두 공개하라는 것은 터무니없는 주장이다. 검찰 조사를 기다려보자고 요청했지만 시민단체들이 거칠게 여론전을 전개하고 있다"고 말했다. 그러나 시민단체 관계자는 "우리가 수질 분석한 결과와 수원시가 분석한 결과에 차이가 있다. 하청업체 탓만으로 볼 수는 없고 삼성전자가 해명해야 할 부분이 있다"고 해명했다.

Chapter 1

제4의 권력기관으로
부상한 시민단체

경기도 여주에서는 한국전력이 추진 중인 신경기변전소·송전탑 건설을 반대하며 2015년 초 시민·종교단체를 중심으로 공동대책위원회가 발족됐다. 변전소 건설 백지화 투쟁에 나선 이들 단체는 "한전이 민주적 절차 없이 예비후보지를 발표해 주민갈등을 부추키고 있다"고 주장했다.

시민단체 주도 속에 지자체와 시의회 등도 가세하면서 자칫 '제2의 밀양 송전탑 사태'가 재현되는게 아니냐는 우려감도 높아지고 있다. 한전 측은 "경기도 내 송배전 시설구축이 지연될 경우 수도권 전력수급에 차질이 불가피하다"며 애를 태우고 있다.

시민단체를 비롯한 NGO(비정부기구)가 '제4의 권력기관'으로 부상한 가운데 기업들의 투자·경영 활동을 저해하는 사례들이 갈수록 더 확산되고 있다. 대기업들은 대외전략실에 정부·

국회 업무와는 별도로 NGO업무팀을 운영하며 시민단체들의 동향에 촉각을 곤두세우고 있지만, 막무가내식 주장을 내놓는 시민단체들이 적지 않기 때문에 전전긍긍하고 있다.

실제로 건전한 비판이라는 시민단체의 순기능보다는 대안을 제시하지 못한 채 '반대를 위한 반대'에 더 집착하고, 일부 시민단체는 대기업 노조와 결탁해 고소와 고발을 일삼는 등 새로운 유형의 압박 사례도 늘어나고 있다. SK브로드밴드와 LG유플러스 등 통신회사 노조의 비정규직 처우개선 투쟁에 시민단체들이 가세해 '근로기준법 준수와 고용승계'를 주장하며 연대투쟁을 벌이며 해당 기업을 압박하고 있다.

재계는 일자리 확충을 위한 '투자 활성화'나 '규제 완화'가 시민단체 입장에서는 '재벌 특혜'로 변질돼 정부 정책과 국회 입법에도 적잖은 차질을 미친다며 우려의 목소리를 높이고 있다. 환경운동연합은 정부가 2015년 초 25조 원 규모 투자활성화 대책을 발표하자 즉각 성명서를 내놓고 "삼성과 현대 등 대기업이 울릉도에 카지노 시설이 가능한 복합리조트를 허용토록 돕는 초법적 특혜에 불과하다"는 논리를 전개했다.

전남 여수산단의 경우 지자체가 추진 중인 녹지 해제 방침에 대해 환경단체들이 강력히 반발하면서 갈등이 확산되고 있다. 이들 단체가 내건 논리도 "환경 오염이 가중되고 기업 특혜로 귀결될 것"이라는 주장이다. 롯데케미칼, GS칼텍스, 한화케미칼 등 산업단지에 입주해 있는 화학 기업들은 2009년 공장용지 전환을 요청한 이후 6년째 증설 작업이 지연되면서 발만 동동 구르고 있다.

　기업들이 공장증설에 꼭 필요하다며 강력히 요청 중인 수도권규제 완화도 시민단체들의 강력한 반발에 직면해 있다. 균형발전지방분권전국연대는 박근혜 대통령의 신년회견 직후 "수도권규제를 풀겠다고 밝힌 것은 지방 균형 발전을 포기한 것이며 반드시 저지하겠다"는 성명서를 내놨다. 2011년 말 발족한 이 단체는 SK하이닉스의 이천공장 이전허가에 대해서도 수도권 특혜라고 주장하며 1조 8,000억원에 달하는 반도체라인 증설계획을 즉각 중단할 것을 요구하고 나선 바 있다.

　정부가 2015년 9월부터 도입할 예정인 경유(디젤) 택시에 대해서도 지역별 환경단체들이 앞다퉈 반발하고 나서 귀추가 주목된다. 경유 택시는 지난 2012년에도 도입이 검토돼 당시 현대차 모델(i40)로 시범사업도 전개했지만, 환경시민단체의 반발에 직면해 제동이 걸린 바 있다. 국내 완성차 제조업체들도 경유 택시가 제대로 정착할지 불투명한 상황에서 시장 참여에 신중한 입장을 보이고 있다. 실제로 서울시가 경유택시 도입을 거부한 가운데 전북환경운동연합, 대전충남녹색연합, 광주환경운동연합, 대구경북녹색연합 등 지역별 환경단체도 앞다퉈 국토부와 지자체에 대한 압박수위를 높이고 있다.

Chapter 2

이익집단으로 전락하다

"열심히 프로젝트를 진행하는 단체도 많지만 오로지 정부와 지자체 보조금에만 눈독을 들이는 곳도 부지기수입니다"(행정자치부 공무원 A씨) 시민단체의 생존방식에서 떼려야 뗄 수 없는 단어는 바로 '보조금'이다. 비단 기업뿐 아니라 정부 부처와 지자체도 경제적 이득을 위해 각종 정책 현안에 트집을 잡고 달려드는 시민단체 등쌀에 숨이 막힐 지경이다. 양심 불량을 넘어 스스럼없이 불법을 감행하는 이들의 '금전 본능'은 감사원 감사, 검경 합동수사 등을 통해 민낯이 드러났다. 특히 지난 2009년 감사원이 연간 8,000만 원 이상 보조금 혜택을 누린 543개 비정부기구(NGO)를 감사한 결과는 국민적 분노를 일으켰다.

전체 보조금 4,637억 원 가운데 10분의 1 이상인 500억여 원이 140여 개 비리 NGO의 호주머니 속으로 빨려 들어갔다. 인

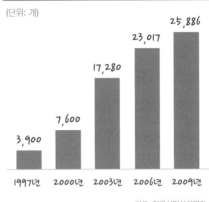

» 국내 시민단체 수

(단위: 개)

3,900 (1997년)
7,600 (2000년)
17,280 (2003년)
23,017 (2006년)
25,886 (2009년)

자료: 한국시민사회연감

터넷뱅킹용 공인인증서를 빌려 증빙서류를 조작하거나, 포토샵 프로그램을 이용해 은행계좌이체증을 위조하는 등 기상천외한 방식이 동원됐다. 행정자치부에 따르면 정부와 지자체에 등록된 비영리민간단체는 2000년 2,524개에서 2014년 1만 2,252곳으로 5배 가까이 늘었다.

피 같은 국민 세금이 급팽창하는 비영리민간단체들의 먹잇감이 되는 상황이 반복되자 정부는 '비영리민간단체 공익활동 지원사업 관리정보시스템(npas.mospa.go.kr)'을 통해 사업비 입출금 등 회계관리 투명성을 대폭 강화했다. 또 2014년 비영리민간단체 지원업무를 박근혜 대통령의 '비정상의 정상화' 과제로 선정하는 등 비리근절 대책에 열을 올리고 있다. 특히 '눈

먼 돈'으로 지자체에서 지역 단체에 투하되는 각종 보조금 관리에 초점을 맞추고 엄격한 선정·심의 절차, 부당집행 시 제재 강화 등 관련 대책에 역점을 두고 있다.

행자부는 지방자치단체 보조금을 교부할 때 반드시 '지방보조금심의위원회' 심의를 받도록 하는 등 엄격한 운영기준을 마련해 2014년 말 전국 지자체에 통보했다. 그러나 지자체 현장 관계자들의 목소리를 들어보면 정부의 이 같은 조치가 쉽게 실효성을 거두기 어려울 것이라는 평가가 지배적이다. 지역마다 비영리민간단체들 비리가 워낙 뿌리 깊게 내린 데다, 필요에 따라 지자체와 협력 관계도 형성해 근절이 쉽지 않다는 설명이다.

박정수 이화여대 행정학과 교수는 "지역 단체들의 기득권화가 오랜 기간 고착화한 데다가 정치인 출신 지자체장 입장에서는 더더욱 이들 기득권 단체들의 눈치를 보게 된다"고 상황을 진단했다. 시민단체 가운데는 본연의 기능을 상실한 채 이익집단으로 전락한 곳도 생겨나고 있다.

사회의 자정기능을 하는 시민단체가 불미스러운 일로 법정에 서는 경우도 적지 않다. 수억 원대 공금 횡령 혐의로 재판에 넘겨진 모 시민단체 A대표는 지난 2013년 유죄가 확정됐다. 대법원 2부(주심 신영철 대법관)는 A대표에 대한 상고심에서 징역 1년과 추징금 1억 3,000만원을 선고한 원심을 확정했다. A

씨가 사무총장과 대표를 역임했던 이 시민단체는 당시 간부진들의 정부 보조금 횡령, 회계비리 의혹 사태가 불거지자 비상대책기구를 출범하고 강도 높은 개혁 방안을 꺼내 들었다. 향후 정부와 관련한 프로젝트를 수행하지 않는 등 정부 보조금 명목의 돈을 받지 않고 회비와 소액후원금만으로 단체를 운영하겠다는 것이다.

2011년 4월에는 소년소녀가장을 돕기 위해 모 지상파 방송에서 모은 기부금 일부를 시민단체 간부가 횡령했다가 적발된 사건도 있다. 십여 년간 사법개혁 시민운동가로 활동해 온 한 시민단체 간부도 농아인들에게 소송을 부추긴 뒤 이들이 모은 소송 비용 중 일부를 개인적으로 사용했다가 재판에 넘겨졌다.

시민단체가 건전한 사회비판이라는 본연의 기능에 충실하기 위해서는 검증시스템과 책임 강화가 최우선 개선과제로 지목됐다. 시민단체 스스로 책임을 강화하는 제도적인 장치가 필요하다는 설명이다. 한 중소기업 임원은 "시민단체들이 기업들의 문제점만 지적하는데 머물지 말고 그 대안도 함께 제시해야 기업과 윈윈 관계를 구축할 수 있다"고 지적했다. 시민단체는 다른 기관이나 조직의 부조리를 고발하고 지적하는 역할을 하는 만큼 더욱 엄격한 도덕성을 갖춰야 한다는 지적이다. 김영용 전남대 경제학부 교수는 "남을 비판하려면 도덕적 우위가 있어야 설득력을 가진다. 또 시민단체의 비판이 감정적인 것에 그치지 않으려면 대상에 대한 이해를 갖추는 것도 필요하다"고 말했다. 이를 위해선 시민단체에 대한 적절한 견제가 필요하다는 제안도 있다. 신중섭 강원대 윤리교육과 교수는 "시민단체도 궁극적으로 하나의 이익단체에 불과하다. 결국 이를 후원하는 시민들이 깨어있는 의식을 가지는 게 중요하다"고 말했다.

Chapter 3

곤혹스러운 기업들

서울 시내 A백화점 앞에 10여 명의 사람이 모였다. '애국국민운동대연합' 이라는 시민단체 소속이라고 밝힌 이들은 이 백화점 계열사를 겨냥해 시위를 펼치기 시작했다. 한 시행사 대표가 이 계열사와 법적 분쟁을 빚었는데 해당 시행사와 관련도 없는 특정 시민단체가 시위를 벌이고 나선 것이다. 이들은 30여 분간 백화점 입구에 대자보를 붙이고 현수막까지 내걸었다. 이 탓에 백화점 이용 고객은 물론이고 일반 행인들도 통행에 큰 불편을 겪었다.

해당 백화점 관계자는 "유독 일반인 통행이 잦은 대형 소매점 앞에서 일부 시민단체의 시위가 자주 일어나고 있다. 더구나 본사가 아닌 계열사를 상대로 요구할 일이 발생해도 그들은 항상 본사 영업장 앞에서 시위한다"고 토로했다. 시민단체와 이해 당사자들이 제 뜻을 관철하기 위해 일반 고객을 볼모로

171

잡고 있는 셈이다.

백화점과 대형마트를 운영하는 B사도 비슷한 사례를 자주 겪는다. 2014년 하반기에 한 노동단체 소속원 수십 명은 B사가 노조를 탄압한다며 수시로 이 백화점 앞에서 시위를 벌였다. 특히 이들은 해당 백화점을 빙 둘러싸는 '인간 띠'까지 만들며 시위하는 바람에 B사 직원들은 물론이고 백화점 고객들까지 불편을 겪을 수밖에 없었다. B사 관계자는 "시위를 벌이며 고성까지 내기 때문에 영업에 큰 차질이 발생했다"고 전했다.

한 유통업체 관계자는 "소비자를 직접 상대하며 영업하는 유통기업들은 기업 이미지에 항상 신경 쓸 수밖에 없다. 일부 시민단체들이 이 점을 노리고 유통업체를 상대로 시위를 자주 벌이는 데다 이를 빌미 삼아 자기네 단체가 주최하는 행사에 후원을 요구하는 일도 종종 있다"고 말했다.

제약업계도 시민단체의 무리한 주장에 골머리를 앓는다. C시민단체는 특정 D제약사를 지적하며 '우선판매품목허가제도' 도입을 반대했다. 우선품목허가제는 특허기간이 끝나지 않은 오리지널 의약품과 다퉈 승소한 제약사에 의약품을 우선적으로 판매할 수 있도록 하는 제도다. 시민단체는 이 제도가 상위 제약사를 위한 혜택이라고 주장하며 반대했다. 문제는 C시민단체가 D제약사가 특별 전문직 채용을 늘리고 있다는 잘못된 정보를 근거로 제시해서 제도 도입을 반대하고 있다는 점이다.

D제약사 관계자는 "우선품목허가제와 전혀 관련이 없는 채용인데 억지로 연관시켜 공격했다"고 토로했다.

시민단체를 기업 10적으로 꼽은 이유로 응답자 가운데 35.7%는 '기업 꼬투리 잡기'를 그 이유로 들었고 또 다른 35.7%는 '대안없는 일방적 주장'을 제기하는 시민단체의 막무가내식 태도에 문제를 제기했다. 한 응답자는 "시민단체의 비판은 진공상태나 마찰이 전혀 없는 이상 상태를 기준으로 하고 있다. 건전한 비판은 바람직하지만 무분별한 고소·고발을 남발할 경우 막대한 사회적 비용이 초래된다"고 지적했다. 다른 응답자는 "시민단체의 경우 정확한 사실관계를 바탕으로 한 합리적 주장보다는 정치적·선정적 이슈 선점을 위한 목적으로 한 주장이 많아 기업에게 피해를 주는 사례가 많다"고 응답했다. 단순히 표면적인 사실에 기초해서 일방적인 비판을 일삼는가 하면 국민들에게 잘못된 인식을 심어줌으로써 기업들의 정상적인 경영활동을 어렵게 만드는 경우도 적지 않다는 설명이다.

물론 시민단체들의 건전한 감시활동이 사회의 잘못된 관행을 바꾼 사례는 적지 않다. 시민단체 본연의 사회감시 기능에 충실한 경우다. 지난 2006년 기업·시민단체 간 충돌 끝에 소시지 발색제 사용이 확 줄어든 게 좋은 사례다. 당시 서울환경운동연합은 소시지 특유의 빨간 색깔을 내기 위해 발색제를 넣고 있던 대형 식품업체 A기업에 대해 강도 높은 비판에 나섰다. 당초 소극적 방어자세로 일관했던 A기업이지만, 꾸준한 교감 끝에 이 단체의 제안을 받아들여 발색제 함유량을 대폭 줄이겠다고 합의했다. 환경운동연합 관계자는 "안전성 문제가 있던 소시지의 발색제는 단순히 시각적으로 식욕을 자극하기 위한 용도일 뿐 꼭 필요한 게 아니었는데 해당 업체가 굳이 사용하고 있어 바꿔야 한다고 생각했다. 당시 언론의 뭇매를 맞았던 A기업이 이제는 건강한 햄을 만드는 회사라는 좋은 이미지까지 생긴 모범 사례"라고 평가했다.

2014년 한국소비자연맹이 발 벗고 나선 택배 서비스 개선 사업도 마찬가지다. 한국소비자연맹은 두 차례 택배 업체의 서비스에 대한 간담회를 개최해 관련 업계와 허심탄회한 대화를 나누고 핫라인을 구축했다. 덕분에 소비자 피해가 발생했을 업체들과 즉각 긴밀하게 소통할 수 있어 문제 해결이 한결 빠르고 정확해졌다. 한국소비자연맹은 택배 업체들과 함께 가이드라인을 만들어 업계 서비스 수준을 더욱 높이겠다는 계획이다. 최근에는 기업과 시민단체가 함께 사회환원사업에 나서는 경우도 많다. 특히 기업이 자사 홍보와 관련성이 적은 분야에 대해서도 사회적 책임을 느끼며 능동적으로 활동하고 있다.

2014년 포스코는 환경운동연합과 생물 다양성 보호를 위한 연구자문팀을 함께 창설했다. 멸종 위기종 지정 생물인 수리부

엉이에 대한 책도 함께 만들어 보호활동에도 나섰다. 사라질 위기에 처한 생물들에 대해 국민의 경각심을 일깨우고 환경을 보호하겠다는 취지다. 최준호 환경운동연합 운영국장은 "기업은 시민에 대한 책임을 인식하고, 우리 시민단체 역시 기업의 입장을 좀 더 이해하게 되면서 함께 할 수 있는 사업에 대해 같이 고민하게 된 것이다. 앞으로도 윈윈할 수 있는 활동을 이어나갈 것"이라고 말했다.

Chapter 4

생활밀착형으로
공감을 얻다

기업에게 시민단체의 활동은 양날의 검이다. 상호 공존의 정신이 전제된 합리적 비판의 목소리는 향상된 기업활동을 만드는 단초가 된다. 그러나 서로를 싸워야 할 상대로만 보는 대결적 구도 속 무분별한 비난은 정당한 기업활동에 걸림돌이 된다. 단기간 고도성장을 이룩한 우리나라에선 기업과 시민단체가 대립각을 세우는 일이 잦았다. 이 과정에서 둘 사이에 감정의 골이 깊어진 것은 물론, 무리한 발목잡기로 비춰지는 활동도 있었다. 하지만 이제는 시민사회 스스로 새로운 시민단체 활동 패러다임을 제시해야 한다는 목소리가 높아지고 있다.

강정화 '한국소비자연맹' 회장, 김주일 '함께하는 시민행동' 대표, 전재혁 '민주시민연합' 상임대표 등 다양한 성향의 시민사회 활동가들에게 'NGO(비정부기구) 3.0 시대'를 위한 자정 과제를 들어봤다. 건전한 시민단체 활동까지 잘못된 것으로 인식하게 하는 일부 단체들의 과격한 행동에 대해 자정 노력을 기울여야 한다는 의견에는 이미 공감대가 형성돼 있었다. 강정화 회장은 "이슈가 나왔을 때 갑작스레 등장하는 단체들, 심지어 한쪽의 입장을 대변하기 위해 나타나는 단체도 있는데 모두 시민단체로 묶이며 시민운동의 개념을 혼란스럽게 하고 있다"고 지적했다. 전재혁 대표는 "일부 시민단체의 경우 제대로 된 조직도 갖추지 못한 채 한두 명이 주먹구구식 운영을 하면서 이익집단처럼 활동하는 경우도 있다. 시민사회 스스로 이같은 단체의 활동을 개선하고 바로잡기 위한 노력을 기울여야 한다"고 말했다.

수준 미달 시민단체를 걸러내기 위해 단체의 성과와 지속가능성을 평가하는 '지속가능보고서' 시스템을 확대하자는 주장도 나왔다. 김주일 대표는 "지속가능보고서(사회책임보고서)를 통해 회계뿐 아니라 단체의 지속가능성, 인력구성, 성과 등을 면밀하게 검토해야 한다. 궁극적으로는 사업보고서에 준하는 수준의 지속가능 보고서 시스템을 만들고 일상적으로 단체의 재원이나 지출 내역 등을 투명하게 공개하는 구조로 가야한다"고 강조했다.

특정 이해관계인의 이익만 대변하거나 단체 그 자체를 위한 활동, 정치적 이념에 따른 편협한 활동은 지양해야 한다는 점은 시민단체 관계자들의 공통된 이야기였다. 강정화 회장은 "단체 그 자체를 위한 활동을 하는 경우가 있는데 각자 이익을 대변하는 게 아니라 공익성을 어떻게 살릴 것인지가 중요하다, 활동의 목표를 사회 발전 전체로 놓고 다른 논쟁 등으로 번지면서 본래 역할이나 의도가 오염되지 않도록 해야 한다"고 말했다. 전재혁 대표도 "보수적 얘기를 하면 다 수구세력으로, 진보적 얘기를 하면 모두 빨갱이로 몰아 서로 싸우려 하는 '투쟁적 구조'가 굳어져 있다. 건전한 시민운동을 위해 과도한 정파성을 줄여나가야 한다"고 지적했다.

그래서 앞으로의 시민단체 활동은 과거 소수 운동가 중심의 '운동권식' 활동에서 벗어나 참여의 폭을 늘려 시민들이 더욱 공감할 수 있는 방향이 돼야 한다고 이들은 강조했다. 시민의 삶에 좀 더 깊이 접근하는 생활 밀착형 운동이 자리 잡도록 해야 한다는 얘기다. 김주일 대표는 "시민운동이 1~2세대를 넘어서면서 과거 운동권 개념에서 생활운동 개념으로 넘어오고 있다. 소수 스타 운동가 중심의 활동에서 벗어나 전문성과 다양성을 갖춘 상근자를 대폭 늘리고 시민들이 참여할 수 있는 영역을 확대해야 한다"고 밝혔다. 기업과 시민단체가 파트너십을 가져야 한다는 의견도 나왔다. 강정화 회장은 "기업이 무조건 적대적인 대상, 반대편에 있는 존재는 아니다. 기업과 함께 시장을 개선할 수 있다는 생각으로 함께 공익을 위한 파트너가 돼야 한다"고 말했다. 전재혁 대표 역시 "기업 역시 정당한 시민운동에 대해서는 적극 지원도 하고, 시민단체도 상호 협력할 수 있는 영역을 구축하면서 국민들이 살기 좋은 환경을 같이 만들어야 한다"고 강조했다.

09

'아니면 말고' 식
미디어

유명 저가 화장품업체 A사는 2012년 5월 한 케이블채널의 황당한 보도로 명예가 실추됐다. B채널의 소비자고발 프로그램이 '보라색병'으로 알려진 A사의 주름개선 제품에 "환경호르몬이자 발암물질인 파라벤이 다량 포함돼 있다. 이 제품을 장기간 바를 경우 피부가 괴사한다"고 주장했기 때문이다.

온·오프라인으로 보도를 접한 소비자들은 관련 내용의 진위 확인과 함께 환불을 요구했다. 방송 이후 한 달간 제품 매출은 1억원 감소했다. 저가 화장품 시장에서 선두 기업으로 승승장구하던 A사의 이미지는 급전직하했다. A사는 B매체를 상대로 정정보도와 함께 위자료 5억 원을 청구하는 손해배상 소송을 제기했다.

재판 결과 B사의 보도는 허위·왜곡 보도의 전형이었다. 서울남부지법 민사합의15부는 "B사(매체)는 A사에 7,000만 원을 지급하라"고 원고 승소 판결을 했다. 재판부는 "신체에 유해하다고 의심할 만한 아무런 증거가 없음에도 불구하고 금붕어가 든 수조에 파라벤을 넣어 금붕어가 죽는 자극적인 장면, 심각한 피부염 사진들, 자궁암·자궁내막증·유방암 CG 등을 사용해 제품이 신체에 매우 유해한 것처럼 왜곡해 방송했다. B사는 해당 기사를 삭제하고, B사 홈페이지와 블로그·페이스북에 일주일간 정정보도를 게재하라"고 명했다.

Chapter 1

보복 기사가 두렵다

전력설비 납품업체 C사도 2012년 12월 인터넷매체 D사의 '아니면 말고' 식의 의혹 제기 보도로 곤욕을 치렀다. 원자력업계를 다루는 D매체는 "세종시에 건설 중인 복합화력발전소와 관련해 100억 원 규모 입찰에서 특정 업체 C사와 설비담당자 유착 가능성이 포착됐다. C사는 건설 중인 발전소를 주관하는 발전회사의 기술본부장 출신의 E씨를 상임고문으로 영입해 로비를 펼쳤을 것으로 예측된다"고 보도했다. 이듬해 2월 C사는 언론중재위원회에 D매체를 상대로 정정보도와 함께 20억 원의 손해배상을 구하는 조정을 신청했다. 언론중재위 심리 결과 D매체는 오보를 인정했다. C사는 정정 및 사과보도를 게재하고 향후 포털사이트에서도 정정보도문이 검색될 수 있도록 조치하는 선에서 D사와 화해했다.

유통업체 신세계도 한 주간지와 송사를 벌인 적이 있다.

2009년 12월, 주간지 G매체는 '신세계 그룹 파벌싸움 긴급진단'이란 제하의 기사에서 신세계 대표이사직을 둘러싸고 신구 세력 간 다툼이 예상된다고 보도했다. 파벌 간 알력이 심해 기존 세력들이 비리를 저지른 듯한 인상을 줬다. 신세계 측은 즉각 명예훼손 소송에 나섰다.

서울중앙지법 민사합의25부는 "G사는 신세계 측에 모두 3,000만 원을 배상하라"고 판결했다. 재판부는 "보도 과정에서 원고나 원고 회사의 임직원에게 G사가 취재 요청을 한 바 없고 취재 경로도 구체적으로 밝히지 않고 있다. 충분한 취재를 하지 않고 객관적이고 합리적인 근거 없이 파벌 싸움이 심할 것이라는 추측성 기사를 보도했다고 판시했다.

언론중재위원회가 2013년 한 해 동안 언론 보도 피해와 관련한 민사소송을 분석한 결과 인터넷매체를 상대로 한 소송이 절반에 육박했다. 매체 유형별로 총 221건을 분석해보니 인터넷매체는 107건(48.4%)의 피해 사례가 접수됐다.

법원부터 찾아가지 않고 언론중재위에 조정을 신청한 사건도 상당했다. 2013년 접수·처리된 조정사건은 모두 2,433건으로 전년보다 32건 증가했다. 2011년과 2010년에는 각각 2,124건, 2,205건이 접수돼 4년 연속 2,000건을 넘겼다. 인터넷신문과 인터넷뉴스서비스(인터넷 포털) 등 인터넷 기반 매체 관련한 건수는 모두 1,499건으로 전체의 61.6%에 달했다.

법조계에서는 언론사와 기업 양측의 적극적인 소통 노력과 함께 책임 있는 자세를 주문하고 있다. 한 미디어 소송 전문 변호사는 "인터넷 언론들이 범람하면서 속보 경쟁 내지 클릭 수 경쟁으로 번지고 있다. 그런 과정에서 과거에는 기사화될 수 없었던 자극적이고 검증되지 않는 기사들이 넘쳐나는데 이에 대해서는 적절한 책임이 뒤따라야 한다"고 말했다.

또다른 법조계 관계자는 "삼성전자는 블로그를 운영하면서 '이슈와 팩트'라는 코너를 만들어 외부에서 제기되는 의문들에 사실관계를 설명하는 활동을 강화하고 있다. 기업들도 언론이 관심을 가질 만한 사안은 적극적으로 설명하고 이해를 구해서 양쪽이 접점을 찾다 보면 소송까지 가는 오보의 문제가 줄어들 것"이라고 조언했다.

미디어의 생명은 말할 것도 없이 '정론 보도'다. 사실을 정확하게 독자와 시청자들에게 전달하는 것이 기본 중의 기본이다. 하지만 일부 미디어들은 경쟁적인 선정 보도를 일삼으면서 사실을 확대하거나 심지어 왜곡하는 경우도 적지 않다. 온라인 시대를 맞아 소셜미디어(SNS)가 발달하면서 이 같은 현상은 더욱 두드러진다. 일부 신생 온라인 미디어들은 기업들의 약점을 부풀리며 노골적으로 압박을 서슴지 않는다. 언론중재위원회를 통한 정정 보도 제도가 갖춰져 있지만 이미 기사화된 내용을 다시 되돌리기는 무척 어렵다.

Chapter 2

기업 위협하는 흉기
'인터넷 언론'

"도대체 얼마나 많은 온라인 매체가 있는지 파악조차 안된다. 워낙 영세해 광고라는 개념도 없어 몇십 만원 건네고 때우는 경우가 허다하다."(A대기업 B홍보담당임원) "저널리즘이라는 것은 애초 존재하지도 않는다. 다른 매체에서 이미 수년 전 보도한 것을 짜깁기한 뒤 오너 사진을 대문짝만하게 걸어놓고 기사 내리기를 원하면 협찬하라고 한다."(C대기업 D홍보팀장)

온라인매체가 급증하면서 회사 제품이나 오너관련 루머에 근거를 둔 선정적 기사가 쏟아지고 이를 빌미로 광고와 협찬을 요구하는 사례가 빈번히 발생하고 있다.

문화체육관광부가 집계한 '정기간행물 등록현황'에 따르면 2013년 말 4,916개이던 인터넷신문은 2014년 또다시 1,034개가 증가해 전체 5,950개로 늘어났다. 하루에 2.83개씩 매체가 새로 생겨난 셈이다.

온라인에 기반을 둔 인터넷 언론이 우후죽순처럼 늘어나면서 기업에 대한 폐해도 갈수록 심각해지고 있다.

최근 10년간의 온라인매체 성장세는 도저히 정상적인 현상이라고 보기 힘든 수준이다. 인터넷신문은 2005년까지만 해도 전국에 286개에 불과했다. 그러나 2년 뒤인 2007년 901개에 이어 2009년 1,698개, 2011년 3,193개를 기록했으며 2012년부터는 더욱 가파르게 불어나 매년 1,000개 이상씩 증가하고 있다. 전체 정기간행물은 같은 기간 7,536개에서 1만 7,607개로 확대됐는데 이 가운데 절대다수를 인터넷신문이 차지하고 있다. 문제의 근원은 이들의 대부분이 제대로 운영되기 힘들 만큼 영세하다는 데 있다.

한국언론진흥재단의 '2014년 신문산업실태조사'에 따르면 인터넷신문 1,776개를 대상으로 설문한 결과 응답매체의 85%

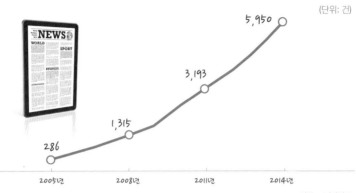

» 급증하고 있는 인터넷 신문

(단위: 건)

5,950

3,193

1,315

286

2005년　　　　2008년　　　　2011년　　　　2014년

자료: e-나라지표

인 1,511개의 연간 매출액이 '1억 원 미만'이었으며 종사자 수에서도 91.5%인 1,626개가 '10명 미만'이라고 말했다.

　　모 제약업체 홍보팀장은 "제약업계에 200개가 넘는 인터넷 전문매체가 있다. 이 중 절반가량이 1인 매체이며, 심지어 사무실 하나 빌려 2~3개 매체가 같이 쓰는 경우도 허다하다"고 소개했다.

　　별다른 수익모델이 있을 리 없는 이들 영세매체는 애꿎게 기업만 물고 늘어진다. 대기업, 중견기업 가리지 않고 공격대상으로 삼지만 오너 일가 위주의 경영구조로 되어 있으며 기업을 둘러싼 정부 규제가 상대적으로 심한 유통·식품·의료 등이 손쉬운 먹잇감이다.

전국경제인연합회가 회원사를 대상으로 벌인 설문조사에서도 응답기업의 절반가량인 46%가 인터넷언론으로부터 피해를 본 경험이 있으며 피해내용은 오보·왜곡보도(46%), 강압적 광고·협찬 요구(45%) 등이라고 꼽았다. 또 인터넷신문이 너무 많다는 응답은 84%였으며 인터넷신문의 폐해로는 신뢰성 부족(43%), 낚시성·선정적 제목 선정(37%) 등을 지적했다.

기사와 무관한 선정적인 제목으로 대서특필하거나 오너·2세의 얼굴을 노출하는 유형도 자주 써먹는 수법이다. '재계뒷담화', '재벌가 비사' 등의 제목을 붙인 추측성 기사도 기업을 힘들게 한다. 요즘 대세는 경영 데이터를 활용한 방법이다. 숫자를 나열하면서 객관적인 보도를 했다는 형태는 취하지만 데이터를 작위적으로 해석해 '대규모 적자에도 고배당 잔치', '임직원 연봉이 무려…' 등 자극적 제목을 붙여 재탕, 삼탕으로 악용한다. 경쟁사 간 단편적인 비교를 통해 한쪽 기업은 띄우고 상대 기업은 깔아뭉개는 방식도 즐겨 애용된다. 협회 측은 "일단 오너를 걸고넘어지면 무시할 수 없게 된다. 기업들이 계속 무반응으로 나올 땐 기사를 오너의 이메일 또는 자택에 우편으로 보내는 악랄함까지 보인다"고 귀띔했다.

인터넷신문의 급성장은 IT 인프라스트럭처 발전에 힘입은 것이지만 여론 다양화, 대안언론 육성을 지향한 참여정부의

'취재선진화방안', 2005년 신문법 개정 등 정책·법률의 뒷받침도 적잖은 역할을 했다는 평가다.

김대중 정부 시절인 1990년대 말 전국에 인터넷망이 깔리고 각 가정에 PC가 보급됐다. 거리 곳곳에 PC방이 생기고 벤처투자 열풍이 부는 등 관련 시장이 대폭 확대됐다. 1995년 이후 기존 종이신문들이 자사 신문의 콘텐츠를 인터넷에 서비스하기 시작했으며 1998년에는 첫 번째 독립형 인터넷신문인 〈딴지일보〉가 창간되기도 했다. 이어 인터넷 이용자가 급격히 증가한 2000년을 전후로 다양한 전문분야에서 매체들이 탄생했다.

국내 포털사이트가 뉴스검색·노출 등 뉴스 서비스를 시행한 것도 이 시기다. 1998년 야후코리아가 첫발을 내디딘 이후 네이버·다음이 이 시장에 뛰어들었다. 인터넷 환경이 성숙한 가운데 2002년 월드컵과 대통령선거라는 큰 이슈를 맞이하면서 인터넷신문의 숫자는 급속도로 늘어났다.

그 뒤 인터넷신문 양적 팽창을 촉발한 것은 2005년 신문법 개정이다. 개정 신문법은 인터넷신문도 신문법상 등록해야 하는 정기간행물로 분류했다. 대신 등록요건은 느슨하게 했다. 주간 전체 기사 중 30% 이상 자체 생산 등 사후 충족해야 하는 조건이 있긴 하지만 상시 취재인력 2명을 포함해 취재·편집인력 3명만 확보하면 얼마든지 등록을 할 수 있게 됐다. 뜻 맞는 친구 3명만 모아도 인터넷신문사 하나를 차릴 수 있게 된 셈이다. 전문가들은 브리핑제도 실시, 기자실 개방 등을 골자로 한 취재선진화방안도 인터넷신문 양적 증가에 영향을 미쳤다고 보고 있다.

2007년 나온 아이폰은 모바일 시대를 활짝 열었다. 인터넷신문이 책임질 수 있는 수용자 범위는 더욱 늘어난 반면 취재, 기사작성, 송고, 편집, 노출 등 뉴스 생산 전 과정에 수반되는 비용은 확 줄었다. 한국언론진흥재단의 김위근 연구위원은 "인터넷신문은 비용이 얼마 들지 않아 사업적으로 매력적이다. 시장은 한정적인데 매체 수가 많아 생존전략으로써 검색순위를 높이기 위해 유사기사를 포털에 전송하는 어뷰징 등이 유혹으로 다가올 수밖에 없다"고 분석했다. 인터넷신문이 영향력을 갖게 된 것은 아이러니하게도 네이버 다음 등 대형 포털 덕이다. 인터넷신문이 생산한 기사 대부분은 포털을 통해 유통된다. 그러나 포털이 함량 미달의 인터넷신문이나 기사를 걸러내는 절차가 형식적이거나 불투명해 개선의 목소리가 높다. 인터넷신문이 포털에 뉴스를 공급하려면 '뉴스검색제휴'라는 관문을 통과해야 한다. 포털과 검색제휴를 맺어야 메인 혹은 검색화면에 자사 뉴스콘텐츠를 노출할 수 있다. 상당수 인터넷신문이 검색제휴에 열을 올리는 이유다.

2013년 11월 포털 뉴스검색 제휴에 신규 진입한 한 매체가 다수 기업 홍보담당자에게 "검색제휴에 합격했으니 앞으로 잘해보자"는 취지의 문자메시지를 보내 물의를 일으킨 적이 있다. 한 기업 관계자는 "포털 제휴를 무기로 광고비를 달라는 요구"라며 "오보나 악의적 기사로 악명 높았던 매체라 충격이 컸다"고 전했다.

네이버 다음 등 포털사이트가 공히 내세우는 검색제휴 신청 요건은 신문법상 인터넷신문사업자·DB방식으로 기사데이터 전송·홈페이지 장애 및 기사전송 오류 발생 시 실시간 대응·자체 기사 생산 등이다. '개방형 플랫폼'을 지향하는 다음에서는 요건을 갖춘 매체는 이변이 없는 한 검색제휴를 맺을 수 있다. 이처럼 기준이 느슨하다 보니 약간의 돈을 받고 매체를 대신해 검색제휴 과정을 대행해주겠다는 업체가 나올 정도다.

다음카카오 관계자는 "포털이 특정 매체가 좋다 나쁘다 판단할 권한이 없어 객관적인 기준을 제시한 것"이라고 밝혔다. 이 관계자는 "다음의 검색제휴는 대행사가 매체를 대신해서 등록할 수 없는 구조다. 제휴를 대행해주겠다고 홍보했다는 업체는 기사 송고 시스템 개발업체라는 사실을 확인했다"고 해명했다.

네이버는 다음보다는 절차가 다소 까다롭다. 요건을 충족한 언론사를 대상으로 분기마다 한 번씩 7명의 언론학자로 구성된 '제휴평가위원회'를 열어 제휴 여부를 결정한다. 뉴스공급 안정성·최신성·자체기사비율 등 정량적 평가(30%)에 다양성 신뢰성 완성도 등 정성적 평가(70%)를 합산하는 방식이다.

그러나 네이버의 심사과정은 '깜깜이'다. 평가위원과 세부평가기준, 실제 획득점수 등은 철저히 베일에 가려져 있다. 네이버 관계자는 "구체적인 내용을 공개하면 해당 점수를 얻기 위해 어뷰징을 시작하거나 제휴에서 떨어진 매체들의 항의가 빗발쳐 부작용이 크다. 제휴평가의 신뢰성을 높이기 위한 조치"라고 설명했다.

네이버나 다음 모두 나름대로 퇴출 규정을 마련해놓기는 했다. 낚시성 기사나 베껴 쓴 기사, 광고성 뉴스, 성인콘텐츠 등을 지속해서 올린 매체에 대해 사후평가를 통해 제휴를 중단한다. 하지만 포털은 "모든 기사의 질적 수준 담보와 법적 도의적 책임은 해당 기사를 뉴스검색에 노출한 제휴사에 있다"는 입장이다. 포털과 검색제휴를 맺은 인터넷신문은 급증하고 있지만 퇴출 사례는 상대적으로 미미한 수준이다.

2015년 1월 기준으로 네이버는 312개, 다음은 609개에 이르는 검색제휴사가 있다. 하지만 네이버 다음 모두 퇴출 건수는 전체 제휴의 10%도 채 되지 않는 것으로 알려졌다. SNS에서 떠돌고 있는 허위사실이나 오보를 뜻하는 '좀비 기사'도 문제다. 특정 언론사에서 해당 기사가 허위사실임을 인정하고 정정보도를 내는 데 최소 수일이 걸린다. 이 사이 기사가 SNS를 통해 퍼 날라지고 다른 매체를 통해 재인용되면서 사실처럼 굳어지는 경우가 수두룩하다. 그러나 포털과 SNS 업체 측은 손을 놓고 있다.

Chapter 3

중재위원회 해결은
빙산의 일각

1981년 설치된 언론중재위원회는 명예훼손 등 보도로 인한 피해를 본 자들을 구제하기 위해 만들어진 준사법적 기구다. 하지만 기존 매체보다 온라인 뉴스의 유통 속도가 워낙 빨라 중재위의 조정이나 중재로 피해자가 실질적인 구제를 받는 경우는 드물다. 2014년 기업이 언론중재위원회에 신청한 언론조정 건수는 421건으로 전체 1만 9,048건 중 개인(1만 3,021건)과 종교단체(4,954건)에 이어 3번째로 큰 비율을 차지하고 있다.

재계에서는 기업이 언론중재위에 조정을 신청하는 경우는 빙산의 일각에 불과하다고 지적한다. 모 대기업의 홍보 담당자는 "언론중재위의 언론조정은 절차가 복잡하고 시일이 걸린다고 해 한 번도 신청해본 적이 없다"라고 귀띔했다. 언론중재위의 조정은 조정 신청일로부터 14일 이내에 이뤄지고 위원회의 직권결정 시에는 21일 이내에 처리된다. 조정이 끝난 후 온

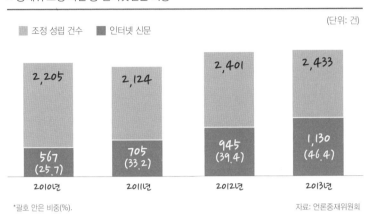

조정 성립 건수　인터넷 신문

2,205

2,124

2,401

2,433

567
(25.7)

705
(33.2)

945
(39.4)

1,130
(46.4)

2010년　　2011년　　2012년　　2013년

*괄호 안은 비중(%).

자료: 언론중재위원회

라인상에 이미 확산된 기사를 막기엔 역부족이다. 중재위의 판단에 따라 분쟁을 해결하는 중재 과정은 분쟁 당사자들이 중재 결정에 따르기로 합의해야만 신청이 가능하므로 더더욱 이용하기 어렵다.

소송은 최후의 수단이지만 역시 소송비용·시간이 소요되는 반면 배상금 등은 미미해 비용 대비 실익이 크지 않다고 기업들은 판단한다. 따라서 실제 발생하는 언론 분쟁은 중재위 신청이나 소송 건수의 수십 배에 달할 것이라는 관측이다. 추후 보복기사를 게재할까 두려워 쉬쉬하는 기업도 많다. 전국경제인연합회가 회원 기업을 대상으로 벌인 설문조사에서도 43%가 언론의 부당한 활동에 대해 사법당국 신고 등 적극적으로 대응하지 않는 이유로 '보복기사 게재 가능성'을 꼽았다.

기업이 인터넷신문의 오보에 일일이 대응해야 하는 상황에서 인터넷 신문에 대한 정부 당국의 미약한 관리 역시 문제라는 지적이다. 문화체육관광부는 2011년부터 2년 단위로 전체 매체에 대해 '인터넷신문 실태점검'을 실시하고 있다. 등록요건을 준수하지 않은 인터넷신문에 대해선 2011년엔 992개사를, 2013년엔 677개사를 직권취소 등 행정조치를 했다.

그러나 90% 육박하는 케이스가 경미한 경고 수준의 행정지도인 데다 정부의 실태점검은 신문법상 등록요건 등 기계적인 준수 여부만 확인할 뿐이어서 실효성이 약하다는 평가다. 문체부 관계자는 "언론의 자유를 침해할 소지가 있어 정부 대언론 정책은 자율에 맡기는 게 원칙이며 관계 법령에 따라 실태점검을 하는 것일 뿐"이라고 설명했다.

인터넷신문 사업자들이 2012년 말 인터넷신문 광고·기사 심의 등을 자율적으로 해결하기 위해 만든 '인터넷신문위원회'라는 조직도 있다. 하지만 기사심의 등 자율협약에 참여하겠다고 밝힌 인터넷신문은 2015년 초 현재 108개사로 전체 인터넷 신문(2013년 기준 4,916개)의 2% 남짓에 불과하다. 그나마도 출범 이후 현재까지 자율협약에 따른 제재 사례가 전무하다고 한다. 인터넷신문위원회 관계자는 "지난해 말 윤리강령을 만들고 오는 2월 인터넷신문윤리를 주제로 토론회를 개최하는 등 다 각적인 노력을 강구하고 있다"고 말했다.

전문가들은 인터넷신문의 역기능이 갈수록 커져 진입장벽을 강화하고 퇴출제도를 정비해야 한다고 한목소리를 낸다. 김병 희 서원대 광고홍보학과 교수는 "인터넷 기사는 전파속도가 빨 라 잘못된 보도에 따른 기업들의 피해가 그만큼 큰데도 대책을 마련해야 할 문화체육관광부 등 당국은 모른체 한다. 정기간행 물 등록요건이 취재인력 2인 이상인데 이것만 5인 이상으로 높 여도 상황이 완전히 달라진다"고 지적했다. 김 교수는 "기존 등 록 매체에 대해서는 유사기사를 반복전송해 검색순위를 높이 는 어뷰징을 할 때마다 광고료를 삭감하고 광고와 기사를 거래 하는 행위가 적발되면 등록을 취소하는 내용의 법 개정도 추진 해야 한다"고 강조했다. 직접적 규제보다는 시장 원리 또는 독 자들의 판단에 맡겨야 한다는 의견이다. 한 대학교수는 "미디 어 속성상 정부 정책으로 폐해를 개선할 수 없으므로 자율원칙 이나 시장원리에 맡길 수밖에 없다"면서도 "광고수익을 목적 으로 편파적인 보도를 하는 행위에 대해서는 정당하게 제재할 방안이 마련돼야 한다"고 주장했다. 경제연구소의 한 관계자는 "서양처럼 철저하게 반론권이 보장돼야 하고 미디어 스스로 자 정 기능을 가질 수 있도록 하는 분위기 조성이 시급하다"고 지 적했다.

10

시장질서
해치는
좀비기업

절대 죽지 않는다. 단지 시체일 뿐이다. 옛 서인도제도 부두교의 제사장들이 마약을 투여해 그를 되살렸다. 그는 항상 정의에 맞서 싸우며 인류를 망가뜨리는 역할을 충실히 하고 있다. 헐리우드 영화의 단골손님으로 귀한 몸이기도 하다. 세계적 배우인 브래드 피트가 〈월드워Z〉에 출연해 그와 주연 대결을 펼치기도 했다. 그는 바로 '좀비(zombie)'다. 기업에도 좀비가 있다. 채권단 돈을 야금야금 갉아먹으며 목숨을 이어가고 있는 한계기업을 말한다.

Chapter 1

공멸의 위기를 초래하다

산업계 구조조정이 지연되면서 늘어나기 시작한 좀비기업 때문에 업계 전체가 공멸 위기로 치닫는 새로운 유형의 위기가 확산되고 있다. 대표적인 사례가 바로 세계 최강을 자부했던 조선업계다. 성장 가능성이 큰 기업에 갈 정책 자금이나 금융 지원이 한계기업에 몰리는 좀비 현상 때문에 조선업 전체의 경쟁력이 동반 추락하는 악순환이 되풀이되고 있다.

해군의 모항인 진해에 둥지를 틀고 한때 잘나갔던 STX조선해양이 대표적이다. STX조선은 지난 2011년 12월 40억 달러 수출탑을 수상했고, 2012년 12월 해양복합발전플랜트 LNG페가수스 기술로 지식경제부 장관에게 모범사례로 평가받기도 했다. 하지만 글로벌 시장에서 선박 수주가 뚝 끊기면서 자금 압박을 견디지 못하고 곧 나락의 굴레로 빠져들었다.

STX조선해양은 결국 2014년 4월 자율협약 대열에 합류했다.

금융권 지원으로 연명하는 선박회사 좀비기업들이 늘어나면서 조선업 전체의 경쟁력이 추락하는 결과를 낳고 있다. 서울 중구 남대문로에 위치한 STX 본사에서 '세계 최고(World Best)'라고 쓰인 간판을 바라보며 한 직원이 지나가고 있다.

같은 해 11월 STX 대신 최대 주주가 된 산업은행을 비롯한 주요 은행들이 이 회사의 목숨을 이어가 줄 '봉'이 됐다. 주로 국민이 낸 세금으로 운영되는 은행들이다. 삼정회계법인이 재무·손익을 따져보니 2013년 말 기준 부채(7조 2,766억 원)가 자산(3조 3,762억 원)의 갑절을 웃돌고 당기순손실은 5조 3,051억 원에 달했다. 미리 응급실에 가지 않았다면 목숨을 잃을 뻔했다. 정대희 한국개발연구원(KDI) 연구위원은 "금융 지원이 없으면 당장이라도 망할 수 있는 기업이 좀비기업"이라고 말했다.

매일경제신문이 주요 채권은행들을 통해 조사해봤더니 자율협약·워크아웃·회생절차 기업은 2012년 말 59곳에서 2014년

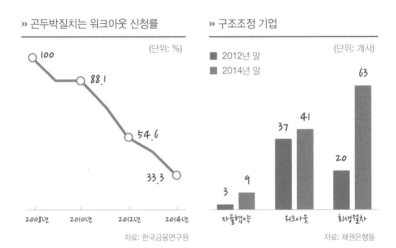

» 곤두박질치는 워크아웃 신청률

(단위: %)

100

88.1

54.6

33.3

2008년   2010년   2012년   2014년

자료: 한국금융연구원

» 구조조정 기업

■ 2012년 말
■ 2014년 말

(단위: 개사)

3 9
자율협약

37 41
워크아웃

20 63
회생절차

자료: 채권은행들

말 113곳으로 급증했다. STX조선해양 같은 자율협약 기업이 3
곳에서 9곳으로, 워크아웃 기업은 36곳에서 41곳으로 늘어났
다. '법정관리'라고도 불리는 회생절차 기업은 59곳에서 113곳
으로 껑충 뛰어올랐다.

법정관리 신청과 함께 2015년을 맞은 동부건설도 2013년 상
반기부터 좀비기업 대열에 합류했다. 동부센트레빌을 앞세워
주택건설 비중이 높고 해외사업 실적이 미미했던 동부는 같은
해 주택시장 침체 여파를 버텨내지 못했다. 계열사 주식을 파
는 조건으로 수천억 원을 빌리고 금융자산과 부동산을 잇달아
처분했지만 좀비기업 신세를 면하지 못했다.

사연은 제각각이지만 전문가들이 내놓는 해석은 비슷하다.

적자 신세를 면치 못하면서 금융기관 부채로 연명하는 기업들이 정상 기업의 투자와 고용을 위축시키고 있다는 것이다. 기업이 영업이익으로 금융비용(이자비용)을 얼마나 감당할 수 있는지 나타내는 지표인 이자보상비율이 100% 미만인 상황이 최근 3년간 지속된 기업은 모두 2,965곳. 이 중 2002년 이후 한 차례 이상 이 같은 한계 상황에 직면한 경험이 있는 상태에서 또다시 위기에 직면한 만성적 한계기업은 76.1%에 달했다.

이 지표가 100%를 밑돌면 벌어들이는 돈보다 이자비용이 더 많다는 뜻이다. 이 가운데 상당수는 자율협약이나 회생 절차에 들어가지 않은 채 금융지원으로 간신히 연명하고 있다. 2013년 기준 금융지원을 받은 잠재 부실기업의 자산은 전체 기업 자산의 15.6%로 2010년(13.0%)보다 2.6%포인트 증가했다는 KDI 조사가 이를 뒷받침한다. 그만큼 건전한 중소·벤처 기업에 돌아갈 몫이 줄어들고 있는 셈이다.

2008년 글로벌 금융위기 이후 이렇다 할 자구노력 없이 개인과 제2금융권에서 돈을 빌리면서 장기간 연명해온 동양은 결국 수많은 개인 투자자에게 손실을 입힌 채 '동양사태'를 촉발했다. 누적된 차입금으로 버티는 바람에 결국 기업 부실 위험을 시장과 투자자에게 전가하고 말았다. "경제의 지속성이 생기려면 파괴 과정이 있어야 하는데 좀비기업이 퇴출당하지 않으면서 경제를 좀먹고 있다"는 게 전문가들의 공통된 지적이다.

Chapter 2

중소기업·금융시장도
예외가 아니다

경기도 수원에서 중소 운송장비 회사를 운영하는 A기업. 3년
전만 해도 원활했던 금융권 대출 만기연장이 지난해 하반기부
터 빡빡해지면서 자금난에 시달리고 있다. 적자를 내는 부실회
사도 아닌데 금융권 압박을 받자 이 기업은 2015년 신규 인력
채용 계획도 유보했다. 이 기업이 자금난에 허덕이는 이유는
바로 운송장비 업종 좀비기업의 악성코드가 전염됐기 때문이
다. 금융회사들이 부실기업에 대한 이자보조와 만기연장을 늘
리면서 멀쩡한 기업이 자금압박을 받는 전형적인 사례다.

한국개발연구원(KDI) 조사결과 2010년 7.1%에 불과했
던 운송장비 업종의 좀비기업(이자보상비율이 1미만인 동시
에 만기연장 또는 이자보조를 받은 기업) 비중은 지난 2013년
26.2%로 3배 이상 늘어났다. 부동산 불황에 시달리는 건설업
계는 상황이 더 심각하다. 2010년 건설업종 좀비기업 비중은

26.3%에서 2013년 41.4%로 늘어났다. 쉽게 말해 10개 건설회사 가운데 4개는 정상적인 영업이 아니라 금융권 지원에 연명하는 좀비기업이라는 의미. 중소 건설회사들이 연쇄 부도났다고 업계가 아우성이지만 실제로는 구조조정이나 시장 퇴출이 필요한 기업들이 금융지원으로 연명하면서 건설시장 전체를 멍들게 하고 있는 것으로 나타났다.

그렇다면 좀비기업에 따른 업계 파장은 어느 정도일까? KDI의 분석에 따르면 좀비기업이 특정 산업군에서 10% 증가할 경우 고용증가율은 0.53%포인트, 투자율은 0.18%포인트 각각 감소하는 것으로 조사됐다. 정상기업들이 그만큼 고용이나 투자에 나설 여력이 없어진다는 의미. 또 현재 15.6%로 추정되는 좀비기업 비중을 10%포인트 하락시킬 경우 정상기업의 일자리 창출이 11만 개 늘어난다는 분석도 나왔다. 우리나라의 연간 취업자 수 증가 폭이 50만 개 안팎인 점을 고려하면 절대 적지 않은 숫자다. 특히 서비스업종의 경우 노동집약적인 특성 때문에 좀비기업 증가가 고용증가율에 더 부정적인 영향을 미치는 것으로 조사됐다. 부실기업이 도산·퇴출당할 경우 당장 일자리 감소를 우려했던 정부 정책과 이에 따른 금융권 지원 때문에 좀비기업이 양산됐고, 이 때문에 사실상 정상기업들의 더 많은 일자리 창출이 줄어드는 폐해를 낳은 셈이다.

이웃국가 일본이 겪었던 실패를 우리 산업·금융계가 그대로 답습해 가고 있는 것은 더욱 안타까운 현실이다. 1990년대 초 일본은 부동산 버블 붕괴 이후 금융권의 부실기업 지원확대가 구조조정을 지연시켰고, 결과적으로 산업 전체 경쟁력을 떨어뜨린 주요 원인으로 작용했다. 정대희 KDI 연구위원은 "당시 일본 은행들은 자본 적정성 훼손을 우려해 정상기업에 대한 여신은 축소했지만 부실기업에 대해서는 오히려 대출기간 연장과 이자감면을 통해 추가적으로 금융지원에 나섰다"고 지적했다. 이에 따라 일본에서는 금융지원을 받은 부실 좀비기업이 버블 붕괴 이전 5% 수준에서 10년도 채 안된 90년대 말에는 14%까지 급격히 증가하며 부실기업의 퇴출이 지연되고, 정상기업까지 금융 한파에 시달리는 결과를 초래했다.

뒤늦게 심각성을 인식한 우리 정부는 현행 기업구조조정촉진법(이하 기촉법)을 개정해 구조조정 일몰 기한을 없애고 상시화하는 법안을 국회에 상정시켜 논의할 방침이다. 또 워크아웃 적용 범위를 현행 신용공여액 500억 원 이상인 기업에서 모든 기업으로 확대하고, 부실 징후가 있는 기업은 워크아웃을 신청하지 않아도 채권단과 금융 당국으로부터 의무적으로 강도 높은 여신 관리를 받게 할 계획이다.

하지만 금융위와 법무부의 이해관계가 다른 데다 관치금융이 강화될 수 있다는 비난 여론 때문에 정부 계획대로 개정안이 국회를 통과할지는 불투명하다. 기업 구조조정은 채권단 주도로 진행되지만, 대기업 여신을 많이 보유한 금융회사는 KDB산업은행, 우리은행 등 정부 소유 은행이라는 점에서 관치금융에서 벗어나지 못한 게 현실이다.

Chapter 3

좀비기업 부추긴
포퓰리즘 정책

"모뉴엘 한 기업에 정부의 금융지원이 몰리면서 다른 수출기업에 돌아갈 파이가 줄었다. 좀비기업 하나 때문에 히든챔피언으로 성장할 수 있는 다른 유망기업의 꿈이 무너졌을 수도 있다."중소기업중앙회 관계자는 최근 사회적으로 큰 물의를 빚은 중견기업 모뉴엘 사태의 문제를 이같이 지적했다. 모뉴엘은 허위로 수출을 일으키고 이를 근거로 무역보험공사의 보증을 받은 후 이를 담보로 또다시 사기대출을 일으켰다. 이 사이클이 반복되는 과정에서 덩치는 커졌고 오너는 재산을 해외로 빼돌렸다.

채권단 지원으로 연명하는 대형 좀비기업과 달리 중소·벤처 좀비기업은 국민의 혈세를 직접적으로 좀먹는다. 그뿐만 아니라 무수히 많은 기업 중 극소수에만 돌아가는 정책자금 특성상 하나의 좀비기업은 정상 기업이 적절한 정부지원을 받아 성장하는 국가 생태계를 위협한다. 중소·벤처 좀비기업들이 연명을 위해 가장 널리 이용하는 정부지원은 연간 19조 원에 달하는 연구·개발(R&D) 자금인 것으로 파악된다. 보증이나 대출과 달리 원금상환을 하지 않아도 되는 데다 창조경제 시대를 맞아 각 정부부처 및 공공기관들이 경쟁적으로 R&D 지원 실적 늘리기에 나섰기 때문이다. 김영수 벤처기업협회 전무는 "R&D 자금은 좀비기업이 악용할 가능성이 가장 높은 자금이다. 우량 벤처기업의 젖줄과도 같은 자금을 좀비기업들이 가로채면서 성장을 막고 있다"고 말했다.

현실적으로 인위적인 구조조정은 쉽지 않다. 정책자금을 받는 기업 중 누가 성실히 이용하는지 또는 편법으로 빼돌릴지를 사전에 판단하기란 매우 어렵다. 하지만 어렵다는 이유로 구조조정을 미룰 경우 모뉴엘 같은 사례가 더 늘어날 것이란 지적이 많다. 전문가들은 근본적으로 자금지원 여부를 평가하는 기관 심사역들의 수준이 높아져야 한다고 지적한다

성장 동력이 바닥난 한국 금융시장에서도 좀비 금융사들이 활개를 치고 있다. 금융 시장의 경우 좀비 금융기관 한 곳만 무너져도 그 여파가 금융시장 전체에 퍼질 수 있다는 점에서 더욱 주의를 기울여야 한다는 지적이다.

대표적인 좀비 금융사는 단순 브로커리지 업무와 금리 따먹

기로 근근이 버티는 중소형 증권사들이다. 우리나라에 있는 전체 61개 증권사 중 적자를 기록하고 있는 증권사 비율은 무려 40%에 이른다. 한국 주식시장은 이미 저성장 국면으로 접어들었음에도 증권업계 내부는 과거 고성장 시대의 거품이 여전히 남아있기 때문이다.

부실 증권사들의 퇴출이 이뤄지지 않으면서 한국 자본시장은 수십 년째 후진성에서 벗어나지 못하고 있다. 단순 거래 수수료 인하로 무장한 부실 증권사들이 시장 가격 질서를 교란시키면서 건전한 자본시장 문화의 정착을 가로막고 있기 때문이다. 한 금융감독 당국자는 "사주의 자산 관리 이외에 실제 고객들의 주식 거래는 거의 없는 증권사들이 상당히 많다. 업계 사람들 간에도 저 증권사는 도대체 뭘로 먹고사는지 모르겠다고 말한다"고 전했다.

저축은행업계의 경우 2011년 저축은행 사태 이후 영업 기능이 사실상 마비된 은행들이 적지 않다. 2011년 이후 영업정지된 부실저축은행만 29개사에 달한다.

최근 경영이 어려워진 저축은행까지 합치면 그 숫자는 더 늘어날 수 있다. 금융위원회는 2015년 초 공평저축은행에 경영개선권고를 사전 통지했다. 공평저축은행은 2014년 9월 말 기준 총 자산 4,569억원에 BIS 비율 4.2%다.

금융당국은 저축은행의 경우 BIS 비율 5% 미만이면 경영개선권고를 내린다. 금융당국은 부산 소재 우리저축은행에도 조만간 경영개선권고를 내린다는 방침이다. 공평저축은행과 우리저축은행 모두 자산이 5,000억원 미만인 중소 규모저축은행이다. 규모가 작다 보니 여신심사와 관리에 작은 허점만 발생해도 은행 경영 자체가 휘청거린다.

부실 금융회사들은 외부 충격에 취약한 문제가 있다. 한 부실 금융사가 외부 충격으로 인해 다른 금융사에서 빌린 돈을 갚지 못하면 금융권 전체로 부실이 퍼져나갈 가능성이 크다. 고객들로부터 받은 자금을 돌려주지 못할 경우 '뱅크런'이 발생하면서 사회 전체가 혼란에 휩싸일 가능성도 있다. 금융당국은 아직 이 같은 좀비 금융회사들을 시장 밖으로 밀어내기 위해 표면적으로 나서지 않고 있다. 정부가 직접 나설 경우 시장 경제에 부합하지 않기 때문이다.

다만 우회적으로 좀비 증권사들의 자연스러운 도태를 유도하는 제도가 일부 도입되기는 했다. 정부가 2010년 7월부터 시행 중인 증권사 콜차입(금융회사 간 단기 자금을 빌려주는 것) 규제가 대표적이다. 올해부터는 콜차입 규제 강도가 더욱 강해져 국고채 전문딜러(PD) 및 한국은행 공개시장조작대상(OMO) 증권사 17개사를 제외한 증권사의 콜시장 참여가 불가능해진다. 자금 사정이 좋지 않은 중소형 증권사들의 도태가 이뤄질 수 있을 것인지 관심이 쏠리고 있다.

우리나라에서 좀비기업이 양산되는 배경은 포퓰리즘 정책도 적잖은 영향을 미쳤다. 좀비기업들이 자구노력을 통해 경쟁력을 키우려고 노력하는 대신 정부의 포퓰리즘 정책으로 연명하는 '좀비 문화'가 고착화 된 것이다. 대표적인 것이 이른바 '진흥기금'이다. 공공기관 중 '진흥'이란 이름이 들어간 곳에서 하는 업무는 기업에 자금을 지원하는 일이다. 문제는 정부의 민간에 대한 진흥기능이 과도한 수준에 이르렀다는 점이다. 2013년 기준 국고보조금은 2,031개 사업에 52조 원이며 국세감면액은 33조 원, R&D지원 정부출연금이 31조 원이다. 2014년 예산규모 342조 원 중 3분의 1에 해당하는 막대한 수준이다.

중소기업 적합업종 지정제도도 빼놓을 수 없다. 중소기업의 경쟁력을 높인다는 취지로 지난 2011년 도입된 이 제도가 실행 4년이 되자 오히려 중소기업의 경쟁력 하락으로 이어졌다는 주장이 나오고 있다. 명지대 경제학과 빈기범·우석진 교수의 연구로는, 적합업종 지정은 총자산 대비 자본지출(CAPEX)과 같은 중소기업의 경쟁력 지표에 부정적인 영향을 미치는 것으로 나타났다. CAPEX비율은 적합업종 지정 이전 6.2%에서 지정 이후 3.2%로 둔화됐다. 예를 들어 막걸리는 적합업종 지정 후 확대일로를 걷던 시장 자체가 줄어들면서 중소기업들의 판로가 막히면서 경쟁력 자체를 상실했다. 막걸리는 적합업종으로 지정되던 2011년 총출고량 44만 3,778kl로 정점을 찍은

후 2014년까지 내리막길이다. 이 때문에 동반성장위원회는 올해 1월 막걸리 유통에 대기업을 다시 허용했다. 전경련 관계자는 "시장은 기업 간 경쟁을 유발시켜 기업에 스스로 살아남을 수 있는 역량을 키워주지만, 정부 포퓰리즘 정책은 시장 기능을 왜곡시켜 기업의 경쟁력을 갉아먹는다"고 말했다.

Chapter 4

실효성 있는
구조조정 정책이 해답

국내 산업계에서 좀처럼 좀비기업 퇴출이 이뤄지지 않고 있다. 이 때문에 정부가 쏟아내는 좀비기업 대책 자체가 실효성이 없다는 지적이 나오고 있다. 이를 두고 시장전문가들은 좀비기업을 제대로 솎아내면서 고용시장·지역경제의 타격을 최소화하려면 개별 기업 차원의 구조조정 수준에서 벗어나 산업계 전반의 구조조정으로 시야를 넓혀야 한다고 주문하고 있다.

금융연구원이 2001년 기업구조조정촉진법이 제정된 이후 최근까지 워크아웃을 신청한 기업 178개를 분석한 결과 워크아웃 신청률과 졸업률 모두 크게 감소한 것으로 나타났다. 2008년도에는 100%에 달했던 부실징후기업의 워크아웃 신청률은 2009년 이후 꾸준히 하락해 2014년에는 33.3%로 추락했다. 워크아웃 졸업률도 마찬가지다. 2001년도에 92.3%였으나 2009~2010년 졸업률은 20%로 대폭 줄었다. 기업들이 워크아웃 개시 이후 졸업까지 걸리는 기간도 증가하고 있다. 2009년 ~2013년 부실징후기업으로 판정(C등급)된 기업 중에서 워크아웃을 신청하지 않은 43개 기업 중 15개사가 좀비기업 등으로 아직도 영업 중인 실정이다.

한 채권은행 관계자는 "당장이라도 자금을 회수하고 기업을 청산시킬 수 있지만, 고용이나 지역경제에 큰 타격을 미치는 경우 섣불리 칼을 빼들 수 없다"고 토로했다.

정부는 채권금융기관 주도의 상시적 위험진단과 구조조정을 통해 신속한 경영정상화를 유도하겠다는 방침을 세웠지만, 정기적인 신용위험 평가와 워크아웃 추진 강화 조치를 내놓는 데 그쳤다. 올해 효력이 만료되는 기업구조조정촉진법을 상시화하겠다는 계획도 실효성에 대한 의문은 여전하다.

다른 채권은행 관계자는 "산업별 특성에 맞춰 신용평가 체계를 개선하고 STX조선해양·성동조선 사례처럼 조선, 건설, 해운 등 한계 업종에서 채권은행들이 구조조정 대상회사에 대한 M&A(인수·합병) 등 통합 관리에 나서야 한다"고 주장했다.

조선, 건설과 더불어 또 다른 한계업종인 해운업의 원활한 구조조정 추진을 위해 중고선박을 매입·지원하는 선박은행 (Tonnage Bank) 체계를 구축하겠다는 계획도 나왔지만, 전반적으로 업황이 부진한 상황이라는 한계가 있다. 해운 분야의 경우 글로벌 경기침체 장기화에 따른 장기 적자 누적으로 부채비율이 2013년 910.5%로 급등하면서 업황 개선이 불투명하다. 산업은행 분석에 따르면 2015년 물동량 증가율은 4.7%로 전년(4.5%)보다 소폭 상승한 데 반해 선복량(ship's space) 증가율은 6.0%로 전년(6.3%)보다 소폭 하락했다. 배에 실어야 할 물량(수요)보다 물량을 실을 수 있는 공간(공급)이 현저히 넓은 공급과잉이 지속되면서 해운업체들의 동반 부실 가능성이 높아졌다는 얘기다.

구정한 금융연구원 연구위원은 "채권은행별로 상이한 신용평가체계로 신용평가 자체의 한계가 있는 데다 현재의 구조조정 기업 분류는 외부 변수나 산업계 추이 전반을 반영하지 못하는 한계가 있다"고 지적했다. 신용평가체계 개선 필요성은 최근 금융위원회 업무보고에서도 언급된 바 있다. 설문에 답한 모 중견기업 임원은 "기업 구조조정으로 더욱 건설적인 부분으로 자본이 흘러들어 갈 수 있어야 자본주의는 건전하게 발전한다. 망해야 사회적으로 도움이 되는 기업이 망하지 못하는 것은 건강한 기업까지 병들게 한다"고 경고했다.

좀비기업 처리에 대해서는 응답자들은 한목소리를 냈다. "경기 하강국면에서 당연시되고 있는 정책금융(신용보증·정책자금)의 확대가 한계기업에 적용돼서는 안 된다"거나 "좀비기업으로 판정되면 채권단에서 강제로 워크아웃 시킬 수 있도록 제도를 개선해야 한다"는 의견이 주류를 이뤘다. 이한득 LG경제연구원 연구위원은 "선제적 구조조정을 위해 출자전환과 자산 매각이 원활하게 될 수 있도록 관련된 제도 개선이 필요하다. M&A 활성화 방안에 대한 금융, 세제 등의 제도적 뒷받침을 꾸준히 강화해야 한다"고 조언했다.

부록

아직
못다한
이야기

경제 3단체
부회장들에게 듣는다

기업 10적(賊)을 10우(友)로 바꾸면 한국이 최고 선진국 될 것

기업 10적이 없는 세상을 만들 수 있을까? 기업 10적을 더는 적이 아니라 도움을 주는 친구로 만든다면 어떻게 될까? 재계 단체를 대표하는 경제단체의 부회장 3명을 초청해 지상 좌담회를 열고 기업하기 좋은 환경을 만들기 위한 조언과 권고를 청취했다.

전국경제인연합회
이승철 부회장

대한상공회의소
이동근 부회장

한국경영자총협회
김영배 부회장

» 매일경제가 기획한 '기업 10적' 시리즈를 평가한다면?

이승철 부회장(이하 존칭 생략): 아무도 공개적으로 하지 못했던 이야기를 매일경제가 공론화 했다. 용기 있는 기획이다. 10적으로 지목당한 구성원들은 서운할 수도, 억울할 수도 있다. 하지만 양약고구(良藥苦口, 좋은 약은 입에 쓰다)라는 말이 있듯이 우리 사회가 더 발전하기 위한 예방백신으로 받아들여야 한다. 만약 기업 10적(賊)을 10우(友)로 바꿀 수 있다면 우리나라는 세계 최고 선진국이 될 것이다.

이동근: 기업 내부에도 스스로의 적이 많다는 사실을 실감했다. 일부 오너의 잘못된 행태, 원도급 업체의 우월적 갑질문화 등은 기업들이 스스로 바로잡아야 할 구악이다. 기업 활력을 떨어뜨리는 근본요인들이 구체적인 사례들과 함께 제시됨으로써 일반 독자들도 새롭게 문제를 인식하는 계기가 됐다.

김영배: 10적 가운데 강성노조가 가장 큰 적으로 지목됐다. 재계의 노사이슈를 총괄하는 단체(경총)를 맡은 입장에서 다시 한 번 책임감을 느꼈다. 언론사들이 사회에 큰 반향을 일으키는 기획 시리즈를 더 적극적으로 주도해 달라고 요청하고 싶다.

» 역대 정부가 규제 완화를 추진했지만 여전히 미흡하다는 평
가가 많은데

이승철: 규제개혁은 한 개, 두 개 잎사귀 뜯듯 없앨 것이 아니라
넝쿨째 뽑아내야 한다. 규제 몇 개를 줄였다는 방식이 아
니라 규제를 풀어서 몇 개 일자리를 더 만들고, 창업이나
투자가 증가했느냐는 식으로 발상을 전환해야 한다. 20
년 전 규제 숫자는 1만 개 정도였는데 2015년 1월 기준
으로 따져보니 약 1만 5,000개에 달한다.

이동근: 각종 진입장벽과 포지티브 방식 때문에 새로운 사업기
회를 찾기 어렵다고 하소연하는 기업들이 많다. 신규 사
업이 허용된 경우도 인허가 절차나 일선 지자체의 간섭,
지역주민의 민원으로 사업추진에 차질을 빚는 경우가
다반사다. 현 정부의 규제개혁 의지는 과거 어느 때보다
확고하다. 규제비용 총량제를 도입하고 포지티브 방식
을 네거티브로 전환해 나가야 한다.

» 우리나라에서 유독 반기업 정서가 강한 이유와 그 해법은?

김영배: 우리는 잘한 기업을 칭찬하기보다는 잘못한 기업을 비
난하는데 더 익숙하다. 기업의 공헌과 성과는 애써 외면
하고 양극화 문제, 고용불안의 주범으로 기업을 몰고 가
는 게 문제다. 반기업 정서를 바로잡기 위해서는 노사가

주어진 파이를 나눠 먹는 대립 관계가 아니라 파이 자체를 키워나가는 동반자 관계로 서로를 인식해야 한다.

이동근: 반기업 정서의 1차적 책임은 기업에 있다. 압축 성장 과정에서 정경유착이나 분식회계, 경영권 편법상속 등을 자행했고 그런 부분에서 국민들의 신뢰를 잃었기 때문이다. 하지만 외환위기 이후 이런 관행들이 대부분 해소됐는데도 여전히 상당수 국민이 이분법적 사고, 적대적 감정이 있다. 일부 선정적인 TV 드라마도 기업인을 부정적으로 묘사함으로써 반기업 정서가 확대 재생산됐다.

» 우리 국회가 선진국처럼 경제를 위해 생산적인 국회로 변신하려면?

이승철: 대한민국 지배구조의 정점은 국회가 아니라 국민이다. 국회가 변하려면 국회의원을 뽑는 유권자부터 변해야 한다. 유권자가 깨어있다면 국가를 진정으로 걱정하는 국회의원을 뽑는 선진화된 정치 풍토가 조성될 것이다.

김영배: 국회의 입법 활동은 포퓰리즘에서 자유롭기 어렵다. 포퓰리즘을 차단할 수 있는 제도적 장치를 마련한다면 더 신뢰받는 국회로 거듭날 것이다. 예컨대 법안이 경제, 사회에 미치는 영향, 실질적 효과를 사후 평가할 수 있는 입법영향 평가제도 등을 검토할 수 있을 것이다.

» 기업 오너들이 황제경영 폐해에서 벗어나려면?

이승철: 기업인뿐 아니라 자영업자부터 개인 등 모든 분야에서 기업가 정신이 많이 쇠퇴했다. 우리 기성세대가 젊은이들에게 어떻게 하면 편안하고 안락한 삶을 살지만 가르치고 있는 게 아닌지 되돌아봐야 한다. 부모가 자식에게, 선배가 후배에게 열정과 도전을 가르치는 문화가 확산되어야 한다. 공무원이 되서 편하게 살아라, 가 아니라 하고 싶은 일에 도전해 보라고 얘기해야 한다.

이동근: CEO란 절대 권한을 행사하는 자리가 아니라 직원과 소비자, 시민사회에 대해 막중한 책임이 부여된 자리라는 것을 체득시켜 줘야 한다. 우리도 이제는 대부분 기업이 나름대로 후계수업을 시키고 있다고 본다.

김영배: 대한항공 땅콩회항 사건은 분명 비난을 받아 마땅하다. 그러나 한편으로는 경쟁시대에 자신의 업무에 대한 열정과 더욱 완벽한 서비스를 제공하려는 책임감이 잘못된 방향으로 나타난 측면도 있다. 일부분 모습만 보고 오너 경영의 장점은 모두 무시하고 부작용만 확대 왜곡돼서는 곤란하다.

» 기업 10적에는 '아니면 말고' 식 언론도 포함됐는데

김영배: 신속한 보도가 물론 중요하지만 정확한 보도야말로 언

론이 꼭 갖춰야 할 덕목이다. 기업에 대한 부정적 보도는 그 사실 여부를 떠나 그 자체만으로도 기업 이미지와 신뢰도에 심각한 타격을 입힌다. 감시자 역할도 필요하지만, 우리 기업들이 경제와 사회를 위해 어떤 역할을 하고 있는지도 국민들에게 잘 보도해야 한다.

» 기업 10적 중 하나인 저출산 기조를 극복하기 위한 우리 기업들의 전략은?

이승철: 〈포춘〉 글로벌 500대 기업이 진출한 50개 업종 가운데 우리나라 기업들은 10개 업종에만 진출해 있다. 반대로 생각하면 우리 앞에 40개 업종의 기회의 문이 열려 있다는 의미다. 이들 분야에서 히든챔피언이 나올 수 있도록 선택과 집중이 필요한 시기다.

이동근: 과거처럼 비용절감이나 인원감축 같은 구조조정 방식은 더는 효과를 내기 어려운 하책이다. 새로운 수익원을 찾기 위해 어떤 기술을 개발하고, 기존 자원은 어떻게 재배치할 것인지를 고민해야 한다. 제품을 판매하는 대신 리스 방식으로 제조업의 서비스화를 시도하는 역발상 전략도 필요하다.

기업하기 좋은 나라는 과연 꿈이 아닌가

세계 각국이 글로벌 기업을 유치하기 위해 무한 경쟁을 벌이고 있다. 그것도 모자로 외국으로 나간 자국 기업을 U턴 시키는 당근 전략도 과감하게 내놓고 있다. 기업들이 있어야 일자리가 창출되기 때문이다. 일자리를 만들지 못하는 정부는 세계 어느 나라에서도 환영받지 못하는 세상이 됐다. 기업 10적이 없는 세상, 그래서 기업들이 끊임없이 일자리를 만드는 천국 같은 세상은 과연 올 수 있을까? 그 해법에 대해 들어봤다.

이승철: 만약 우리나라 축구 국가대표팀 코칭스태프에 축구인이 없었다면 2015년 아시안컵 준우승과 같은 성적을 낼 수 있었을까. 기업하기 좋은 나라를 만드는 과정에 기업인들이 직접 참여해야 한다. 이를 위해서는 주식회사 대한민국의 코칭스태프로 돈을 벌어본 DNA를 가진 기업인이 필요하다. 말레이시아의 경우 경제개혁프로그램(ETP)를 주도하는 총괄 사무국에 항공회사 사장 출신인 이드리스 잘라 경제장관이 참여해 각 프로젝트 대표를 민간 경영진으로 선정했고 가시적인 성과를 내고 있다.

이동근: 기업하기 좋은 나라의 출발점은 국민들이 기업을 어떻게 바라보느냐에 달려있다. 국민들이 기업을 의심하고

규제대상으로 본다면 그런 법규들이 더 많이 만들어질 것이다. 노사관계도 이분법적 시각에서 벗어나 사회의 공동선을 위해 윈윈하는 대상으로 인식을 바꿔나가야 한다. 기업하기 좋은 나라는 기업들에만 해당하는 과제가 아니라 우리 경제가 지속적으로 발전할 수 있도록 경제 시스템을 혁신하는 과제다

김영배: 개방적인 기업문화, 실패에 대한 관대한 사회적 분위기를 정착시키는 것이 중요하다. 2014년 세계은행이 발표한 기업환경 평가에서 우리나라는 조사대상 189개 국가 중 5위를 차지했다. 매우 높은 순위다. 세계은행 평가는 창업, 건축인허가 등 10개 지표를 정량적으로 분석했는데 매일경제가 제시한 강성노조, 과도한 규제, 반기업 정서, 저출산 기조 등 기업 10적은 대부분 빠져 있었다. 이런 지표들이 반영됐다면 결코 좋은 평가를 받지 못했을 것이다.

규제는 압축 성장의 산물…
과감하게 혁신 추진해야

서동원 규제개혁위원장은 매
경의 기업 10적 시리즈에 대해
'매우 긍정적인 기획'이라고 평
가했다. 서위원장은 "우리나라
는 압축 성장을 마치고 선진국으
로 진입하는 시기이기 때문에 여
기에 맞도록 규제를 재편해야 한

서동원
대통령직속 규제개혁위원회
민간위원장

다"고 강조했다. 그는 이어 기업 10적 문제를 해결하기 위해
"정부가 할 수 있는 일과 할 수 없는 일을 구분하고 과감하게
추진하는 것이 중요하다"고 강조했다. 서 위원장은 공정거래위
원회 부위원장을 역임한 관료 출신으로 2014년 7월 대통령직
속 규제개혁위원회 민간위원장으로 선임됐다. 공정위 상임위
원 이후 김앤장 상임고문으로 자리를 옮겼고 관료 시절의 이력

이 다양했듯이 규개위원장을 포함해 국민경제위원회 자문위원, 김앤장 고문 등 가진 현직만 3개다. 다음은 일문일답이다.

›› 기업 10적 시리즈가 갖는 의미는?

우리 경제가 일본과 같은 장기침체국면으로 들어가는 초입에 있다는 지적이 있다. 이것을 탈피하고 재도약하기 위해 정부가 혼신의 힘을 들이고 있는 시점이다. 그런 의미에서 기획 10적을 통해 매우 적절한 시기에 의미 있는 조사를 했다고 본다. 자칫하면 기업들의 입장만 대변해주는 것 아니냐는 비판도 들을 수 있는 기획이 될 수도 있었을 텐데 '무소불위의 오너'편을 통해 기업인들의 문화가 바뀌어야 한다는 부분을 지적함으로써 균형감각을 갖춘 시리즈가 될 수 있었다.

›› 10적 중 가장 먼저 해결해야 할 우선순위는?

10가지 적이 모두 인과관계가 얽혀있기 때문에 어떤 게 제일 문제라고 꼽기가 쉽지 않다. 10적과 관련해서 정부가 할 수 있는 일과 하기 어려운 일을 구분해서 볼 필요가 있다. 강성노조, 반기업 정서 등은 정부가 의지만 갖고 쉽게 바꿀 수 없다. 할 수 있는 일중에는 규제개혁이 제일 정부가 의지가 있으면 개혁이 가능한 것이다. 그런 것을 봤을 때 규제개혁위원장이라서가 아니라 규제개혁이 가장 중요한 포인트다.

» 규제개혁이 중요한 이유는?

전체 시스템의 효율성 향상을 통해 경제가 다시 한 번 도약할 수 있는 계기를 마련해야 한다. 부분적으로 문제가 있는데 일원화해서 틀을 잘 잡아주면 다 영향이 있을 것이다. 노동개혁, 정치금융, 미디어개혁 등 이런 부분들이 다 규제개혁이랑 오버랩 된다.

기본적으로 규제가 합리적으로 목적을 정하고 또 합리적으로 목적을 달성할 수 있는 수단이 돼야 하는데, 목적이 잘못될 수도 있고 목적이 애매할 수도 있다. 목적이 맞아도 수단이 목적에 적합하지 않을 수도 있다. 대형마트 규제 같은 것이 목적에 맞는 거냐. 목적에 맞게 했는데 여건이 달라져서 맞지 않을 수도 있다.

규제개혁이라는 것이 모는 분야에 적용되고 모든 분야에서 목적과 수단이 맞으면 가장 효율적일 것이고, 그 틀에 맞춰서 사람들이 움직일 수 있을 것이다. 정부가 해야 할 일은 그런 것을 하는 것이다. 그것만 잘해도 사회 전체 효율을 높일 수 있다. 규제개혁이 '만병통치약'은 아니지만, 현상의 문제를 해결하는 과정에 있어 핵심적인 요소다.

» 우리 사회에는 왜 이렇게 규제가 많은가?

과거 정부 주도 성장에서 규제는 불가피한 측면이 있었다. 육성이나 성장은 지원인 동시에 규제다. 100~200년에 걸쳐 자본주의가 성장한 나라는 규제가 많을 필요가 없었다. 규제가 있을 때마다 이해관계자가 싸웠다. 우리나라는 압축 성장을 했기 때문에 모두 정부가 만들어줬다. 인허가를 통해서 경제를 제한해 회사를 키우고 조세, 금융을 지원했다. 지원했지만 사업하는 사람이 성장 과실을 빼먹지 못하도록 하려고 승인을 받도록 하고 감시하고 통제하면서 규제가 생겨났고 그런 잔재들이 남아 있는 것이다.

» 규제개혁을 위해서 가장 시급한 과제는?

1997년 IMF 외환위기를 거치며 자의 반 타의 반으로 국제적인 스탠다드를 도입하면서 많이 없어졌지만, 여전히 우리 사고방식 속에는 필요하면 정부가 개입해서 육성한다는 사고방식이 남아있다. 과거 성공 스토리가 있으니까 분야별로 불가피한 것도 있겠지만 그게 다 규제다. 선택받은 소수는 좋지만 나머지에게는 불리하게 작용한다. 규제 중심적인 사고를 불식시켜나가는 것이 굉장히 중요하다고 생각한다.

» 중소기업과 대기업의 동반성장 문제도 규제로 볼 수 있는데?

시장경제를 활성화하고 효율을 높여야 하는 큰 목표의 방향이 있지만 완벽하게 시장경제에만 의존할 수 있는 것은 아니고,

그게 바람직하다고만 볼 수도 없다. 그런 부분에서 동반성장이라는 것이 필요한 규제라고도 할 수 있다. 사회적으로 합의되는 범위 내에서 그런 부분을 시장경제의 예외적인 부분으로써 인정하고 존중해야 한다.

다만, 하다 보면 목적과 수단 간의 정합성이 이뤄지기 어려울 수 있다. 효과는 별로 없는데, 다소 포퓰리즘적인 분위기 속에서 주창되는 경우가 많아서다. 그 필요성을 인정하더라도 비합리적인 요소를 최대한 줄이고 정말 중소상공인들 위해서 도움이 되는 시책을 마련해서 그것만큼은 제대로 되게 해야 한다. 겉으로 볼 때는 중소상공인들에게 도움이 될 것 같았지만 실제로 보니 그렇지 않다면 개선해나가야 한다.

» 10적 외에도 사회에서 개선돼야 할 부분들이 있다면?

정부에서 인증제도 많이 하고 있는데 이런 것들이 실질적인 진입장벽이 되어 기업들의 애로가 쌓인다. 제도 초기엔 긍정적 요소가 있는데 조금만 지나면 후발주자들의 진입을 막기도 하고, 또 그런 것들이 퇴직공무원들의 밥그릇을 만드는 역할도 하는 등 부작용이 발생한다. 사회가 다이내믹하게 변하기 때문에 기술도 그렇고 세계화도 그렇고 경직된 시스템이 칸막이가 돼 장애요인이 된다.

시스템을 유연하게 만드는 게 필요한데, 규제할 때 이것만 빼고는 다 해도 된다는 식의 네거티브 시스템을 도입하는 것이 필요하다고 본다. 상항에 따라 사람들이 공감할 수 있는 예외와 약자에 대해 배려해 줄 수 있는 것들을 만드는 것이 필요하다고 본다. 그런 것들이 사회를 품격 있고 행복하게 만들어 줄 수 있을 것이다.

» 규제개혁의 방향성은?

규제개혁을 체감할 수 있도록 성과를 거둬야 한다. 우선은 좀 더 과학적인 기법을 활용해 규제 심사에 따른 논란의 소지를 줄여가고, 실증적으로 해결할 수 있는 부분은 최대한 해결해 가며 갈등을 최소화시키면서 운영을 하려고 한다. 그러기 위해서는 공청회 등을 통해 이해관계자 이야기도 좀 더 많이 듣도록 해야 할 것이다.

현재 '규제개혁신문고'가 운영 중에 있는데 이걸 더 활성화할 계획이다. 국민들이나 기업들이 애로가 있는 경우에 신문고를 통해 정부에다 호소해서 즉각적으로 그것에 대해 해답을 얻을 수 있는 그런 시스템을 발전시키도록 하는 것이다. 물론 일선 공무원이 잘해야 하지만 규제를 운영하는 것이 더 중요한 만큼, 공무원이 운영을 잘못하면 즉각적으로 피드백이 온다는 인식을 갖도록 하고 이를 통해 공무원이 행동하는 시스템을 운영할 수 있도록 개선해 가려고 한다.

최근 우리 사회를 볼 때 어떤 이슈가 터지면 양극단으로 갈려 서로 간의 사실 인식부터 상반되고 결론도 다르고 같이 이야기 하면 합의도 잘 안 되는 부분이 있다. 이 부분을 해결하기 위해 서 원인을 조사해보고 해결하는 방안을 모색하는 것이 대단히 중요하다는 생각을 했다. 중요한 규제개혁도 다 그런 문제가 걸리는 것이다. 사회적으로 타협하는 기술에 대한 모색도 필요 한 것 같다. 예들 들어 수도권규제에도 이해관계가 걸려 있는 데, 규제를 풀 때 손해 보는 쪽에겐 다른 부분에서 배려를 해주 는 등의 방안을 찾아야 한다.

좀비기업 정리와
한국기업 경쟁력

니아사사우루스 패링토니
(Nyasasaurus parringtoni). 2012
년 미국 과학자들이 1930년대 탄
자니아에서 발견됐던 화석을 분
석해 공룡의 시조에 해당된다고
발표한 생물 이름이다. 이 생명체
가 살았던 시기는 2억 4,000만 년

권태신
한국경제연구원장

전쯤으로 이야기된다. 이름도 어려운 이 공룡처럼 당시 지구에
살았던 생명체는 지금 화석으로나 발견되지, 생물 종(species)
으로서 명맥이 유지되진 않고 있는 듯하다. 빙하기 같은 급격
한 환경 변화에서 대부분 멸종됐기 때문이다.

하지만 지구 환경 변화에도 살아남은 생물 종이 있다. 바퀴
벌레다. 빙하기에도 살아남았으니 어떤 환경에도 생존하는 대

단한 생물이다. 올해 초 매일경제가 꼽은 기업 10적 중 하나도 '한계기업과 구조조정'에 대한 화두였다. 혹자는 구조조정이란 단어를 들으면 '대규모 감원' 등을 먼저 떠올리기 때문에 섬뜩하게 느낄지도 모르겠다. 하지만 필자는 그 순기능을 강조하고 싶다. 구조조정은 '기업이 변화에 적응하는 역동성'이다.

외환위기가 닥쳐왔던 1997년 당시 언론지상에 자주 거론되던 용어로 '대규모 기업 구조조정', '대마불사(大馬不死)' 등이 있었다. 우리 국민 인식에 구조조정에 대한 트라우마가 생긴 것도 이 당시부터인 듯하다. 기업 대부분에서 대규모 인원 감축이 단행됐기 때문이다. 이처럼 부정적인 어감에도 불구하고 기업 구조조정은 장기적으로 필수적인 처방이다. 오히려 구조에 변화를 꾀하지 않고 곪도록 놔두는 게 우리 경제에, 아니 국민의 삶에 큰 화근이 된다. 터지면 걷잡을 수 없는 피해가 모두에게 돌아가니 말이다.

감원 앞에 '대규모'라는 수식어가 붙는 것도 이런 맥락일 듯하다. 대규모 피해가 되기 전에 선제적인 구조조정이 이뤄져야 한다. 기업 구조 개편의 패러다임도 변하고 있다. 비핵심 사업매각, 지배 구조 재편, 신사업 진출을 골자로 한 삼성·한화 간빅딜이 대표적 사례다. 최근 재계가 역동적인 경제 생태계 구축을 위한 사업재편촉진특별법을 제정해달라고 정부에 건의하기도 했다. 이른바 '원샷법'으로 부르는 이 법은 사업 재편에 걸림돌이 되는 각종 규제와 제도를 획기적으로 개선해달라는 게 주요 내용이다.

고름이 생기지 않도록 평소에 상처 관리를 잘하겠다는 기업들의 자율적 구조 개편 노력을 정부가 뒷받침해줄 필요가 있어 보인다. 주 채무 계열에 대한 재무구조 개선 약정도 개선이 필요하다. 이 약정은 주 채권은행이 대기업군에 대한 여신 중단과 회수를 담보로 재무구조 개선 등 구조조정을 요구하는 각서를 의미한다. 그런데 제도가 채무자인 기업 의사보다는 사실상 채권단 입장에서 주로 결정되다 보니 문제가 발생하는 듯하다. 협상의 균형추가 맞지 않다 보니 채권단 입장에서만 서서 살릴 수 있는 말을 죽이는 악수(惡手)가 종종 나오는 건 아닌지도 의문이다.

앞서 언급한 대마불사는 원래 바둑 용어다. 여러 개 돌로 이뤄진 대마의 경우 돌덩어리가 큰 만큼 여러 방면으로 활로를 모색할 수 있기에 상대방 입장에선 쉽게 잡기가 어렵다. 외환위기 때는 경제 용어로 탈바꿈했다. 규모가 큰 기업은 경제에 미치는 영향이 커서 망하게 두기 힘들다는 '대마불사의 신화'가 국내외 언론에 자주 오르내리기도 했다. 하지만 대마가 반드시 죽어야 하는 건 아니다. 오히려 언젠가부터 새로 나타나지 않고 있는 큰 말을 키워야 한다. 시가총액 기준으로 미국 애플사 규모는 삼성전자의 네 배에 가깝다. 세계 경제를 휘젓고 다니는 거대한 말을 상대해야 할 시점에 우리 스스로 대마를 잡는 우를 범해서는 안 된다. '대마불사의 신화'를 믿는 기대심리도 금물이다. 변화에 적응하려는 기업들의 발 빠른 노력과 채권단, 정부의 현명한 선택을 기대해본다.

* 2015년 2월 13일자 〈매일경제〉에 기고

기업인 사회보장제도가 필요하다

외환위기 이후 우리 정부는 엄청난 재원과 노력을 투입해 창업을 장려해 왔다. 그러나 소규모 생계형 창업만 늘어나고 있을 뿐, 장기적인 성장주도형 창업은 오히려 줄어들고 있다. 현행 제도 아래서는 사업에 실패할 경우 문

전원태
MS코프 회장
(재기중소기업개발원 이사장)

자 그대로 모든 것을 잃는다. 그래서 선뜻 창업에 나서겠다는 젊은이들이 과거에 비해 크게 줄었다. 30~40년 업력을 지닌 중소상공인들조차 자식에게 사업을 대물림하는 것을 주저하고 있다. 그리고 자식들에게도 가능하면 보다 안정적인 직업을 권유하고 있는 게 현실이다.

매일경제가 기획한 '기업 10적' 시리즈는 우리 기업들이 처

해있는 여러 가지 난제들과 사회적 모순, 병폐들을 일목요연하게, 그리고 적나라하게 제시했다. 기업 10적과 관련한 보도를 빠짐없이 스크랩하면서 수십 년간 기업 경영을 해 왔던 순간순간들이 주마등처럼 스쳐지나갔다. 여러 차례 우여곡절을 겪었지만 기업하기 척박한 풍토에서 작은 중소기업을 운영하고 있는 것은 어찌 보면 큰 행운에 가깝다는 생각도 들었다.

우리나라는 기업인에 대한 사회보장제도가 전무(全無)하다고 봐도 무방하다. 기업이 도산할 경우 담보 위주의 금융 관행으로 기업주는 모든 것을 잃고 기본 생계조차 어려운 지경으로 내몰리게 된다. 극단적으로는 불법과 탈세를 해서라도 위기를 벗어나고 싶은 유혹에 빠지게 된다. 사업을 통해 오랫동안 수십억 원이 넘는 세금을 납부했더라도 최소한의 사회보장이 없는 상황이기 때문에 가정이 파탄 나는 것은 물론이고, 절망에 빠진 도피 기업인들이 국내뿐 아니라 외국으로 떠돌고 있는 게 우리의 현실이다.

일반 근로자의 경우 퇴직 후 퇴직금과 실업수당을 수령할 수 있는 제도적 장치가 마련돼 있지만, 기업가를 대상으로 한 제도적 장치는 전혀 없기 때문이다. 조세 관련 정책과 법규가 지나치게 복잡하고 난해한 것도 문제다. 세무 공무원으로 35년 이상 근무한 세무서장 출신조차도 명확한 결론을 내지 못하는 법률이나 규정이 있을 정도다. 잘못된 세무정책은 소상공인의 전문화와 토착화를 저해하는 요소다.

개인 사업자들이 3~5년 정도만 지나면 절세를 위해 명의나 상호를 바꾸는 것은 더는 특별한 비밀도 아니다. 해마다 과표를 임의로 조정하다 보니 절세를 위해 사업주 명의만 바꾸는 비합법적인 행태가 만연돼 있기 때문이다. 기업에 대한 사회적 인식도 지나치게 왜곡돼 있다. 일부 기업인의 비리가 노출될 때마다 지나친 과장 보도로 정상적인 기업인까지 그릇된 시각으로 바라보는 사회적 인식이 팽배해 있다.

이제 더이상 실패한 기업인들을 방치해서는 안 된다. 경영활동 기간 중 납부한 조세 실적에 따라 최소한의 생계 보장을 받을 수 있는 '기업인 사회보장제도'를 마련해 달라고 정부에 요청하고 싶다. 그래야 기업인들도 안심하고 경영활동에 매진할 수 있고, 새로운 분야의 창업도 활성화되는 선순환 구조가 정착될 수 있다. 미국이나 호주 등 선진국의 경우 부도 기업인의 주택과 자동차는 압류대상에서 제외한다고 한다. 독일의 경우도 부도가 난 후 7년이 경과하면 개인신용 등 기본적인 자격을 원상회복시켜준다.

우리도 기업이 도산할 경우 탈법이나 탈세를 하지 않아도 최소한의 생계를 마련해 주는 제도적 장치 마련이 시급하다. 장기적으로 모든 연금은 납세 실정을 반영해서 차등지급 하는 것도 고려할 만하다. 기업은 파산 때까지, 개인은 사망 때까지 납세 실적을 정부가 관리해 주는 것이다. 먼 앞날을 내다보고 20~30년 정도 장기적 계획을 갖고 제도를 만들어 나가야 실효성을 높일 수 있다. 그래야 우리나라도 50년, 100년을 존속하는 강한 장수 기업들이 생겨날 수 있다.

기업 10적
취재단이 모이다

취재 과정에서 드러난 사실들

- 과도한 기업규제가 보도된 이후 인천경제자유구역에 입주해 있는 게일인터내셔널코리아로부터 연락이 왔다. 세제 지원이 다른 외국과 비교해 턱없이 부족하고 그나마 세제혜택 대상도 2000년대 초반 선정된 구닥다리 업종으로 최근의 경제 상황 변화를 반영하지 못한다는 제보였다.
- 공장이나 사무실을 이전할 때 세제 혜택은 없고 오직 '신설'할 때만 혜택을 받을 수 있다는 모순점도 발견됐다. 미국계 다국적 금융회사인 A사는 콜센터를 인천 송도에 설립하려고 했지만, 콜센터가 세제혜택을 받을 수 없는 업종이라는 유권해석을 받고 포기했다고 말했다.
- 외국의 경제특구는 무제한 혜택을 주는데 우리나라는 버젓

취재 현장을 누볐던 매일경제 편집국 기자들이 한자리에 모여서 취재 수첩에 담긴 이야기를 다시 꺼내 들었다. 독자들의 반응, 취재과정의 에피소드와 느낀 소회, 그리고 기업 10적의 솔루션을 주제로 대화를 나눴다.

한 경제특구도 각종 규제 때문에 투자 유치가 어렵다는 사실을 확인할 수 있었다. 삼성바이오로직스의 경우 수도권정비계획법의 적용을 받아 인천경제자유구역 송도 내 공장 신·증설이 불가능하다는 판정을 받았다. 궁여지책으로 외국투자기업과의 합작사 설립을 시도했고 그 대상기업을 찾느라 1년이상 소요했다. 결국 2011년 삼성바이오로직스는 외투합작회사의 형태로 송도에 입주했다. 정부가 이번에야말로 수도권규제를 대폭 완화한다고 하니 얼마나 실효성 있는 정책이나올지 기대해 본다.

- 무소불위 시민단체에 대해 취재를 하다가 삼성전자 수원공장이 물고기 집단 폐사 때문에 곤혹스러워한다는 사실을 새

롭게 접했다. 중앙 언론에는 거의 보도되지 않은 내용이었지만 법정 소송까지 진행되고 있는 상당히 심각한 이슈였다. 수원 공장에서 흘러나온 폐수가 물고기 폐사의 직접적인 원인이 됐다는 환경 시민단체의 주장도 이해가 됐지만 이런 사안일수록 과학적인 검증이 뒷받침되어야 한다는 점은 명백하다. 삼성은 현재 조사가 진행 중이라며 책임질 일이 있으면 지겠다고 했다. 시민단체들도 이제 기업들의 뒷다리 잡기식 주장보다는 건설적인 대안제시에 주력하는 성숙한 모습을 보여야 한다.

기업 10적이라고? 당혹스러웠던 첫 보도

- 기업이 잘돼야 나라가 잘된다는 경영진과 편집국 수뇌부의 확고한 신념이 없이는 탄생하기 어려운 기획이었다. 특히 국회와 노조, 언론과 시민단체 등을 과감하게 적이라고 표현한 게 큰 반향을 불러 일으켰다. '10적'이라는 단어가 구한말 조선을 일본에 팔아넘긴 '을사5적'을 연상시키기에 충분했기 때문이다.
- 이번 시리즈는 기업하기 좋은 환경을 만들자는 취지로 기획됐다. 그러나 기업들도 곤혹스럽기는 마찬가지였다. 시리즈 목차를 미리 예고했는데 10적으로 지목된 '무소불위 기업오

너'나 '좀비기업', '정치금융'은 기업 자신들도 직접 연관된 테마였기 때문이다. 마침 땅콩회항 사태로 오너 3·4세들의 행태에 대한 사회적 비판이 고조됐던 미묘한 시기여서 기업들은 더욱 촉각을 곤두세웠다. 일부 기업은 무소불위 기업오너가 게재되기 수일 전부터 어떤 사례가 나오느냐, 자신들의 회사와는 관계가 없느냐를 문의하며 무척 예민한 반응을 보였다.

- 기업 10적을 선정한 설문조사에 최종적으로 236명이 응답했다. 대기업 및 중견·중소기업 임원 110명과 대학교수 105명, 국책연구원 및 민간 경제연구소 전문가 21명이다. 그러나 설문에 참여했던 당초 인원은 300명에 가까웠다. 이들 가운데 상당수는 '노출'을 우려했다. 아무리 익명 원칙을 설명해도 "매경에 자료가 남지 않겠느냐"며 걱정을 떨구지 못했다. 본인 생각엔 기업의 성장과 발전을 가로막는 적들이 적어도 20개는 되는데 10개만 뽑으라는 것은 너무 어렵다고 볼멘소리를 한 사람도 있었다.

- 시리즈 기획이 첫 보도되자 일부 독자들은 "너무 노골적으로 기업들 편만 드는 것 아니냐"며 색안경을 끼고 바라봤다. 이번 시리즈는 기업이라는 간판을 내걸었지만, 사실은 우리 경제, 더 나아가 우리 사회 전반의 문제점을 광범위하게 지적하려는 시도다. 그런 점에서 매경이 선정한 10적은 대한민국이라는 국가가 앓고 있는 커다란 질병의 10가지 증상이라고도

볼 수도 있다. 기업 10적을 통해 우리나라 전체가 앓고 있는 발병 원인을 찾아내고 환부를 제거해 우리 사회가 더욱 건전하게 성장할 수 있는 계기를 만들자는 취지다. 일부 독자들의 반발도 있었지만 이런 신념이 있었기 때문에 무사히 시리즈를 완료할 수 있었다.

겨울 추위를 녹일 만큼 뜨거웠던 반응

- 무소불위 오너 사례로 소개한 중소기업 사장은 사실 오래전부터 알고 지냈던 지인이다. 기사가 나간 이후 그로부터 연락이 왔다. 그리고 대뜸 "억울하다는 말은 하지 않겠지만 직원들을 보고 있으면 참을 수 없다"며 열변을 토했다. 요즘 젊은 직원들은 입사하자마자 불평불만부터 얘기하고 중소기업에 입사한 것을 창피해 하는 것이 눈에 훤히 보인다는 것이었다. 틀린 말이 하나도 없었다. 그 역시 20대에 창업할 당시에는 남에게 싫은 소리 한번 못하는 여린 사람이었다고 한다. 하지만 대한민국에서 30년 가까이 기업인으로 살아오다 보니 성격이 바뀌더라는 것이다. 직원들에게 독설을 내뱉고 재떨이를 집어 던지는 그의 기이한 행동을 정상이라고 볼 수는 없다. 다만 착하고 순수하던 사람이 왜 그렇게 됐는지에 대해서도 한 번쯤 생각해 봐야 한다.

- 취재대상 기업들이 가장 큰 관심을 보인 분야는 '아니면 말고 식 미디어'였다. 미디어(매일경제)가 미디어를 상대로 문제점을 적시하려는 시도가 매우 큰 관심을 초래한 것이다. 기업 10적 가운데 노조나 국회, 기업규제 등은 어느 정도 취재방향을 예상할 수 있지만 미디어 부분은 어떻게 조명될지 궁금해하는 독자들도 많았다. 대기업 한 관계자는 "기업 10적 항목 중 가장 새로운 유형의 적은 바로 무책임한 미디어 보도"라고 말했다. 미확인 보도, 의도적이면서도 악의적인 보도는 그만큼 기업 경영 활동에 치명상을 줄 수 있다는 이유에서다.

- 기업 10적 첫 회 강성 노조를 보고 아르헨티나에서 오래 근무했다는 한 대기업 고위 관계자로부터 연락이 왔다. 그는 "아르헨티나가 강성노조 때문에 개판이 되는 모습을 현장에서 직접 눈으로 봤다. 기업도 망하고 투자도 망하는데 노조만 살아남더라"고 흥분된 어조로 말했다. 노조 하다가 망한 해외 기업들 사례가 더 적나라하게 제시됐으면 좋았을 것이라는 생각이 뒤늦게 들었다.

- 취재 과정에서 만난 기업의 대관업무 담당자들은 "무력감을 느낄 때가 많다"고 자주 호소했다. 정부와 국회, 시민단체로 영역을 분담해 대관업무를 하고 있는데 어느 곳 하나 속 시원하게 소통하기 어렵다는 게 그 이유였다. 한 대관업무 관계자는 "무조건 각을 세우려고 덤벼들면 될 수 있는 일도 안된다.

국민들은 대기업을 갑이라고 생각하는데 대관업무 하는 사람들은 을도 아니고 병 같이 느낄 때가 많다"고 토로했다.

- 기업 10적 중 가장 돌파하기 어려운 문제는 '저출산'이라는 취재원들이 많았다. 기업에서 일할 사람, 기업 제품을 소비할 사람, 세금을 낼 사람도 모두가 사람인데 지금 같은 저출산 추세로는 좀처럼 해법을 찾기 어렵다는 이유에서다.

첨예한 이해대립…그 현장에 서다

- 국회가 반시장법을 남발하는 것도 경제 활성화 법안 처리가 지연되고 있는 것도 심각한 문제다. 시시각각 변하는 글로벌 경제 환경을 감안하면 골든타임이 데드타임으로 바뀔 수 있기 때문이다. 15대 국회 때 정부 발의 법안들은 처리되는 데까지 55일 걸렸지만, 19대에는 210일로 4배 가까이 늘었다. 그렇다고 심도 있는 법안심의가 이뤄지는 것도 아니다. 예를 들어 물류터미널을 건설하고자 업체가 공사 시행 인가를 신청할 경우 10일 이내 인가 여부를 통보해 주도록 한 작은 내용을 담은 물류시설 관련법은 정부가 2012년 10월 제출했지만, 지금껏 단 한 차례도 심의를 받지 못했다.

- 한 대형마트는 2013년 한 식품기업이 최초로 계란을 출시함에 따라 이를 단독으로 공급받기로 결정했다. 그러나 예상치

못한 암초를 만났다. 바로 해당산업과 관련된 협회 때문이다. 이 단체는 직접 계란을 납품하는 주체는 아니지만 다른 여러 중소업자들의 이익을 대변하고 있다. 노골적으로 해당 대형마트에게 "해당 식품기업의 계란을 납품받으면 가만있지 않겠다"고 여러 번 으름장을 놓았다고 한다. 해당 대형마트의 MD(상품기획자)는 억울했지만 결국 융단폭격에 두 손을 들고 말았다. 납품을 받지 않기로 한 것이다. 대형마트 입장에선 해당 식품 대기업도 고객인데 중소 이익대변단체의 횡포에 고객을 돌려보내고 만 셈이다.

- 오너 일가의 무소불위 행태를 취재하면서 알게 된 내용들은 실로 충격적이었다. 평소 인성에 문제가 있는 것으로 익히 알려진 오너의 사례도 있었지만 의외의 인물도 많았기 때문이다. 땅콩 회항 사태가 우리 사회에 큰 영향을 미친 것은 분명한 것 같다. 과거에는 '불이익을 당하지 않을까' 쉽게 말을 꺼내지 않았지만, 앞으로는 당당하게 '공익제보(Whistle blowing)'에 나서는 직원들이 더 늘어날 것으로 본다. 소셜미디어(SNS)가 발달하면서 이제는 오너들의 황제경영 성역도 그만큼 더 줄어들게 됐다. 무조건적 반기업 정서는 사라져야 하지만, 오너 일가의 잘못된 관행에 대한 건전한 비판은 우리 경제와 사회 발전을 위해 바람직하다고 본다.

- 영리병원 도입을 막는 의료집단이 문제인 건 알고 있었지만

서비스업에도 이들의 이해관계 때문에 규제의 실타래를 풀지 못하는 사례를 접했다. 인터넷을 통해 개인들에게 건강평가 프로그램을 제시하고 맞춤형 식단을 제공하려는 A중소기업은 간단한 서비스 사업도 현행법상 의료법 위반 행위에 적용된다며 사업을 접었다고 한다. 실버산업, 헬스산업이 유망하다고 말만할 뿐이지 정작 우리 정부나 국회 등 정책 입안자들은 현실을 제대로 보지 못하고 뜬구름 잡는 데에만 열을 올리는 것 같았다.

못다 한 뒷얘기들… 이제는 말할 수 있다

- 취재 기간 중 가장 당황했던 순간은 기사 출고 당일 새벽에 날아온 비보였다. 취재를 진행했던 한 관계자가 자신이 인터뷰한 취지와 멘트가 다르다며 모든 내용을 빼달라고 요청해 왔기 때문이다. 자신의 이름을 걸고 산하 시민단체들에 대해 비판의 날을 세운 것에 부담을 느낀 것으로 보인다. 취재 내용과 기사에 큰 무리는 없다고 판단됐지만, 취재원의 의사를 존중해 인터뷰 대상을 교체하는 해프닝도 있었다. 정치금융이나 좀비기업 같이 민감한 이슈는 취재원들은 물론이고 코멘트를 요청한 전문가들조차도 자신의 공식적인 의견 표명을 주저해서 취재 과정에 어려움이 많았다.

- 정치금융과 관련해 적잖은 금융계 인사들이 '성층권'이나 '높으신 분들'이라는 표현을 썼다. '손에 닿지 않는' 그쪽에서 벌어지는 일을 어쩌겠느냐는 거였다. 지금이 21세기인데 말이다. 어떤 원로 교수는 "박정희 정권 때도 은행 사장으로 군인을 보내지는 않았다. 정치권이 논공행상을 하든지 말든지 필요한 인물이 제 위치에 있어야 하는 게 중요하다"고 목소리를 높였다.

- 기업 10적을 주요 이슈로 끌고 가다 보니 무리한 제보들이 들어온 것도 사실이다. 뒷다리 잡는 시민단체를 취재할 땐 무려 30년 전 사례를 근거로 "시민단체의 무책임"을 역설한 취재원도 있었다. 물론 기사에선 이런 무리한 내용은 싣지 않았다. 각을 세워 특정 대상을 비판하는 기사인 만큼 팩트를 왜곡하거나 편협한 시각으로 기사를 쓰는 건 자충수가 될 수 있었기 때문이다.

- 좀비기업은 특정 기업을 사례로 거명하는 것이 상당히 부담스러웠기 때문에 해당 기업을 취재했던 전·현직 출입기자, 애널리스트와 채권은행 담당자를 포함한 시장 관계자들에게 두루 의견을 듣는 과정이 불가피했다. 공식적인 정의가 뚜렷한 개념들이 아니었기 때문에 전문가들의 다양한 해석이 나왔고 그만큼 취재도 쉽지 않았다. 예를 들면 한 채권은행이 생각하는 좀비기업과 또 다른 채권은행이 생각하는 좀비기

업, 금융당국이 생각하는 좀비기업이 각각 달랐다.

- 전문가들은 정치금융과 관련한 취재에 난색을 표명하다가도 "오프를 약속할 테니 지혜만 나눠달라"고 하면 허심탄회하게 얘기를 꺼내놓았다. 일부는 "매경이 그런 부분까지 강하게 건드릴 수 있겠느냐"고 말해 기자의 자존심을 건드리기도 했지만 정작 기사가 나가자 "너무 잘 봤다. 우리 입장 잘 헤아려 줘서 고맙다"고 생색을 내기도 했다.

- 지자체가 끼어들어 기업 활동을 더욱 망치는 경우도 포착됐다. 지면에 소개되진 않았지만 지난 2013년 초 서울시내 한 재래시장 바로 옆에 한 대형마트가 들어서려고 하자 서울시는 재래시장과 마트 양측을 중재하며 해당 마트가 채소와 생선 등 15가지 품목을 팔지 못하게 하는 품목제한제를 실시한 적이 있다. 이를 빌미로 서울시는 전체 대형마트로 확장해 무려 51개 품목의 판매 제한 조치를 실시했다. 이후 소비자들이 거세게 반발하자 서울시는 품목제한 조치를 철회했다. 지자체가 섣불리 개입했다가 기업과 소비자 모두에게 이득이 되지 않은 대표적인 사례다.

기업 10적이 없는 세상은 올까… 솔루션을 논하다

취재 과정 중 발견한 새로운 팩트들, 그리고 취재원들의 반응과 많은 에피소드에 이어 기자들의 방담은 솔루션(해법) 찾기로 이어졌다. 워낙 방대한 기획인데다 10개 항목의 이해 당사자들이 모두 달라 해법 접근이 쉽지 않았지만, 취재 기자들이 기업 현장에서 뛰고 있는 전문가들의 견해를 모아 나름대로 해법을 제시해 봤다.

- 시리즈가 게재되는 중간에 대통령의 2015년 신년 간담회가 있었다. 매일경제가 시리즈에서 구체적인 사례들로 적시했던 수도권규제완화의 필요성이 대통령 간담회에 올해 핵심 정책 중 하나로 언급되는 등 정부 정책과 연계되는 나름의 성과도 있었다. 반기업 정서를 취재하면서 느낀 점은 어떻게 해야 기업과 사회가 더 윈윈 관계를 구축할 수 있는지 여부였다. 기업이 더 적극적으로 노블레스 오블리주에 앞장서야 하는 것은 두말할 필요도 없지만 이제 우리도 돈 많은 부자라고 무조건 색안경을 끼고 적대시하는 이분법적 사고방식에서 벗어날 때가 됐다고 본다.

- 기업과 시민단체가 윈윈한 케이스를 취재할 때는 큰 보람을 느꼈다. 특히 환경운동연합과 연합해 2014년 생물다양성보호를 위한 연구자문팀을 공동 창설한 포스코의 사례는 많은 기업들이 모범으로 삼을 만하다. 기업 스스로 시민·사회에 대한 책임의식을 확대했고 시민단체 역시 이분법적 대결구도

를 벗어나 기업과 손잡은 모습은 매우 인상적이었다.

- 해결책을 찾는 부분이 취재과정에서 가장 힘들었다. 문제는 누구나 인식하고 있지만, 지금까지 한국사회가 고치지 못한 고질적인 병폐이기 때문이다. 이해관계가 뒤엉켜있고 가중치를 어디에 두느냐에 따라 해결방안이 달라지기도 한다. 가장 난감했던 주제는 반기업 정서였다. 전문가들 역시 반기업 정서로 인한 각종 악폐는 줄줄이 말했지만 정작 "해결책은 뭐냐"는 질문에는 원론적인 답변 수준에 머물렀다. 기껏해야 기업인들에게 윤리교육을 하거나, 중국에 비해서도 우리 국민들의 반기업 정서가 너무 심하다는 설문조사 결과를 제시하는 정도였다.

- 은(銀)피아가 장악한 금융권도 보신주의를 반성하고 개혁해야 한다. 기업이나 금융권이 외부환경만 탓할 것이 아니라 스스로 반성하고 잘못된 관행을 고쳐 나가야 기업 10적에 기업 포함되는 모순된 구조를 개선할 수 있다. 그런 점에서 이번 기획은 친기업적 기획이라기보다는 기업들이 가야할 길을 제시했다고 자평하고 싶다.

- 해결 방안을 더 입체적으로 제시하지 못한 점은 두고두고 아쉽다. 문제점에 대한 취재는 명쾌하게 감을 잡았지만, 해결방안에 대해서는 기사를 송고하는 순간까지 확신이 서지 않을 때가 많았다. 그래서 '기업 10적-해결편 2부 시리즈'를 기획

하고 싶다는 생각도 들었다.

- 기업은 요즘은 제품 생산으로 먹고사는 게 아니라 이미지로 먹고 산다. 브랜드 가치가 그만큼 중요해졌다는 의미다. 기업 10적 가운데는 기업의 이 같은 트렌드 변화를 교묘하게 악용하는 사례가 적지 않았다. 이는 경영활동을 방해한다는 차원에서 명백한 위법행위라고 생각한다. 기업들도 벙어리 냉가슴 앓듯이 쉬쉬하고 있을 게 아니라 자신들이 부당한 압박을 받았다고 생각하면 정정당당하게 공론화를 시키는 용기를 지녀야 한다. 그 부분이 바로 언론의 역할이기도 하다.

- 독일은 중소기업 가운데 97%가 가족기업일 정도로 전문화된 가족기업 형태를 유지하고 있다. 하지만 오너로 인한 경영상 문제나 개인적 불상사가 불거지는 일은 거의 없다. 자녀들이 경영에 참여할 경우 그 능력을 철저히 검증하는 시스템이 확고하게 자리 잡고 있기 때문이다. 기업 10적에 무소불위 오너들이 포함된 것은 시사하는 바가 크다. 기업 오너들이 스스로 기업의 적이 되지 않으려면 차제에 노블레스 오블리주를 실천하는 교육 풍토를 스스로 구축해 나가야 한다.

영어 베이비
생활영어
30일

영어 베이비 생활영어 30일

지은이 | 양선호
펴낸곳 | 북포스
펴낸이 | 방현철
편집자 | 권병두
디자인 | 엔드디자인

1판 1쇄 찍은날 | 2018년 12월 20일
1판 1쇄 펴낸날 | 2018년 12월 27일

출판등록 | 2004년 02월 03일 제313-00026호
주소 | 서울시 영등포구 양평동5가 18 우림라이온스밸리 B동 512호
전화 | (02)337-9888
팩스 | (02)337-6665
전자우편 | bhcbang@hanmail.net

이 도서의 국립중앙도서관 출판시도서목록(CIP)은 e-CIP 홈페이지(http://www.nl.go.kr/ecip)와
국가자료공동목록시스템(http://www.nl.go.kr/kolisnet)에서 이용하실 수 있습니다.
(CIP제어번호: 2018040772)

ISBN 979-11-5815-048-8 13740
값 13,000원

암기가 필요 없는
<기적의 따라말하기> 교재

영어 베이비

생활영어 30일

| 양선호 지음 |

북포스

우리의 일상생활 24시간을
영어로

저는 영어와 중국어를 독학했습니다.

전역 후의 미래를 준비하기 위해 군대에서 영어를 혼자 공부했습니다. 출퇴근하는 지하철에서의 무의미한 시간이 아까워서 중국어를 독학했습니다.

저 스스로 정립한 6원칙 따라 말하기 학습법을 활용하였습니다. 덕분에 최초에 계획했던 기간보다 훨씬 더 빠른 시간 안에 큰 효과를 거두었습니다.

〈영어 베이비〉 시리즈는 제가 그랬던 것처럼 영어로 인해 스트레스 받거나 자신감을 잃으신 분들을 위해 준비했습니다. 저는 영어와 중국어, 두 언어를 혼자 공부하면서 한국 사람들의 영어 학습 방법의 문제점과 보완점에 대해 깨닫게 되었습니다. 그리고 이러한 부분들에 도움을 드리고자 책으로 출판하게 된 것입니다.

저는 지금도 잊을 수가 없습니다. 제 입에서 5형식의 영어 문장이 저절로 튀어나온 순간을. 그리고 아무것도 모르는 새하얀 백지에서 시작한 중국어를 제 입 근육이 무의식적으로 내뱉던 순간들을. 저는 여러분도 이런 신기한 현상을 체험하게 해드리고 싶습니다.

〈영어 베이비〉 시리즈의 첫 책인 〈오늘부터 딱 90일만 영어 베이비〉는 저의 영어 학습법에 대한 일종의 이론서입니다. 6원칙 따라 말하기가 도출된 과정과 그 실천 방법에 대해 자세히 설명하고 있습니다. 하지만 시중에는 이에 적합한 학습 교재가 마땅치 않았기에 많은 독자님들의 성화에 힘입어 두 번째 책인 〈영어 베이비 왕초보 패턴북 60일〉을 출판하게 되었습니다. 그리고 마침내 〈영어 베이비〉 시리즈의 마지막이자 90일 영어학습의 완결판인 〈영어 베이비 생활영어 30일〉을 출간하게 되었습니다. 위에서 말씀드린 대로 많은 분들이 영어공부를 하면서 겪게 되는 문제점들을 보완하는 데 큰 중점을 두었습니다.

제가 이 책에서 가장 크게 신경을 쓴 문제는 영어식 표현입니다. 한국 사람들은 높은 교육열을 바탕으로 이미 충분히 많은 영어를 알고 있습니다. 하지만 다양한 영어 표현을 접해 보지 못했기 때문에 본인이 알고 있는 단어들을 활용해서 어떻게 표현해야 하는지 그리고 과연 이게 맞는 표현인지 확신이 없습니다.

예를 들어 '다리를 꼬다.'라는 말이 쉽게 영어로 나오지는 않을 것입니다. 하지만 이는 'I cross my legs.'라고 매우 간단하게 표현합니다. 'I, cross, my, legs'라는 각 단어들을 모르는 분들은 거의 없을 것입니다. '고작 이거야?'라면서 허무함을 느끼신 분도 있을 것입니다.

이처럼 이미 알고 있는 영어 단어들의 활용법을 모른다는 것, 그리고 이러한 표현들을 접해 본 적이 없다는 것이 우리가 안고 있는 가장 큰 문제 중 하나입니다. 어려워서 모르는 게 아닙니다.

저는 이런 점에 중점을 두고 이번 책을 준비하였습니다. 먼저, 우리의 일상생활 24시간을 관찰하면서 우리의 행동과 대화에 대한 자료들을 수집하였습니다. 그리고 이 자료들을 누구나 알고 있는 쉬운 단어들을 이용하여 표현한 영어 문장들로 선별하여 수록하였습니다. 그렇기 때문에 이 책의 영어 문장들이 쉽고 편하게 느껴질 것입니다.

책의 구성 또한 매우 독특합니다. 우리의 일상생활 24시간에서 발생하는 행동과 대화 하나하나들을 시간순서에 맞추어 매우 구체적이고 세부적으로 구분하여 묘사했습니다. 그렇기 때문에 우리가 자주 사용할 수밖에 없는 다양한 표현들을 익힐 수 있습니다. 시중에 이런 영어회화 교재는 없을 것이라고 생각합니다. 이 책이 대한민국 영어회화 교재의 바이블(Bible)이 되었으면 하는 것이 제 개인적인 바람입니다. 여러분들도 일상생활 중에 이 책에 있는 영어 문장들이 입에서 무의식적으로 튀어나오는 현상을 체험하시길 기대합니다. 다만, 책의 분량 관계로 전체를 다 싣지 못하고 수집한 자료의 2/3밖에 수록하지 못한 점은 아쉬움으로 남습니다. 그리고 이 책에 수록된 문장들은 가급적 동사의 현재형으로 표현되어 있습니다. 영어 베이비 시리즈의 2권인 패턴북에서 익힌 문장구조들과 이 책에 있는 표현들을 같이 활용하시면 표현의 범위는 더욱 확장될 것입니다.

여러분께 마지막으로 당부의 말씀을 드리겠습니다. 학습 효과를 최대한 높이기 위해서는 반드시 6원칙 따라 말하기를 준수해야 합니다. 6원칙 따라 말하기가 지켜질 때 여러분의 영어실력이 단시간에 크게 급상승할 수 있습니다. 이에 대해 여러 차례 설명한 만큼 여기서는 자세히 언급하지는 않겠습니다. 하지만 많은 분들이 부끄러워서 큰 소리를 제대로 못내는 경우를 많이 보았습니다. 이제부터라도 부끄러움을 극복하고 자신감 있게 보다 큰 소리로, 본인이 생각한 것보다 두 단계 더 큰 소리로 따라 말하시기를 강조 드립니다. 그래야만 입에서 영어가 무의식적으로 튀어나오는 신기한 현상을 직접 체험하실 수 있습니다. 그리고 항상 드리는 말씀이지만, 이것은 '되느냐 안 되느냐'의 문제가 아니라 '하느냐 안 하느냐'의 문제입니다. 중도에 포기하지 않고 꾸준히 하셔서 꼭 성공하시기 바랍니다. 누구나 다 할 수 있습니다.

궁금하신 내용은 네이버 카페 '영어 베이비'(cafe.naver.com/ebaby)에 남겨주시면 최대한 빨리 성심성의껏 답변 드리겠습니다. 감사합니다.

2018년 11월

영어 베이비 양선호

⟨영어 베이비⟩ 공부법

1 최초에 기획된 의도는 30일의 학습 분량이었습니다. 하지만 워낙 광범위한 상황과 표현을 담는 과정에서 이 책의 전체 분량은 30일을 초과하게 되었습니다. 그런데 모든 사람이 이 책에 있는 상황을 다 겪지는 않습니다. 학생과 주부는 직장인의 생활과 큰 관계가 없을 것이고, 반대로 직장인은 학생/주부들의 그것과는 거리가 멀 것입니다.

따라서 본인과 연관성이 부족하거나 관계가 없는 상황들은 반복 횟수를 1회로 줄인다거나, 과감히 생략함으로써 학습 분량을 조절하시면 될 것입니다.

물론 이 책의 모든 표현을 다 익히는 게 좋습니다. 나머지 부분들은 90일 학습을 마친 이후에 편한 마음으로 학습하시기를 권합니다.

2 팟빵에서 '영어 베이비 생활영어'라고 검색하면 이 책의 음성파일을 다운받을 수 있습니다. 음성파일에는 일련번호가 적혀 있는데 이 책의 학습콘텐츠와 번호가 같으므로 차례대로 받아서 공부하면 됩니다. 음성파일 하나의 길이는 2~5분입니다.

3 학습법은 매우 간단합니다. ❶ 음성파일을 듣고 ❷ 따라 말하기입니다. 음성파일을 재생하면 한국어 설명과 외국인 성우의 영어 문장이 차례대로 흘러나옵니다. 이때 영어 문장을 듣고 그대로 따라 말하면 됩니다. 그리고 다음 한국어 설명이 나올 때까지의 공백 동안에 최대한 많이 반복합니다.

4 반복의 원칙은 패턴북과 동일합니다. "최초 3회 반복, 다음날 2회 반복, 그 다음날 1회 반복"입니다. 그리고 "복습 먼저하고 새로운 음성파일로 진도 나가기"입니다.

: 1일차 : 1번 음성파일 3회 + 2번 음성파일 3회……
1번 음성파일을 3회 연이어 반복합니다. 그러고 나서 2번 음성파일로 넘어가서 마찬가지로 3회 반복합니다. 이런 식으로 다음 번호로 진도를 나가면서, 최초 1일차의 학습을 마칩니다. 이때 혹시 들리지 않는 소리가 있다면 반드시 이 책의 본문을 통해 소리의 정체를 확인해야 합니다.

: 2일차 : 1일차 음성파일 2회 + 2일차 음성파일 3회
1일차에 들었던 음성파일을 2회씩 들으며 복습을 먼저 합니다. 1번 음성파일 2회, 그러고 나서 2번 음성파일을 2회 듣는 방식입니다. 1일차에 대한 복습을 마친 이후에 새로운 음성파일을 각 3회씩 들으며 진도를 나갑니다. 이런 식으로 2일차 학습을 마칩니다. 마찬가지로 들리지 않는 소리가 있다면 이 책의 본문을 통해 확인합니다(이후에도 동일합니다.).

: 3일차 : 1일차 음성파일 1회 + 2일차 음성파일 2회 + 3일차 음성파일 3회
1일차에 들었던 음성파일 전체를 1회씩 듣고, 2일차에 들었던 음성파일들을 2회 반복하며 복습을 먼저 합니다. 그러고 나서 새로운 음성파일을 각 3회씩 들으며 진도를 나갑니다.

: 4일차 : 2일차 음성파일 1회 + 3일차 음성파일 2회 + 4일차 음성파일 3회
4일차부터는 3일차와 동일합니다. 2일 전에 들은 음성파일을 1회, 어제 들은 음성파일을 2회 반복하며 복습합니다(1일차는 복습하지 않습니다.). 그러고 나서 새로운 음성파일로 진도를 나아갑니다.

일차	음성파일	구분
1일차	1~8번 음성파일 3회 반복	진도
2일차	1~8번 음성파일 2회 반복	복습
	9~12번 음성파일 3회 반복	진도
3일차	1~8번 음성파일 1회 반복	복습
	9~12번 음성파일 2회 반복	복습
	13~18번 음성파일 3회 반복	진도
4일차	9~12번 음성파일 1회 반복	복습
	13~18번 음성파일 2회 반복	복습
	19~24번 음성파일 3회 반복	진도
이하 동일		

이 예시는 하루 90분 학습을 가정하고 임의로 구성한 것입니다. 학습자에 따라 분량과 반복횟수를 조절할 수 있습니다.

5 반복되는 표현에 익숙해졌다고 생각되면 학습 속도를 높여도 무방합니다. 학습량을 늘리거나 음성파일의 재생속도를 1.2배, 1.5배 빠르게 끌어올려도 좋습니다.

6 학습 효과를 극대화하기 위해서는 6원칙을 지켜야 합니다. 6원칙 없는 따라 말하기는 시간 낭비가 될 수 있습니다.

• 6원칙은 ❶ 통문장, ❷ 패턴, ❸ 한국어 설명, ❹ 상황 몰입, ❺ 큰 소리, ❻ 반복입니다. 이 가운데 ❶~❸번은 이 책과 음성파일에 적용했으니 신경을 쓸 필요가 없습니다. 여러분이 신경을 써야 할 것은 ❹번 상황 몰입 ❺번 큰 소리, ❻번 반복, 이렇게 세 가지입니다.

- 학습자가 한국어 설명을 들을 때 그 상황을 떠올리고 몰입하면서 영어 문장을 따라 말하는 것이 ❹ 상황 몰입입니다. 상황 몰입 없이 그냥 앵무새처럼 입으로만 따라 말하기를 하면 학습 효과를 거둘 수 없습니다. 그러므로 설거지나 운전과 같이 다른 일과 병행해서 공부하면 절대 안 됩니다. 다만 처음에는 익숙지 않아서 상황 몰입이 힘들 수 있습니다. 그때는 소리를 따라 말하는 것에만 최대한 집중하고, 차후 익숙해지면 상황 몰입을 합니다.

- ❺번 큰 소리로 따라 말하기도 매우 중요한 과정입니다. 영어를 몸으로 익히기 위한 방법이므로 반드시 지키도록 합니다. 2미터 앞의 사람에게 얘기를 한다는 생각으로 성량을 키우면 좋습니다. 설령 큰 소리로 말할 수 없는 상황이더라도 귀로만 듣지 말고 반드시 입을 움직여 발음하는 시늉을 내야 합니다.

7 1일 권장 학습 시간은 90분이며(오전에 45분, 오후에 45분으로 나누어도 괜찮습니다.), 최소 1시간은 매일같이 학습해야 합니다. 물론 학습량이 많을수록 결과를 훨씬 더 빨리 얻을 수 있지만 동시에 쉽게 지칠 수도 있습니다. 90일 동안 꾸준히 지속할 수 있도록 페이스 조절에도 신경써주시기 바랍니다. 또한, 개인적인 사정으로 하루 이틀 쉬었더라도 포기하지 않고 계속해서 이어가는 것이 중요합니다. 이 교재의 특성상, 하루 이틀 뒤에 다시 시작해도 영어에 대한 감각을 금방 회복할 수 있습니다(이것은 되느냐 안 되느냐의 문제가 아니라, 하느냐 안 하느냐의 문제입니다.).

8 6원칙 따라 말하기의 자세한 방법이나 궁금증은 이 책의 이론서에 해당하는 〈오늘부터 딱 90일만 영어 베이비〉를 참고하기 바랍니다.

START

목차

001

아침

알람이 울리고 있다.	The alarm is ringing.
알람을 들었다.	I heard the alarm.
알람소리가 너무 크다.	The alarm sound is very big.
알람소리가 너무 시끄럽다.	The alarm sound is very loud.
핸드폰 알람 소리에 깼다.	I woke up to the cellphone alarm sound.
알람을 끈다.	I turn off the alarm.
눈을 뜬다.	I open my eyes.
벽에 있는 시계를 본다.	I look at the clock on the wall.
눈을 뜰 수가 없다.	I can't open my eyes.
침대에 누워 있다.	I'm lying down on the bed.
비몽사몽이다.	I'm between sleep and wake.
아직도 졸린다.	I'm still sleepy.
아직도 하품한다.	I still yawn.
잠이 부족하다.	I'm lack of sleep.
더 자고 싶다.	I want to sleep more.
안경을 찾는다.	I find my glasses.
안경을 찾기 위해 책상을 더듬거린다.	I grope around my desk for my glasses.
깼다.	I'm awake.
완전히/확 깼다.	I'm wide awake.
눈을 비빈다.	I rub my eyes.
기지개를 켠다.	I stretch my body.
침대에서 나온다.	I get out of bed.
침대를 정리한다.	I make my bed.
이불을 갠다.	I fold comforters.
불을 켠다.	I turn on the light.
밖을 본다.	I look outside.
날씨와 기상예보를 확인한다.	I check the weather and the weather report.
출근 준비한다.	I get ready for work.
등교 준비한다.	I get ready for school.
방에서 걸어 나온다.	I walk out of my room.

13

좋은 아침!	Good morning!
일어나!/정신 차려!	Wake up!
학교 갈 시간이야!	School time!
일어날 시간이야!	It's time to get up!
오전 6시에 벌써 일어났어.	I already got up at 6am.
제 시간에 일어났어.	I woke up on time.
10분만 더 잘게.	Let me sleep 10 minutes more.
30분 뒤에 깨워.	Wake me up in 30 minutes.
잘 잤어?	Did you sleep well?
푹 잤어.	I slept deeply.
잘 못 잤어.	I slept wrong.
잠 설쳤어.	I slept badly.
밤새 뒤척였어.	I tossed and turned all night.
늦게 잤어.	I went to bed late.
밤샜어.	I stayed up all night.
어젯밤에 늦게까지 깨 있었어.	I stayed up late last night.
한숨도 못 잤어.	I couldn't sleep at all.
한숨도 못 잤어.	I couldn't sleep a wink.
어젯밤에 잘 못 잤어.	I didn't sleep well last night.
겨우 잤어.	I managed to sleep.
알람이 안 울렸어.	The alarm didn't ring.
오늘 아침 늦잠 잤어.	I overslept this morning.
일찍 자고 일찍 일어나.	Go to bed early and get up early.
좋은 꿈 꿨어?	Did you have a sweet dream?
좋은 꿈 꿨어.	I had a happy dream.
안 좋은 꿈을 꿨어.	I had a bad dream.
꿈에 너 봤어.	I saw you in my dream.
귀신 꿈 꿨어.	I dreamed of a ghost.
난 아침형 인간이야.	I'm a morning person.
난 올빼미형 인간이야.	I'm a night person.

날씨 어때?	How's the weather?
밖은 어때?	How is it outside?
밖에 추워?	Is it cold outside?
오늘 몇 도야?	What's the temperature today?
일기 예보는 뭐래?	What does the weather forecast say?
내일 날씨 어떨까?	How will the weather be tomorrow?
날씨가 안 좋아.	Weather is bad.
좋은 날씨야.	It's nice weather.
기분 좋은 날이야.	It's a lovely day.
상쾌해.	I feel refreshed.
날씨가 도와주네.	The weather is helping.
난 이런 날씨에는 밖에서 놀아.	I play outside in this kind of weather.
난 이런 날에 일해.	I work on a day like this.
안개가 꼈어.	It's foggy.
바람이 불고 있어.	Wind is blowing.
바람 불고 시원해.	It's windy and cool.
정말 뜨겁고 습해.	It's really hot and humid.
푹푹 쪄.	It's sizzling hot.
오늘 오후에 33도가 될 거야.	It'll be 33℃ this afternoon.
햇빛이 강해.	The sunlight is strong.
햇빛이 너무 강해.	The sun's rays are very strong.
양산 같이 쓰자.	Let's share my parasol.
약간 추워.	It's a little cold.
추워지고 있어.	It's getting cold.
아침저녁으로 쌀쌀해.	It's chilly in the morning and in the evening.
먼지투성이야.	It's so dusty.
공기가 건조해.	The air is dry.
오늘은 황사가 있어.	We have yellow dust today.
공기 오염이 너무 심해.	Air pollution is very serious.
난 안에 있을 거야.	I'll stay inside.

흐려지고 있어.	It's turning cloudy.
하늘에 먹구름이 많아.	There are a lot of dark clouds in the sky.
오늘 비 올 것 같아.	It looks like it's going to rain.
비 올 것 같아.	I think it's going to rain.
기상예보에서 오늘 비 올 거라고 했어.	The weather forecast said today it'll rain.
태풍도 오고 있어.	The typhoon is also coming.
장마철이 올해는 길어.	The rainy season is long this year.
오늘 오전에 소나기가 올 거야.	The shower will come this morning.
내일 비 올 거야.	It'll rain tomorrow.
하루 종일 비 오고 있어.	It's raining the whole day.
비 오는 날이 싫어.	I don't like a rainy day.
집에 있을 거야.	I'll stay in the house.
우산 챙겨.	Take your umbrella.
우산 챙겨.	Carry your umbrella.
다른 사람들은 지금 우산 쓰고 있어.	Other peoples are using umbrellas now.
우산 펴.	Open your umbrella.
비 오기 시작했어.	It started to rain.
밖에 비가 오고 있어.	It's raining outside.
비가 쏟아지고 있어.	It's pouring.
아직도 비 와.	It's still raining.
비 그쳤어.	The rain stopped.
비 안 와.	It doesn't rain.
해 났어.	The sun has come out.
날씨가 개었어.	The weather cleared up.
우산 접어.	Close your umbrella.
비 온 뒤에 우산 접어.	Fold your umbrella after the rain.
말리기 위해 우산을 펴.	Open the umbrella to dry it.
비 맞았어. (젖었어.)	I got wet.
흠뻑 젖었어.	I got soaked.
소나기 맞았어.	I was caught in a shower.

눈이 오고 있어.	It's snowing.
땅에 눈이 많아.	There is much snow on the ground.
눈이 3cm 내렸어.	It snowed 3cm.
이번 겨울에 눈이 많이 와.	It snows a lot this winter.
지난겨울에는 눈이 많이 안 내렸어.	It didn't snow heavily last winter.
난 눈사람을 만들어.	I make a snowman.
우린 4계절이 있어.	We have 4 seasons.
봄, 여름, 가을, 겨울이야.	They are spring, summer, fall and winter.
어떤 계절을 가장 좋아해?	Which season do you like best?
여름이 가장 좋아.	I like summer best.
초여름에 해양 스포츠를 즐겨.	We enjoy water sports in early summer.
선풍기를 켜.	Turn on the fan.
에어컨을 좀 더 세게 틀어.	Turn the air-conditioner up a bit.
가을은 책 읽기 좋은 계절이야.	Autumn is a good season for reading books.
가을에는 나뭇잎이 빨갛게 단풍이 들어.	The leaves change color to red in autumn.
난 가을 타. (가을에는 감성적이야.)	I get sentimental in fall.
점점 더 추워지고 있어.	It's getting colder and colder.
기온이 많이 떨어졌어.	The temperature fell a lot.
얼어 죽겠어.	I'm freezing to death.
거리가 얼었어.	The street is frozen.
추위를 견딜 수 없어.	I can't stand the cold.
손 시려.	My hands are freezing.
오늘 아침에 영하 5도였어.	It was −5℃ this morning.
난 추위를 잘 타.	I'm sensitive to the cold.
긴 팔 옷들을 꺼내.	Take out the long sleeved clothes.
따뜻한 옷을 챙겨.	Take your warm clothes.
겨울에는 스키와 스노보드를 탈 수 있어.	I can take ski and snowboard in winter.
봄이 오고 있어.	Spring is coming.
점점 더 따뜻해지고 있어.	It's getting warmer and warmer.
온도가 올라가고 있어.	The temperature is going up.

너 입 냄새가 있어.	You have a bad breath.
너 입에서 이상한 냄새가 나.	Your breath smells odd.
난 양치질한다.	I brush my teeth.
일어난 직후에 양치한다.	I brush my teeth right after I get up.
매 식사 후에 2분 동안 양치한다.	I brush my teeth for 2 minutes after every meal.
칫솔과 치약을 든다.	I pick up a toothbrush and a tooth paste.
칫솔을 헹군다.	I rinse off the toothbrush.
치약을 밑에서부터 짠다.	I squeeze the toothpaste from the bottom.
칫솔에 치약을 조금 묻힌다.	I put a little toothpaste on my toothbrush.
치약 뚜껑을 닫는다.	I close the lid of the toothpaste.
치약에서 박하맛이 난다.	A tooth paste has a mint taste.
이를 제대로 닦는다.	I brush my teeth properly.
위아래로 닦는다.	I brush up and down.
안쪽 깊이 닦는다.	I brush deep inside.
혀와 잇몸도 닦는다.	I brush my tongue and gums also.
치약을 뱉는다.	I spit out the toothpaste.
물로 입을 헹군다.	I rinse my mouth with water.
가글로 입을 헹군다.	I gargle with mouthwash.
칫솔과 치약을 제자리에 둔다.	I put back the toothbrush and toothpaste.
입이 상쾌/개운하다.	My mouth feels refreshed.

세수한다.	I wash my face.
얼굴에 물을 뿌린다.	I splash water on my face.
비누로 거품을 낸다.	I make some foam with soup.
얼굴을 찬물로 헹군다.	I rinse my face with cold water.
손에 아직도 거품이 있다.	There is still foam on my hand.
손에 세균들이 많다.	There are a lot of germs on my hands.
비누로 손과 손목을 씻는다.	I wash my hands and wrists with soap.
비누로 손을 문지른다.	I scrub my hands with soap.
손가락 사이를 문지른다.	I rub between my fingers.
얼굴이 당긴다. (건조하다.)	My face feels dry.
얼굴에 스킨을 바른다.	I apply toner on my face.
얼굴에 로션을 듬뿍 바른다.	I apply the lotion generously onto face.
얼굴 전체에 고르게 펴 바른다.	I spread it out all over my face.
눈 주변 부위는 피한다.	I avoid the area around my eyes.
잘 문지른다.	I rub it well.
얼굴을 살살 두드린다.	I pat my face gently.
몸에 로션을 바른다.	I put the lotion on my body.
피부가 부드럽고 촉촉해졌다.	My skin got soft and moist.
면도기로 면도한다.	I shave my face with a shaver.
전기면도기로 면도한다.	I shave my face with an electric razor.
일부를 놓친다. (면도를 잘 못했다.)	I miss some spots.
면도 후 바르는 로션을 내 손에 짠다.	I squeeze the after-shave lotion on my hands.

잠시 실례할게.	Excuse me.
화장실에 간다.	I go to the restroom.
화장실 문을 노크한다.	I knock on the door of the toilet.
화장실(욕실)에 누가 있다.	Somebody is in the bathroom.
쌀 것 같다. (대변)	I'm about to poop.
바지에 쌀 뻔했다. (소변)	I almost peed in my pants.
소변을 참는다.	I hold my pee.
공중화장실을 사용해.	Use a public bathroom.
화장실이 어디야?	Where is the restroom?
남자 화장실이 어디야?	Where is the men's room?
여자 화장실이 어디야?	Where is the women's room?
잘 찾아봐.	Look for it carefully.
화장실에 빨리 간다.	I go to the restroom fast.
화장실이 비었다.	The restroom is vacant.
문을 닫는다.	I close the door.
바지를 내린다.	I pull down my pants.
변기 자리를 올린다. (남자 소변)	I hold up the toilet seat.
변기에 앉는다.	I sit on the toilet.
볼일을 본다.	I do the business.
소변 본다.	I pee.
대변 본다.	I poop.
조용히 방구 뀐다.	I fart quietly.
코를 막는다.	I hold my nose.
바닥에 침 뱉지 않는다.	I don't spit on the floor.
휴지 좀 갖다 줘.	Bring some tissue, please.
화장실 휴지를 아껴 쓴다.	I save the toilet paper.
밑을 닦는다.	I wipe my bottom.
바지를 올린다.	I pull up my pants.
사용한 뒤에 물을 내린다.	I flush the toilet after use.
냄새를 없앤다.	I remove the smell.

옷을 입는다.	I get dressed.
옷을 입는다.	I wear the clothes.
옷을 벗는다.	I take off clothes.
얇은 옷을 입는다.	I wear the light clothes.
두꺼운 옷을 입는다.	I put on the heavy clothes.
외투를 입는다.	I put on my jacket.
외투를 입는다.	I wear my jacket.
외투를 벗는다.	I take off my jacket.
셔츠를 올린다. (배를 보일 때)	I pull up my shirt.
셔츠를 내린다.	I pull down my shirt.
셔츠 단추를 채운다.	I button my shirt.
셔츠 단추를 푼다.	I unbutton my shirt.
너 지퍼가 열렸어.	Your zipper is open.
너 지퍼가 열렸어.	Your fly is open.
바지 지퍼를 올린다.	I zip up my pants.
등의 옷 지퍼를 올린다.	I zip up my dress at the back.
바지 지퍼를 내린다.	I unzip my pants.
벨트를 채운다.	I fasten my belt.
벨트를 푼다.	I loosen my belt.
소매를 걷는다.	I fold my sleeves.
소매를 말아 올린다.	I roll up my sleeves.
소매를 내린다.	I roll down my sleeves.
넥타이를 맨다.	I tie my tie.
넥타이를 푼다.	I untie my tie.
양말을 신는다.	I wear my socks.
양말을 벗는다.	I take off my socks.
신발을 신는다.	I wear my shoes.
신발을 벗는다.	I take off my shoes.
신발을 준비한다.	I get my shoes ready.
정장과 함께 구두를 신는다.	I wear my dress shoes with suit.

오늘 어떤 타이를 매야 되지?	Which tie should I wear today?
오늘 뭘 입어야 돼?	What should I wear today?
입을 게 없어.	I have nothing to wear.
깨끗한 옷이 없어.	I have no clean clothes.
이 옷 상태가 안 좋아.	The condition of these clothes is bad.
난 낡아빠진 치마가 하나 있어.	I have an wornout skirt.
이 치마는 낡았어/닳았어.	This skirt is worn out.
이 후드티는 너무 얇고 오래됐어.	This hoodie is very thin and old.
내 옷 봤어?	Have you seen my clothes?
여기서 내 옷 봤어?	Have you seen my clothes around here?
어디에 뒀더라?	Where did I leave it?
여기 뒀는데.	I put it here.
그 다음에 다른 데로 안 치웠어.	I didn't take it somewhere after that.
너한테 없어?	Not with you?
서랍을 연다.	I open the drawer.
옷장을 뒤진다.	I go through my closet.
옷장을 찾아본다.	I look in my closet.
양복바지를 찾는다.	I search for my dress pants.
너 트레이닝복(추리닝) 상의는 이 옷걸이에 있어.	Your sweat shirt is on this clothes rack.
가서 갈아입어.	Go change.
깨끗한 옷으로 갈아입어.	Change into the clean clothes.
정장으로 갈아입는다.	I change into a business suit.
어떤 신발을 신고 싶어?	What shoes do you want to wear?
어떤 신발이 맘에 들어?	Which shoes are your favorite?
난 부츠를 가장 좋아해.	I like boots the most.
하이힐은 그 다음이야.	High heels are the next.

011

식사

또 배고파.	I'm hungry again.
배고파 죽겠어.	I'm starving.
아침 먹었어?	Did you eat breakfast?
아침 뭐 먹었어?	What did you have for breakfast?
아침으로 간단히 먹었어.	I had a light meal for breakfast.
브런치를 먹었어.	I had a brunch.
이른 점심을 먹었어.	I had an early lunch.
늦은 점심을 먹었어.	I had a late lunch.
난 점심을 건너뛰었어.	I skipped lunch.
뭐 좀 먹자.	Let's eat something.
어떤 거?	Like what?
물 줘?	You want some water?
시원한 거 줘?	You want something cold?
친구들과 간식 나눠먹어.	Share the snack with friends.
집에서 먹을까 아니면 외식할까?	Eat at home or eat out?
저녁에 외식하자.	Let's eat out for dinner.
저녁 먹으러 나가자.	Let's go out for dinner.
저녁으로 중국 음식을 시켜.	Order Chinese food for dinner.
배달돼요?	Do you deliver?
간단히 먹자.	Let's have a light meal.
지금 저녁 하고 있어.	I'm making dinner now.
저녁 차릴게.	I'll have dinner ready.
그때까지 기다려.	Wait until then.
저녁이 뭔데?	What's for dinner?
저녁으로 뭐 요리하고 있어?	What are you cooking for dinner?
저녁이 언젠데?	When is dinner?
저녁은 금방 준비될 거야.	Dinner will be ready soon.
저녁이 거의 다 됐어.	Dinner is almost ready.
저녁 다 됐어.	Dinner is ready.
주방에서 도와줘.	Give me a hand in the kitchen.

우유가 떨어졌다.	I'm out of milk.
먹을 게 아무것도 없다.	I have nothing to eat.
슈퍼에 간다.	I go to the grocery store.
요리재료들을 산다.	I buy some ingredients.
주방으로 걸어간다.	I walk to the kitchen.
앞치마를 입는다.	I wear an apron.
음식 재료를 준비한다.	I prepare the food stuff.
냉장고에서 야채들을 꺼낸다.	I take out vegetables from the fridge.
뚜껑을 연다.	I open the lid.
뚜껑을 닫는다.	I close the lid back.
요리한다.	I cook.
밥한다.	I cook rice.
파스타를 만든다.	I make a pasta.
파프리카로 요리한다.	I cook with paprika.
이거 어떻게 해?	What should I do with this?
이 요리법을 따라할 뿐이야.	I just follow this recipe.
버섯들을 물에 담근다.	I soak mushrooms in water.
상추를 한 장씩 씻는다.	I wash the lettuce one by one.
쌀을 헹군다.	I rinse the rice.
그것을 믹서로 간다.	I grind it with the blender.
그 음식을 소스로 양념한다.	I season the food with sauce.
그것을 양념과 섞는다.	I mix it with the seasoning.
양배추와 새우를 섞는다.	I mix the cabbage and the shrimp.
토마토를 칼로 자른다.	I cut the tomatoes with a knife.
그것들을 다듬는다.	I trim them.
감자를 튀긴다.	I fry the potatoes.
빵을 굽는다.	I bake the bread.
애호박을 볶는다.	I stir-fry a zucchini.
여러 번 젓는다.	I stir it several times.
김치찌개를 데운다.	I heat up the kimchi soup.

떡을 굽는다.	I toast the rice cake.
토스트에 버터를 바른다.	I butter the toast.
토스트에 잼을 고르게 바른다.	I spread jam evenly on my toast.
계란에 케첩을 조금 짠다.	I squeeze some ketchup on my eggs.
주전자로 물을 끓인다.	I boil water with a kettle.
냄비에 물을 끓인다.	I boil water with a pot.
음식 재료들을 모은다.	I put the ingredients together.
그것들을 냄비에 붓는다.	I pour them into a pot.
그것들을 순서대로 넣는다.	I put them in order.
면을 봉지에서 꺼낸다.	I take the noodles out of the package.
두 조각으로 쪼갠다.	I break them into two chunks.
면을 끓는 물에 넣는다.	I put the noodles in the boiling water.
여기에 설탕을 넣는다.	I add sugar to this.
맛을 본다. (간을 본다.)	I taste it.
맛을 본다. (간을 본다.)	I see the taste.
소금과 양념을 더 넣는다.	I add more salt and some spice.
냄비를 가스레인지에 올린다.	I put the pot on the stove.
프라이팬을 덮는다.	I cover the frypan.
가스레인지 불을 켠다.	I turn on the gas stove.
불을 높인다.	I turn up the heat.
불이 너무 세다.	The heat is very hot.
음식이 눌러 붙는다.	Food sticks to it.
불을 줄인다.	I turn down the heat.
면을 약한 불에 끓인다.	I simmer the noodles.
그런 뒤에 익을 때까지 기다린다.	After that, I wait until it gets cooked.
김이 올라온다.	Steam comes up.
냄비 뚜껑을 들어올린다.	I lift the lid of the pot.
가스레인지를 끈다.	I turn off the gas stove.
가스밸브를 잠근다.	I turn off the gas valve.
전자레인지에서 1분 동안 돌린다(요리한다).	I cook it for 1 minute in the micro oven.

상을 차린다.	I set the table.
냉장고를 연다.	I open the refrigerator.
냉장고 안을 확인한다.	I check the inside of the fridge.
냉장고에서 반찬들을 꺼낸다.	I take out side dishes from the fridge.
반찬을 준비한다.	I prepare side dishes.
내 접시에 오이를 담는다.	I put the cucumbers on my plate.
그것을 가운데에 담는다.	I put it in the center.
우유를 한 잔 따른다.	I pour a glass of milk.
식탁에 숟가락을 둔다.	I put the spoons on the table.
컵에 정수기 물을 따른다.	I pour purified water in the cup.
냄비 장갑을 낀다.	I wear oven gloves.
냄비받침을 테이블 위에 둔다.	I place a pot stand on the table.
냄비를 테이블로 이동한다.	I move the pot to the table.
이 프라이팬을 식탁에 가져간다.	I take this pan to the table.
냄비에서 국자로 국을 푼다.	I scoop the soup from the pan with a ladle.
그것을 국그릇에 담는다.	I put it into the soup bowl.
밥통에서 주걱으로 밥을 푼다.	I get some rice from a rice cooker with a rice spatula.
밥을 그릇에 담는다.	I put rice in a bowl.
밥이 너무 많다.	I have so much rice.
조금 덜어낸다.	I take out a little.
아빠 불러.	Call dad.
가족들을 부른다.	I call family.
아침 먹으라고 형을 부른다.	I call my brother to have breakfast.
식사 시간이야.	It's time to eat.
아침 먹을 시간이야.	It's time for breakfast.
가고 있어.	I'm coming.
식사 전에 손을 씻는다.	I wash my hands before meals.

26

식탁에 앉는다.	I sit at the table.
식탁에 제대로 앉는다.	I sit properly at the table.
내 입에 벌써 군침이 돈다.	My mouth is already watering.
침을 많이 흘린다.	I drool too much.
맛있게 먹어./식사 맛있게 하세요.	Enjoy your meal.
점심 맛있게 먹어.	Have a good lunch.
잘 먹겠습니다./잘 먹었습니다.	Thank you for the food.
많이 먹어.	Help yourself.
골고루 먹어.	Eat every foods.
천천히 먹어.	Eat slowly.
천천히 해.	Take your time.
천천히 먹어.	Take your time eating.
잘 먹네.	You are eating well.
먹어봐.	Try.
이거 먹어봐.	Try this.
이건 네 입맛에 맞을 거야.	This will suit your taste.
맛 봐도 돼? (시식)	Can I taste it?
내가 먹어볼게.	Let me try it.
맛이 어때?	How does it taste?
맛이 좋아.	It tastes good.
맛있어.	It's yummy.
맛있어.	It's delicious.
진짜 맛있어.	It's really tasty.
담백해.	It's plain.
신선해.	It's fresh.
나한테 딱 맞아.	This is perfect for me.
여기에 뭘 넣은 거야?	What did you put in here?
맛이 왜 이래?	What's wrong with this taste?
내 음식에 이상한 게 있어.	There's something strange in my food.
맛없어./지독해.	It's awful.

맛없어.	It's terrible.
이상한 맛이 나.	It tastes strange.
상했어.	It went bad.
식었어.	It's gone cold.
썩었어.	It's rotten.
느끼해./기름기가 많아.	It's oily.
느끼해./기름기가 많아.	It's greasy.
시어.	It's sour.
매워.	It's spicy.
쫄깃쫄깃해.	It's chewy.
바삭바삭해.	It's crispy.
녹고 있어.	It's melting.
벌써 녹았어.	It's already melted.
너무 물렁물렁해/흐물흐물해.	It's too soft.
너무 딱딱해.	It's too hard.
짜.	It tastes salty.
써.	It tastes bitter.
밋밋해.	It tastes flat.
잘 안 익었어.	It's not cooked well.
고기가 너무 질겨.	The meat is too tough.
고기가 너무 익혀졌어.	The meat is overcooked.
고기가 덜 익혀졌어.	The meat is undercooked.
국이 약간 싱거워.	The soup is a little bland.
국이 미지근해.	The soup is lukewarm.
감이 약간 덜 익었어.	A persimmon is a little unripe.
이건 잘 익었어.	This ripened well.
빨대로 마셔.	Drink with a straw.
포크를 제대로 사용해.	Use your fork right.
테이블에 있어.	Stay at the table.
가만히 앉아 있어.	Sit still.

돌아다니지 마.	Stop moving.
식탁에서(식사 중에) 트림하지 마.	Don't burp at a table.
난 음식을 빨리 먹어.	I'm a fast eater.
난 음식을 천천히 먹어.	I'm a slow eater.
난 대식가야/많이 먹어.	I'm a big eater.
난 조금 먹어.	I eat too small.
식사를 한다.	I have a meal.
숟가락을 든다.	I pick up a spoon.
김치찌개에 밥을 만다(넣는다).	I put some rice into the kimchi soup.
국에 밥을 만다.	I stir the rice in the soup.
젓가락을 이렇게 쥔다.	I hold my chopsticks like this.
손가락 사이로 잡는다.	I hold it between my fingers.
입을 다물고 잘 씹는다.	I chew it well with my mouth closed.
그것을 삼킨다.	I swallow it down.
집게로 고기를 굽는다.	I grill the meat with tongs.
상추로 고기를 싼다.	I wrap the meat with lettuce.
그것을 다양한 방법으로 먹는다.	I eat it in various ways.
입을 닦는다.	I wipe my mouth.
식사 중에 대화를 한다.	I have a conversation during the meal.
나한테 후추 좀 줘.	Pass me the pepper.
더 먹어.	Eat some more.
더 먹어.	Have some more.
하나 더 먹어봐.	Try another one.
나 더 먹어도 돼?	Can I have some more?
밥 더 먹을 수 있어요?	Can I have more rice?
나 한 입 먹을 수 있어?	Can I have a bite?
나 한 모금 마실 수 있어?	Can I have a sip?
한 입 줘.	Give me a bite.
한 모금 줘.	Give me a sip.
더 원해?	Do you want more?

조금만 더.	A little more.
조금 더 줘.	Give me some more.
이만큼?	This much?
몇 개 더?	How many more?
4개 다.	4 altogether.
이거 충분해?	Is this enough?
충분하지 않아.	That's not enough.
너무 많이 먹지 마.	Don't eat too much.
많이 먹지 마./과식하지 마.	Don't overeat.
누나를 위해서 음식을 남긴다.	I leave some food for my big sister.
남기지 마.	Don't leave it.
다 먹어 치운다.	I eat it up.
내 음식을 다 먹는다. (접시를 비운다.)	I clean my plate.
한 그릇을 다 먹는다.	I finish one entire bowl.
저녁식사를 마친다.	I finish up my dinner.
다 먹었어? (끝났어?)	Are you finished?
다 먹었어? (끝났어?)	Are you done?
벌써 다 먹었어? (벌써 끝났어?)	Are you already done?
거의 다 먹었어. (거의 다 끝났어.)	I'm almost done.
다 먹었어. (끝났어.)	I'm done.
난 그만 먹어.	I stop eating.
충분히 먹었어.	I had enough.
너무 많이 먹었어.	I ate too much.
벌써 배불러.	I'm already full.
더 이상 먹을 수가 없어.	I can't eat anymore.
식사 맛있게 했어?	Did you enjoy your meal?
진짜 잘 먹었어요.	I really enjoyed the meal.
당신은 훌륭한 요리사예요.	You're a great cook.

식탁/상을 치운다.	I clear the table.
남은 음식은 냉장고에 넣는다.	I put the leftovers into the fridge.
그릇들을 치운다.	I put away the dishes.
그릇들을 싱크대에 넣는다.	I put the dishes in the sink.
더러운 접시들이 싱크대에 쌓여 있다.	Dirty dishes are piling up in the sink.
설거지한다.	I do the dishes.
지금부터 설거지한다.	I wash dishes from now on.
고무장갑을 낀다.	I put on the rubber gloves.
수세미에 주방세제를 묻힌다.	I put some dish soap on the dish sponge.
주방세제로 그릇들을 닦는다.	I wash the plates with the dish detergent.
그릇에 아직도 음식이 남아 있다.	There is still food on the bowl.
그것을 휴지로 닦아낸다.	I clean it off with a tissue.
박박 닦는다.	I wash them thoroughly.
아직도 그 위에 기름이 남아 있다.	There is still some oil on it.
기름진 음식은 닦기가(떼기가) 어렵다.	Oily food is hard to get off.
뜨거운 물로 그것들을 씻는다.	I wash them with hot water.
그릇들이 너무 미끄럽다.	Plates are so slippery.
그릇들을 조심히 다룬다.	I handle these bowls carefully.
컵을 깼다.	I broke up a cup.
이 접시에 금이 갔다.	This dish got a crack.
아까워!	What a waste!
살살해.	Do it gently.
깰 수 있어.	You can break it.
그릇을 헹군다.	I rinse the dishes.
그릇을 건조대에 엎어 놓는다.	I place the bowls upside down on the dish rack.
행주로 이 그릇들을 닦는다.	I dry these dishes with a dish towel.
싱크대를 청소한다.	I clean the sink.
껍질을 쓰레기통에 버린다.	I throw the shell into the garbage.
햇빛 아래에 도마를 말린다.	I dry the cutting board under the sun.
키친타월로 식탁을 닦는다.	I wipe the table with a paper towel.

약속/외출

기분 전환이 필요하다.	I need a change of scenery.
친구들과 약속을 한다.	I make an appointment with friends.
시간과 장소를 정한다.	I set the date and the place.
물건들을 가방에 넣는다.	I put my things into my bag.
외모를 꾸민다./치장한다.	I decorate my body.
옷을 입는다.	I wear clothes.
신발장에서 신발을 꺼낸다.	I take my shoes out from the shoe rack.
신발을 신는다.	I wear shoes.
열쇠를 챙긴다.	I take the key.
현관문으로 간다.	I go to the front door.
문이 잘 열리지 않는다.	The door doesn't open easily.
문을 밀어서 연다.	I push open the door.
현관문을 잠근다.	I lock the front door.
집을 나선다.	I leave my house.
밖으로 나간다.	I go out.
약속장소로 이동한다.	I move to the meeting place.
친구들을 기다린다.	I wait for my friends.
친구들에게 인사한다.	I greet my friends.
새로운 친구를 소개받는다.	I'm introduced to a new friend.
어색한 분위기를 푼다.	I break the ice.
친구들과 대화한다.	I have a conversation with the friends.
그들과 같이 논다.	I hang out with them.
저녁을 먹는다.	I eat dinner.
그들과 같이 영화를 본다.	I watch a movie with them.
술을 마신다.	I drink alcohol.
스트레스를 푼다.	I relieve my stress.
새로운 친구의 연락처를 받는다.	I get the contact of the new friend.
그 연락처를 내 주소록에 추가한다.	I add the contact to my address book.
그들에게 작별 인사를 한다.	I say good-bye to them.
친구들과 헤어진다.	I part with my friends.

021

나 나가.	I'm off.
2시간 안에 돌아와.	I come back in two hours.
잠깐이면 돼.	It's only for a while.
곧 돌아올 거야.	I'll be right back.
곧 돌아올 거야.	I'll be back soon.
곧 집에 있을 거야.	I'll be home soon.
오후에 돌아올게.	I'll be back in the afternoon.
오후 6시까지 돌아올게.	I'll be back by 6pm.
저녁 전에 돌아올 거야.	I'll come back before dinner.
어두워지기 전에 돌아올게.	I'll be back before dark.
밤 10시까지 집에 올게.	I'll come home by 10pm.
너무 멀리 가지 마.	Don't go too far.
집 근처에 있을 거야.	I'll stay around the house.
아파트 단지 밖으로 나가지 마.	Don't go out of the apartment complex.
아파트 단지 내에 있을 거야.	I'll stay inside the apartment complex.
오늘 조금 늦어.	I'm a little late today.
조금 늦을 수 있어.	I can be a little late.
일찍 와.	Come early.
술 마시지 말고 집에 일찍 와.	Don't drink and come home early.
일 끝나고 바로 집으로 올 거야.	I'll come home right after work.
과연 그럴까.	I doubt it.

뭐하고 있어?	**What are you doing?**
오늘 뭐해?	**What are you going to do today?**
오늘 저녁에 약속 있어?	**Do you have any plans for this evening?**
내일 약속 있어?	**Do you have an appointment tomorrow?**
잠시 시간 있어?	**Do you have a minute?**
얘기할 시간 있어?	**Do you have time to talk?**
커피 마실 시간 있어?	**Do you have time for coffee?**
너한테 얘기해야 돼.	**I need to talk to you.**
너에게 할 말이 있어.	**I have something to tell you.**
너에게 줄 게 있어.	**I have something to give you.**
만나자.	**Let's meet up.**
네 얼굴 좀 보여줘.	**Show your face.**
점심에 우리한테 합류할래?	**Will you join us for lunch?**
저녁 먹으러 가자.	**Let's go for dinner.**
저녁 같이 먹자.	**Let's have dinner together.**
얘기하자.	**Let's talk.**
저녁 먹으면서 얘기하자.	**Let's talk over dinner.**
어디 가서 커피 마시면서 얘기하자.	**Let's talk over coffee somewhere.**
목요일에 바빠?	**Are you busy on Thursday?**
다음 주 금요일에 한가해/널널해?	**Are you free next Friday?**
월요일 저녁 8시 돼?	**Are you available at 8pm Monday?**
퇴근 후는 어때?	**How about after work?**
화요일 저녁 어때?	**How about Tuesday evening?**
돌아오는 화요일 저녁 어때?	**How about this coming Tuesday evening?**
금요일 밤에 놀자.	**Let's hang out on Friday night.**
특별한 거 없어.	**There is nothing special.**
내 스케줄 먼저 볼게.	**First let me check my schedule.**
그러고 나서 너한테 알려줄게.	**Then I'll let you know.**
지금 한가해.	**Now I'm free.**
타이밍 좋아.	**Good timing.**

023

너 언제 한가해?	When are you free?
너 언제 가능해?	When are you available?
언제가 너한테 좋아?	When is good for you?
언제가 너한테 편해?	When is convenient for you?
토요일 빼고 아무 요일이나.	Any day except Saturday.
아무 때나.	At any time.
아무 때나 돼.	Anytime is OK.
오후 아무 때나.	Anytime in the afternoon.
오전엔 한가해.	I'm free in the morning.
목요일이 나한테 더 좋아.	Thursday is better for me.
일요일 늦게.	Late on Sunday.
그날 괜찮아.	That day is fine.
대략 몇 시?	About what time?
몇 시가 가장 좋아?	What time is the best?
점심 먹고.	After lunch.
오후 2시 이후에 아무 때나.	Anytime after 2pm.
2시 이후에 한가할거야.	I'll be free after 2.
오후 6시가 나한테는 가장 좋아.	6pm is best for me.
12시로 하자.	Let's make it 12.
시간 바꿀 수 있어?	Can I change the time?
더 일찍 볼 수 있어?	Can I meet you earlier?
조금 더 늦게 만날 수 있어?	Can I meet you a little later?
시간을 4시로 바꾸고 싶어.	I want to change the time to 4pm.
4시로 하자.	Let's make it for 4 o'clock.
이따 보자.	See you in a bit.

우리 어디서 만나?	Where do we meet?
나 어디로 가야 돼?	Where should I go?
어디가 너한테 가장 편해?	Where is the most convenient for you?
너가 원하는 아무데나.	Any place you want.
아무데나 다 좋아.	Anywhere is OK.
내가 너한테 갈게.	I'll go to you.
너가 시간과 장소를 정해.	You pick the time and the place.
어디에서 널 태워줄까?	Where can I pick you up?
우리 집으로 와.	Come over to my house.
거기는 우리 집에서 멀어.	It's far from my home.
중간에서 만나자.	Let's meet halfway.
베를린에서 만나자.	Let's meet in Berlin.
역에서 어때?	How about at the station?
명동역 4번 출구에서 만나자.	Let's meet at exit 4 of Myungdong station.
그러고 나서 같이 가자.	Then let's go together.
거기 있을게.	I'll be there.
도착해서 연락할게.	I'll contact you when I get there.
약속 지켜.	Keep your promise.
약속 잊지 마.	Don't forget the promise.
4시에 봐.	See you at 4.
그때 봐.	See you then.
거기서 봐.	See you there.
그때 거기서 봐.	See you there then.
사무실에서 봐.	See you at the office.
아침에 만나.	See you in the morning.
이따 오후에 봐.	See you later in the afternoon.
내일 봐.	See you tomorrow.
이번 목요일에 봐.	See you this Thursday.
금요일에 봐.	See you on Friday.
다음 주에 봐.	See you next week.

025

지금은 곤란해/어려워.	Now it's difficult for me.
타이밍이 안 좋아.	Bad timing.
나중에 얘기하자.	Let's talk later.
지금 안 돼.	Not this time.
오늘은 안 돼.	Not today.
오늘 약속 있어.	I booked up today.
선약이 있어.	I have a previous appointment.
이미 선약/다른 약속이 있어.	I already have other plans.
스케줄이 꽉 찼어.	My schedule is full.
시간이 없어.	I don't have time.
그날 바빠.	I'm busy that day.
그때 안 돼.	I'm not available at that time.
다른 일들 때문에 바빠.	I'm busy with other work.
아니야, 고마워.	No, thank you.
고맙지만 안 돼.	Thank you but I can't.
미안하지만 할 수 없어.	Sorry but I can't.
안될 거 같아.	I'm afraid not.
그럴 기분 아냐.	I'm not in the mood.
여유가 없어. (준비가 안 됐어.)	I'm not ready.
이번에 넘어가자.	Let's pass this time.
다음에 어때?	How about next time?
다음에 하자.	Let's make it next time.
나중에 얘기하자.	Let's talk about it later.
우리 약속을 미루자.	Let's postpone our appointment.
우리 약속을 바꾸자.	Let's change our appointment.
우리 약속을 취소해야 돼.	I should cancel our appointment.
마음을 바꿨어.	I changed my mind.

나 따라 와.	Follow me.
나랑 같이 걸어.	Walk with me.
내 손 잡아.	Hold my hand.
천천히 걷는다.	I walk slowly.
걸을 때 앞을 본다.	I look ahead when I walk.
저쪽으로 간다.	I go that way.
왼쪽에 있다.	I keep left.
인도에 있다.	I stay on the sidewalk.
차도로 걷지 않는다.	I don't walk on the road.
큰 길을 따라 다닌다.	I go along the main street.
이웃들에게 인사한다.	I say hello to my neighbors.
어디 가?	Where are you going?
차 온다.	A car is coming.
차 지나간다.	A car is passing by.
차 조심해.	Watch out for cars.
신호등이 있다.	There are lights.
신호등을 본다.	I watch for the traffic light.
빨간불이다.	The light is red.
다음 신호를 기다린다.	I wait for the next light.
신호등이 바뀌기를 기다린다.	I wait for the light to change.
불이 녹색으로 변할 거다.	The light is going to turn green.
녹색불을 기다린다.	I wait for the green light.
신호가 빨간불로 바뀌었다.	The signal turned red.
녹색불이다.	The light is green.
양쪽을 확인한다.	I check the both sides.
옆을 본다.	I look sideways.
양쪽을 본다.	I look both ways.
길을 건넌다.	I cross the street.
횡단보도를 건넌다.	I cross the crosswalk.
녹색불이 깜빡거린다.	The green light is flickering.

길을 잃었어.	I'm lost.
길을 잃었어.	I lost my way.
지금 여기가 어디예요?	Where am I now?
그 장소에 어떻게 가야 돼요?	How can I get to the place?
이 장소에 가는 가장 좋은 방법이 뭐예요?	What's the best way to get to this place?
어떤 길이 에펠탑으로 가요?	Which way is to the Eiffel tower?
가까운 지하철역은 어디예요?	Where is the nearby metro station?
편의점으로 가는 길을 가르쳐줄 수 있나요?	Can you tell me the way to the convenience store?
나도 여행자예요.	I'm also a tourist.
나는 여기 처음이에요.	I'm new here.
다른 사람한테 물어보세요.	Ask someone else.
여기서 멀어요?	Is it far from here?
많이 멀어요?	Is it too far?
여기서 가까워요./근처예요.	It's near here.
지하철역에서 가까워요.	It's near from the subway station.
한 블록 떨어져 있어요.	It's one block away.
오래 걸려요?	Will it take long?
오래 안 걸려요.	It doesn't take long.
여기서 얼마나 멀어요?	How far is it from here?
얼마나 멀리 가야 돼요?	How far should we go?
얼마나 오래 걸려요?	How long does it take?
몇 시간 걸려요?	How many hours does it take?
한 시간 반 걸려요.	It takes one hour and a half.
차로 한 시간 거리에 있어요.	It's one hour away by driving.
거기 걸어갈 수 있어요?	Can I walk there?
걸어서 얼마나 걸려요?	How long does it take by walking?
여기서 걸어서 약 15분 거리예요.	It's about 15 minutes walk from here.
거기 가는 데 대략 15분 걸릴 거예요.	It'll take you about 15 minutes to get there.
지름길 있어요?	Is there a shortcut?
그건 돌아가는 길(우회로)이에요.	That's a detour.

걷기에는 너무 멀어요.	It's too far to walk.
뭐가 더 좋아요? 버스와 지하철 중에.	Which is better? Bus or subway.
뭐가 더 빨라요?	Which is faster?
지하철이 가장 빨라요.	Metro is the fastest.
택시를 타고 기사에게 물어보세요.	Take a taxi and ask the taxi driver.
따라와요.	Follow me.
내가 데려다줄게요.	I'll take you there.
나도 거기로 가요.	I'm going that way, too.
이 길로 가세요.	Go this way.
이쪽으로 오세요.	Come this way.
이쪽이요.	This way, please.
저기 있어요.	It's over there.
다음 길이에요.	Next street.
다음 다음 길이에요.	Next next street.
저 간판 보여요?	Can you see that sign?
저기에 저 큰 빌딩 보여요?	Can you see that tall building over there?
숲 옆에 미술관 보여요?	Can you see the gallery next to the forest?
먼저 이 길을 따라가세요.	First, follow this street.
앞으로 쭉 가세요.	Go straight ahead.
이 길로 직진하세요.	Go straight this way.
3블럭을 쭉 직진하세요.	Go straight three blocks.
그리고 나서 건너편으로 길을 건너세요.	Then cross the street to the opposite side.
그리고 첫 번째 코너에서 우회전하세요.	And turn right at the first corner.
그럼 삼성이라는 간판을 볼 거예요.	Then you'll see the sign 'SAMSUNG'.
우체국이 있을 거예요.	There will be a post office.

그것은 당신 왼쪽에 있어요.	It's on your left side.
그것은 당신 오른쪽에 있어요.	It's on your right side.
그것은 그 매장의 왼쪽에 있어요.	It's at the left of the shop.
그것은 그 매장의 오른쪽에 있어요.	It's at the right of the shop.
그것은 반대쪽에 있어요.	It's on the other side.
그것은 박물관 뒤에 있어요.	It's behind the museum.
그것은 길 건너편에 있어요.	It's across the street.
그것은 식당 옆에 있어요.	It's next to the restaurant.
그것은 서점과 은행 사이에 있어요.	It's between the bookstore and the bank.
그것은 복도 끝에 있어요.	It's at the end of the hall.
그것은 계단 근처에 있어요.	It's near the staircase.
그것은 본관에 있어요.	It's in the main building.
그것은 별관에 있어요.	It's in the annex building.
그것은 위층에 있어요.	It's upstairs.
그것은 아래층에 있어요.	It's downstairs.
그것은 옥상에 있어요.	It's on the rooftop.
그것은 그 경기장 지나면 바로 있어요.	It's just past the stadium.
그것은 네이든 거리 중간에 있어요.	It's in the middle of Nathan road.
그것은 다른 층에 있어요.	It's on the different floor.
그것은 다른 빌딩에 있어요.	It's in the different building.

버스 정류장이 어디예요?	Where is the bus stop?
어디서 버스를 탈 수 있어요?	Where can I ride a bus?
어떤 버스가 멜버른 가요?	Which bus goes to Melbourne?
그 탑에 가려면 어떤 버스를 타야 돼요?	Which bus should I take to go to the tower?
피렌체 가는 버스를 타세요.	Take a bus to Firenze.
우리 몇 번 버스 타요?	What number of bus do we take?
7번을 타세요.	Take number 7.
우린 7번 버스를 탈거예요.	We'll take the bus number 7.
이 버스는 시내 가요?	Does this bus go to the downtown?
버스가 얼마나 자주 운행해요?	How often does the bus run?
30분마다 다녀요.	It runs every 30 minutes.
매표소는 어디예요?	Where's the ticket counter?
어디서 표를 살 수 있어요?	Where can I buy a ticket?
마카오 가는 표 한 장이요.	One ticket for Macao, please.
모스크바 가는 표 한 장 필요해요.	I need a ticket to Moscow, please.
요금은 얼마예요?	How much is the fare?
요금이 얼마예요?	What's the fare?
학생 요금은 얼마예요?	How much is the student fare?
기본 요금 나올 거예요.	It'll cost you the base fare.
2달러예요.	It's 2 dollars.
2달러 들어요.	It takes you 2 dollars.

노선도가 버스정류장에 게시되어 있다.	The route map is posted at the bus stop.
시간표를 살핀다.	I check the time table.
그 버스를 탈 수 있다.	I can catch the bus.
매표소로 향한다.	I head to the ticket booth.
서울역으로 가는 표를 산다.	I buy a ticket to Seoul station.
시애틀로 가는 표를 산다.	I get a ticket to Seattle.
몇 명이에요?	How many people?
어른 둘에 아이 하나요.	Two adults and one child.
환불돼요.	It's refundable.
교통카드를 충전한다.	I charge the transit card.
교통카드를 충전한다.	I recharge the transit card.
카드에 돈을 충전한다.	I put some money on my card.
카드를 돌려받는다.	I take the card back.
가서 버스 줄을 선다.	I go line up for the bus.
버스가 일찍 왔다.	The bus came early.
버스가 늦게 왔다.	The bus came late.
버스가 늦는다.	The bus is late.
버스가 정류장을 향해 오고 있다.	The bus is coming toward the stop.
버스가 멈출 때까지 기다린다.	I wait until the bus stops.
서쪽으로 가는 버스를 탄다.	I get on the west bound bus.
한 사람씩 버스를 탄다.	I get on the bus one by one.
앞 사람들을 밀지 않는다.	I don't push people ahead of me.

버스 운전사에게 인사한다.	I say hello to the bus driver.
버스 요금을 지불한다.	I pay the bus fare.
다시 하세요.	Try again, please.
교통카드를 단말기에 댄다.	I place my transportation card on the reader.
버스 뒤로 간다.	I go to the back of the bus.
뒤에 자리가 없다.	There is no seat in the back.
버스에 서 있는다.	I stand on the bus.
창밖을 본다.	I look out the window.
도로가 울퉁불퉁하다.	The road is bumpy.
중심을 잃는다.	I lose my balance.
앞으로 휘청거린다.	I lurch forward.
내 앞 여자의 등을 민다.	I push the back of the woman in front of me.
그녀에게 미안하다고 말한다.	I say sorry to her.
손잡이를 잡는다.	I grab the handle.
삼각형 손잡이를 잡는다.	I hold a strap.
안전봉을 잡는다.	I hold the safety bar.
(봉의) 더 아래를 잡는다.	I hold it lower down.
(봉의) 더 위를 잡는다.	I hold it higher up.
버스에서 잠든다.	I fall asleep on the bus.
정차벨을 누른다.	I press the stop bell.
내릴 준비를 한다.	I get ready to get off.
버스가 내가 내릴 정류장에 도착한다.	The bus arrives at my stop.
버스에서 천천히 내린다.	I get off the bus slowly.
뒷문으로 내린다.	I exit through the rear door.
버스정류장부터 뛰기 시작한다.	I start to run from the bus stop.

이 지하철이 시카고 가나요?	Does this subway go to Chicago?
이게 시드니 가는 지하철인가요?	Is this the subway to Sydney?
종점이 어디예요/뭐예요?	What's the last stop?
우리 지하철 몇 호선 타?	Which subway line do we take?
몇 호선이 뮌헨에 가요?	Which line goes to Munich?
3호선을 타세요.	Take line number 3.
도쿄까지 지하철을 타세요.	Take the subway to Tokyo.
어디서 갈아타요?	Where do I transfer?
어느 역에서 갈아타요?	What station do I transfer at?
시청역에서 2호선으로 갈아타세요.	Transfer to line 2 at City hall station.
다음 지하철은 언제예요?	When is the next subway?
지하철은 여기 금방 올 거예요.	The subway will be here soon.
4분 뒤에 도착해요.	It arrives here in 4 minutes.
늦게 와요.	It comes in late.
5분 늦게 와요.	It comes in 5 minutes late.
기차역으로 걸어간다.	I walk to the railway station.
지하철역으로 들어간다.	I go into the subway station.
자동 발매기를 이용한다.	I use the vending machine.
표 발매기로 걸어간다.	I walk to the ticket machine.
동전을 구멍에 넣는다.	I put coins into the slot.
동전을 깜빡했다/잊었다.	I forgot coins.

목적지를 위해 버튼을 누른다.	I push the button for the destination.
표 수량을 위해 버튼을 누른다.	I push the button for the quantity of the ticket.
표를 받는다.	I take a ticket.
개찰구 센서에 카드를 댄다.	I place my card on the gate sensor.
삐 소리가 난다.	It makes a beeping noise.
카드에 5천 원밖에 안 남았다.	There's only 5,000 won left on my card.
개찰구를 통과한다.	I pass through the gate.
플랫폼으로 가는 계단을 걸어내려 간다.	I walk down the steps to the platform.
노란색 선 뒤로 물러선다.	I step behind the yellow line.
안전선 뒤로 한 걸음 물러난다.	I take a step behind the safety line.
지하철 타는 줄이 있다.	There is a lineup to get on the subway.
두 사람 뒤에 줄을 선다.	I line up behind two people.
지하철이 승강장으로 접근하고 있다.	The subway is approaching the platform.
지하철을 탄다.	I get on the subway.
첫 번째 칸에 탄다.	I ride in the first car.
열차와 승강장 사이의 틈을 조심한다.	I watch the gap between the train and the platform.
가방이 문에 끼일 뻔했다.	My bag was almost caught in the door.
인파에 안으로 밀린다.	I get pushed in by people.
문에 기댄다.	I lean on the door.
지하철 안으로 더 들어간다.	I move further inside the subway.
빈자리를 찾는다.	I find an empty seat.

자리에 앉는다.	I take a seat.
어르신들을 위한 우대석이 있다.	There is priority seating for the elderly.
지하철이 1분 뒤에 떠난다.	The subway leaves in 1 minute.
어디서 내려야 돼요?	Where should I get off?
바르셀로나에 가려면 어디서 내려요?	Where do I get off for Barcelona?
경찰서 가려면 어디에서 내려야 돼요?	Where should I get off for the police station?
다음 정류장에서 내리세요.	Get off at the next stop.
토트넘까지 몇 정거장이에요?	How many stops are there to Tottenham?
여기서 네 정거장이에요.	The station is 4 stops from here.
네 정거장 남았어요.	You have 4 stops left.
여기가 무슨 역이에요?	What station is this?
다음 역은 어디예요?	What's the next stop?
다음 역은 홍익대학교역이에요.	The next stop is Hongik university station.
지하철에서 내린다.	I get off the subway.
계단을 걸어 올라간다.	I walk up the stairs.
몇 번 출구로 나와야 돼요?	Which exit should I come out of?
아테네로 가는 출구가 어디예요?	Where is the exit for Athens?
스톡홀름라고 써 있는 표지를 따라가세요.	Follow that sign marked Stockholm.
3번으로 나가세요.	Take exit 3.
출구 표시를 따라간다.	I follow the exit sign.
올바른 출구로 간다.	I go to the right exit.
3번 출구로 나간다.	I take exit number 3.
역의 3번 출구로 나온다.	I come out of exit 3 of the station.

택시 불러주세요.	Call a taxi for me, please.
택시 어디서 잡아요?	Where can I catch a taxi?
길에 선다.	I stand on road.
손을 내민다.	I put out my hand.
다른 택시 타세요.	Take another cab.
택시가 나를 지나쳤다.	A taxi passed by me.
택시가 내 주위에 멈춘다.	A taxi stops around me.
택시를 탄다.	I get in the taxi.
어디로 가세요?	Where are you going?
이 주소로 데려다 주세요.	Take me to this address.
택시기사에게 내 목적지를 말한다.	I tell the taxi driver my destination.
택시 요금이 얼마예요?	How much is the taxi fare?
이 장소까지 얼마예요?	How much is it to this place?
이건 정액 요금이에요.	This is a flat rate.
그것은 거리에 따라 달라요.	It depends on the distance.
택시기사가 미터기를 켠다.	The taxi driver turns on the meter.
기사에게 택시를 멈추라고 요청한다.	I ask the driver to stop the taxi.
택시기사가 길가에 1분간 머무른다.	The taxi driver stops on the roadside for 1 minute.
미터기는 올라가게 둔다.	I let the meter running.
지름길로 가주세요.	Take a short cut, please.
가장 빠른 길로 가주세요.	Take the fastest way, please.
얼마나 더 가야 돼요?	How much more should we go?
언제 거기 도착해요?	When do we arrive there?

아직 멀었어요.	It's still far away.
거의 다 왔어요.	I'm almost there.
저 은행에서 세워주세요.	Stop at that bank, please.
앞의 사거리에서 내려 주세요.	Drop me off at the intersection ahead.
여기가 나의 목적지다.	This is my stop.
내 목적지에 도착했다.	I arrived at my stop.
여기서 멈춰주세요.	Stop here, please.
저 여기서 내릴게요.	Let me get off here.
여기서 저 내려주세요.	Drop me here.
택시 요금을 확인한다.	I check the taxi fare.
요금이 너무 많다.	The fare is too much.
추가 비용을 낸다.	I pay extra.
밤에는 추가 요금을 내야 한다.	I should pay an extra charge in the night.
지불한다.	I pay for it.
잔돈/거스름돈을 받는다.	I get the change.
잔돈 잘못 줬어요.	You gave me the wrong change.
거스름돈을 제대로 받는다.	I get the right change.
동전은 필요 없어요.	I don't want coins.
지폐만.	Bills only.
잔돈은 가지세요.	Keep the change.
소지품을 확인한다.	I check my belongings.
택시에서 내린다.	I get off the taxi.

어디야?	Where are you?
어디쯤이야?	Where about?
곧 도착해.	I'll be right there.
언제 여기 와?	When do you get here?
거의 다 왔어.	I almost came.
3시 넘어서 도착할 거야.	I'll get there after 3.
왜 늦어?	Why are you late?
오후 2시에 집에서 떠났어/출발했어.	I left home at 2pm.
버스를 놓칠 뻔했어.	I almost missed the bus.
겨우 탔어.	I only just took the bus.
엉뚱한 곳으로 갔어.	I went to the wrong place.
어디 안에 들어가 있어.	Go somewhere indoors.
난 10분만 더 기다릴 거야.	I'll wait for 10 more minutes.
친구에게 손을 흔든다.	I wave to my friend.
친구에게 인사하러 앞으로 나간다.	I go forward to greet my friend.
너 마침내 나타났구나.	You showed up finally.
늦어서 미안해.	I'm sorry that I'm late.
기다리게 해서 미안해.	I'm sorry to keep you waiting.
기다려줘서 고마워.	Thank you for waiting.
너 오래 기다렸지.	You waited for a long time.
나도 방금 도착했어.	I just arrived, too.
난 30분 일찍 왔어.	I came 30 minutes early.
넌 제 시간에 절대 안 오는구나.	You never appear on time.
넌 또 늦었어.	You're late again.
넌 항상 10분씩 늦어.	You're always 10 minutes late.
늦지 마.	Don't be late.
시간 좀 지켜.	Be punctual.
시간 맞춰서 와.	Come on time.
시간 맞춰서 도착해.	Get there on time.

인사

안녕?	Hi.
안녕?	Hi, there.
좋은 아침(안녕).	Good morning.
좋은 오후(안녕).	Good afternoon.
좋은 저녁(안녕).	Good evening.
잘 지내?/별일 있어?	What's up?
여기 어때?	What's going on here?
다 잘되고 있지?	Is everything going OK?
잘 지내?	How are you?
오늘 어때?	How are you today?
어때?	How's it going?
일은 어때?	How's your business?
새 일은 어때?	How's your new job?
공부는 잘돼? (어때?)	How's your study going?
최근에 어떻게 지냈어?	How have you been lately?
휴가는 어땠어?	How was your vacation?
주말 어떻게 보냈어?	How did you spend the weekend?
평소랑 같아.	Same as usual.
항상 같아.	Same as always.
그냥 그저 그래.	Just so so.
나쁘지 않아.	Not bad.
좋아.	Great.
아주 좋아.	Pretty good.
좋아. 고마워.	Good. Thank you.
좋아지고 있어.	It's getting better.
잘 지내고 있어.	I'm doing fine.
너무 바빴어.	I've been very busy.
아주 좋지는 않아.	Not so good.

새로운 게 뭐야? (새로운 거 없어?)	What's new?
좋은 소식 있어?	Any good news?
좋은 일 있어?	Is something good happening?
특별한 건 없어.	Nothing special.
새로운 건 없어.	Nothing new.
별일 없어.	Nothing much.
별일 없어.	Not much.
넌 어때?	How about yourself?
오랜만이야.	Long time no see.
오랫동안 널 못 봤어.	I haven't seen you for a long time.
얼마만이야?	How long has it been?
그동안 어떻게 지냈어?	How have you been?
어디 있었어?	Where have you been?
나 기억해?	Do you remember me?
너가 보고 싶었어.	I missed you.
하나도 안 변했어.	You have not changed at all.
넌 여전히 똑같아.	You are still the same.
전보다 더 좋아 보여.	You look better than before.
가족들은 어때?	How's your family?
부모님 두 분 다 건강하셔.	Both of my parents are fine.
아버지는 다음 달에 60세가 되셔.	My father will be 60 years old next month.
시간 정말 빠르다.	Time flies so fast.
가족들에게 안부 전해줘.	Say hello to your family.
널 여기서 만나다니!	Fancy meeting you here!
세상 좁아!	What a small world!
여기 왜 왔어?/무슨 일로 왔어?	What brings you here?
세미나 때문에 여기 왔어.	I'm here for the seminar.

우빈이를 소개해도 될까?	May I introduce Woobin?
내 친구 우빈이를 소개할게.	Let me introduce my friend, Woobin.
내 친구 주원이를 만나 봐.	Meet Juwon, my friend.
주원이랑 친구해.	Make friends with Juwon.
여긴 나의 가장 친한 친구, 한국에서 온 우빈이야.	This is my best friend, Woobin from Korea.
처음 뵙겠습니다.	How do you do?
내 소개를 할게요.	I'll like to introduce myself.
난 에어비앤비에서 온 다니엘 양이에요.	I'm Danile Yang from Airbnb.
내 이름은 주원이에요.	My name is Juwon.
이름은 주원이고 성은 양이에요.	My first name is Juwon and my last name is Yang.
이름을 다시 말해줄 수 있어요?	Can you repeat your name?
당신 이름을 어떻게 써요?	How do you spell your name?
boy의 B.	B as in boy.
당신을 뭐라고 부르면 돼요?	What should I call you?
다니엘이라고 부르면 돼요.	You can call me Daniel.
그냥 대니라고 불러요.	Just call me Danny.
알게 돼서 반가워요.	Glad to know you.
만나서 기뻐요.	Pleased to meet you.
만나서 반가워요.	Great to see you.
넌 낯이 익어.	You look familiar.
널 어디선가 본 것 같아.	I think I saw you somewhere.
널 전에 본 적이 있어.	I've seen you before.
너 로버트 친구야?	Are you a friend of Robert?
널 만나고 싶었어.	I've wanted to meet you.
다니엘한테 너 얘기를 많이 들었어.	I heard about you so much from Daniel.
좋은 얘기들이야?	Those were good things?
좋은 거지?	Is it a good thing?
그녀가 너에 대해 좋은 말을 많이 했어.	She said a lot of good things about you.
미셸이 종종 너 얘기해.	Michell often speaks of you.
넌 뭐야? (이름이)	What's yours?

국적이 뭐야?	What's your nationality?
어디서 왔어? (어느 나라 사람이야?)	Where are you from?
난 한국에서 왔어.	I'm from Korea.
난 서울에서 태어나고 자랐어. (서울 토박이야.)	I'm born and raised in Seoul.
넌 어디서 태어났어?	Where were you born?
난 영국에서 태어났어.	I was born in England.
넌 어디서 자랐어?	Where did you grow up?
난 미국에서 자랐어.	I grew up in America.
미국 어느 지역?	Which part in the United States?
서울 어디 살아?	Where do you live in Seoul?
마포구에 살아.	I live in Mapo-gu.
난 부모님과 떨어져 살아.	I live away from my parents.
거기서 얼마나 오래 살았어?	How long have you lived there?
너희 둘 매우 친해 보여.	Two of you seem very close.
너희 서로 어떻게 알아?	How do you know each other?
둘이 서로 관계가 어떻게 돼?	What's your relation with each other?
고등학교 이후로,	Since we were in high school,
우린 오랜 친구야.	We're old friends.
그는 가까운 친구 중의 한 명이야.	He is a close friend of mine.
그녀는 가장 친한 친구 중의 한 명이야.	She is one of my best friends.
그녀는 고향 친구 중의 한 명이야.	She is a friend from my hometown.
우린 같은 유치원을 다녔어.	We went to the same kindergarten.
그는 대학 친구야.	He is a friend from university.
그는 내 학교 후배야.	He's my school junior.
나는 그의 학교 선배야.	I'm his school senior.
우린 같은 회사에서 일해.	We work in the same company.

043

넌 몇 살이야?	How old are you?
나 몇 살로 보여?	How old do I look?
내 나이를 맞춰 봐.	Guess my age.
맞춰 볼게.	Let me guess.
너 32살 같아.	I think you're 32 years old.
거의 맞았어.	You're almost right.
너가 맞게 추측했어.	You guessed right.
난 한국 나이로 32살이야.	I'm 32 years old in Korean age.
난 30살 다 됐어.	I'm almost 30.
내년엔 30대야.	I'll be in 30's next year.
난 30살보다 많아.	I'm older than 30.
난 30살 넘었어.	I'm over 30.
난 30대야.	I'm in 30's.
난 30대 초반이야.	I'm in early 30's.
난 30대 중반이야.	I'm in mid 30's.
난 30대 후반이야.	I'm in late 30's.
난 중년이야.	I'm middle-aged.
넌 동안이야.	You have a baby face.
넌 나이보다 어려 보여.	You look younger than your age.
넌 나이보다 더 늙어 보여.	You look older than you are.
너 나이로 안 보여.	You don't look your age.
나보다 어린 줄 알았어.	I thought you were younger than me.
넌 20대로 보여.	You look like you're in 20's.
몇 년도에 태어났어?	In what year were you born?
1991년에 태어났어.	I was born in 1991.
내가 너보다 나이가 많아.	I'm older than you.
내가 너보다 나이가 적어/어려.	I'm younger than you.
우린 동갑이야.	We're the same age.
넌 내 또래야.	You are around my age.
우리 말 편하게 하자. (편하게 이름 부를게.)	Let's be on a first name basis.

직업이 뭐야?	What's your job?
무슨 일 해?	What do you do for a living?
어디서 일해?	Where do you work?
무슨 회사에서 일해?	What company do you work for?
어떤 종류의 일을 해?	What kind of work do you do?
어떤 분야에서 일해?	What kind of field do you work in?
난 월급쟁이야.	I'm a salaried employee.
나는 직장인이야.	I'm a worker.
나는 회사원/사무직이야.	I'm an office worker.
나는 자영업자야.	I'm self-employed.
난 직업여성이고 동시에 주부야.	I'm a career woman and a housewife at the same time.
나는 프리랜서야.	I'm a freelancer.
나는 공무원이야.	I'm a public officer.
나는 정부에서 일해. (공무원이야.)	I work for government.
나는 마케팅 회사에서 일해.	I work for a marketing company.
나는 보험 회사에서 일해.	I work for an insurance company.
내 회사를 운영하고 있어.	I run my own company.
난 대학교를 다니고 있어.	I'm in college.
나는 매장에서 아르바이트 해.	I do a part time job at a store.
지금은 직업이 없어.	I don't have a job now.
난 얼마 전에 회사에서 퇴직했어.	I retired from my company not long ago.
거기서 얼마나 일했어?	How long have you worked there?
이쪽 계열에서 얼마나 있었어?	How long have you been in this line?
3년 넘게.	Over 3 years.
여기서 3년째 일하고 있어.	I have worked here for 3 years.
어느 부서에 있어?	What department are you in?
난 금융 담당이야.	I'm in charge of finance.
난 영업부에서 일해.	I work in the sales department.
난 영업사원이야.	I'm a sales representative.

어느 중학교를 다녔어?	What middle school did you go?
와튼 고등학교를 다녔어.	I went to Warton high school.
어느 학교 졸업했어?	What school did you graduate from?
하버드를 졸업했어.	I graduated from Harvard university.
어느 학교 다녀?	What school do you go to?
서울 초등학교 다녀.	I go to Seoul elementary school.
고등학교를 마치고 대학교에 가.	I go to university after high school.
옥스퍼드 대학교에 다녀.	I attend Oxford university.
난 옥스퍼드의 학생이야.	I'm a student at Oxford.
그 대학원은 들어가기 어려워.	The graduate school is very hard to get in.
몇 학년이야?	What grade are you in?
신입생이야.	I'm a freshman.
1학년이야.	I'm in the first grade.
2학년이야.	I'm in the second grade.
3학년 3반이야.	I'm in class 3 in the third grade.
4학년이야.	I'm in the 4th grade.
학교에서 전공은 뭐야?	What's your major at school?
학교에서 뭘 전공했어?	What did you specialize in at school?
내 전공은 경제학이야.	My major is economics.
난 경영학을 전공했어.	I majored in business.
군대 다녀와서 복학할거야.	After I finish my army service, I'll come back to school.

가족이 몇 명이야?	How many family members do you have?
식구가 4명 있어.	I have 4 people in my family.
형제나 자매 있어?	Do you have a brother or a sister?
형과 누나가 있어. (오빠와 언니)	I have a big brother and a big sister.
남동생과 여동생이 있어.	I have a small brother and a small sister.
우린 5살 차이야.	We are 5 years apart.
집에서 몇째예요?	What place are you in your family?
난 외동이야.	I'm the only child.
난 외아들이야.	I'm the only son.
난 외동딸이야.	I'm the only daughter.
난 첫째야.	I'm the oldest.
난 첫째 아들이야.	I'm the oldest son.
난 가운데야.	I'm the middle child.
난 막내야.	I'm youngest.
난 막내딸이야.	I'm youngest daughter.
아이 있어?	Do you have a child?
아이가 둘 있어.	I have two children.
여기가 내 첫째 아들이야.	This is my first son.
저쪽이 내 둘째 아이야.	That is my second kid.
그들은 쌍둥이야.	They are twins.
우린 아직 아이가 없어.	We don't have a child yet.
친척들이 많아.	I have many relatives.
그녀는 내 사촌이야.	She is my cousin.

뭐에 관심 있어?	What are you interested in?
내 관심분야는 매우 넓어.	My interests are quite broad.
너 취미 있어?	Do you have a hobby?
너 취미가 뭐야?	What's your hobby?
한가할 때 뭐해?	What do you do in your free time?
여가시간을 어떻게 보내?	How do you spend your free time?
어떻게 시간 때워?	How do you kill the time?
내 취미는 독서야.	My hobby is reading books.
난 멍 때려/멍하니 있어.	I blank out.
그냥 집에 있어.	I just stay at home.
그냥 집에서 놀아.	I just hang out at home.
친구와 놀아.	I hang out with my friend.
거의 매일 라디오를 들어.	I listen to radio almost everyday.
난 체코 문화에 관심 있어.	I have an interest in Czech Republic's culture.
난 여행을 진짜 좋아해.	I really love travelling.
난 디제이 마틴 게릭스의 광팬이야.	I'm a big fan of DJ Martin Garrix.
난 그의 콘서트에 가기 시작했어.	I started to go to his concerts.
난 월드컵에 푹 빠져 있어.	I'm crazy about World-Cup.
난 전 세계의 동전과 지폐를 수집해.	I collect coins and bills from all over the world.
난 격주로 캠핑 가.	I go camping every other weekend.
난 디즈니랜드 같은 놀이공원을 좋아해.	I like amusement parks like Disneyland.
탈것들이 많아.	There are so many rides.
난 모험을 좋아해.	I like adventure.
난 오토바이를 타.	I drive a motorcycle.
난 오토바이를 타.	I ride a motorcycle.

이제 막 시작했어.	I just started.
그것을 좋아하기 시작했어.	I'm starting to like it.
나도 하고 싶어/해보고 싶어.	I want to try, too.
얼마나 자주 해?	How often do you do it?
난 거의 안 해.	I hardly do it.
매우 자주.	Quite often.
하루 한 번.	Once a day.
일주일에 두 번.	Twice a week.
한 달에 세 번.	Three times a month.
일 년에 네 번.	Four times a year.
운동하는 거 있어?	Do you play any sports?
무슨 운동 해?	What sports do you play?
어떤 운동을 제일 좋아해?	What sports do you like best?
난 운동 많이 해.	I exercise a lot.
공원에서 축구해.	I play soccer in the park.
헬스장에서 운동해.	I work out at the gym.
때때로 자전거를 타.	I sometimes ride a bike.
난 수영 잘해.	I'm a good swimmer.
난 공원에서 조깅해.	I go jogging in the park.
난 운동 삼아 걸어. (산책)	I go for a walk for exercise.
이 길을 따라 걸어.	I walk along this road.
호수 주위를 걸어.	I walk around the lake.
등산이 최근에 유행이야.	Hiking is popular recently.
난 등산 가서 산에 올라가.	I go hiking and go up to a mountain.
운동 잘 못해.	I'm not good at sports.
난 하는 거보다 보는 걸 더 좋아해.	I like watching more than playing.
난 보는 거를 좋아할 뿐이야.	I just like to watch.
운동 부족이야.	I'm lack of exercise.
운동이 필요해.	I need to exercise.

049

식당

좋은 식당 추천해 줄 수 있어?	Can you recommend me a good restaurant?
아주 많지.	There are so many.
근처에 좋은 카페를 알고 있어.	I know a wonderful cafe nearby.
점심 먹기에 좋은 장소를 찾았어.	I found a good place for lunch.
친구들한테 맛집들을 물어본다.	I ask my friend famous restaurants.
친구가 내게 맛집을 추천해 주었다.	My friend recommended a good restaurant to me.
친구들한테 맛집을 추천받는다.	I am recommended a good restaurant by friends.
인터넷으로 식당을 예약한다.	I make a reservation for the restaurant on the internet.
식당에 도착한다.	I arrive in the restaurant.
예약보다 일찍 도착했다.	I came earlier than my reservation.
번호표를 받는다.	I get a number.
대기자 리스트에 있다.	I'm on the waitlist.
줄이 너무 길다.	The line is too long.
난 기다리는 거 정말 싫다.	I hate waiting.
문에 있는 직원에게 이름을 말한다.	I tell the staff at the door my name.
식당에 들어간다.	I enter the restaurant.
직원이 우리를 예약한 자리로 안내한다.	The staff leads us to our reserved table.
직원을 따라간다.	I follow the staff.
좋은 자리를 찾는다.	I search for a good seat.
창문 쪽에 앉는다.	I have a seat by the window.
테이블에 앉는다.	I sit at a table.
웨이터가 메뉴를 가져다준다.	The waiter brings me a menu.
추천 메뉴를 본다.	I look at the recommendation menu.
친구와 메뉴에 대해 이야기한다.	I talk about the menu with my friend.
하나를 고른다.	I pick one.
메뉴에서 메인 코스를 고른다.	I choose the main course from the menu.
직원을 부른다.	I call the staff.
웨이터의 관심을 얻기 위해 손을 흔든다.	I wave my hand to get the waiter's attention.
내가 손 흔드는 것을 그가 본다.	He sees me waving my hand.
음식을 주문한다.	I order the foods.

냅킨을 펴서 다리 위에 둔다.	I spread the napkin and place it on my leg.
기본 반찬 세트를 받는다.	I am served the basic set of side dishes.
주문한 음식을 아직 못 받았다.	I didn't get my order yet.
아직 못 받았어요.	I didn't get it yet.
음식 언제 나와요?	When do the dishes come out?
우리 20분 전에 주문했어요.	We ordered it 20 minutes ago.
주문 서둘러 줄 수 있나요?	Can you rush the order?
빨리 주세요.	Serve us quickly.
나오고 있어요.	It's on the way.
나오고 있어요.	It's coming.
우린 이거 주문 안 했어요.	We didn't order this.
다시 가져갈래요?	Can you take it back?
웨이터가 메인 음식을 우리 테이블로 가져온다.	The waiter brings the main course to our table.
이 음식은 식었다.	This food is cold.
데워줄 수 있어요?	Can you warm it up?
이게 전부예요? (다 나온 거예요?)	Is this everything?
숟가락을 달라고 한다/요청한다.	I ask for the spoon.
음식을 먹는다.	I eat the foods.
후식을 먹는다.	I have the dessert.
남은 것은 집에 가져가.	Take the rest home.
남은 거 포장해주세요.	Pack the rest, please.
랩으로 표면을 싼다.	I cover surface with plastic wrap.
랩에 구멍을 낸다.	I poke a hole in the plastic wrap.
자리에서 일어난다.	I get up from my seat.
종업원한테 계산서를 요구한다.	I ask for the bill from the server.
계산한다.	I pay money for the bill.
식당에서 나온다.	I come out of the restaurant.

오늘 저녁 7시에 3명 예약하고 싶어요.	I would like to make a reservation for 3 people at 7pm this evening.
오늘 저녁에 3명 예약할 수 있어요?	Can I make a reservation for 3 people this evening?
단체 예약을 하고 싶어요.	I would like to make a group reservation.
이름이 어떻게 되세요?	May I have your name?
몇 시를 원하세요?	What time do you want?
지금 만원이에요.	We're full now.
모든 자리가 다 예약되었어요.	All tables are fully booked.
우리는 예약 받지 않아요.	We don't accept reservation.
예약 없이 왔어요.	I came here without a reservation.
내 예약을 변경할 수 있나요?	Can I change my appointment?
예약을 7월 9일 목요일로 바꾸고 싶어요.	I want to change my reservation to Thursday, 9th of July.
예약을 취소할 수 있나요?	May I cancel the reservation?
예약했어요?	Do you have a reservation?
인터넷으로 예약했어요.	I made an appointment by internet.
8시에 예약했어요.	I have a reservation at 8pm.
내 예약 번호는 75번이에요.	My reservation number is 75.
누구 이름으로 예약하셨어요?	Under what name is your reservation?
리차드예요.	Under Richard.
분위기 죽이네.	The atmosphere is very awesome.
난 여기 분위기가 좋아.	I like the atmosphere here.
너무 로맨틱해.	It's so romantic.
분위기가 너무 이상해.	The atmosphere is very awkward
여기 음식이 맛있어.	The food here is wonderful.
여기 음식이 맛있어.	The food is good here.
서비스는 형편없어.	The service is poor.
여기 사람이 매우 많아.	There are so many people here.
이 식당은 항상 붐벼.	This restaurant is always crowded.
여기는 항상 사람으로 꽉 차./만원이야.	This place is always full of people.

줄 서 있는 거예요?	Are you in line?
이게 줄이야.	This is a queue.
줄 서.	Line up.
줄 서.	Stand in line.
여기서 기다려.	Wait here.
잠시 기다려.	Wait for a while.
얼마나 기다려야 돼?	How long do I have to wait?
얼마나 더 걸려요?	How much longer does it take?
언제 자리 나요?	When can we get a table?
다음 분!	Next in line, please.
다음은 누구예요?	Who's next?
내가 먼저예요.	I'm first.
일행 있어요?	Do you have company?
몇 명이에요?	How many are you?
3명이요.	We are 3 people.
3명 앉을 테이블 있나요?	Do you have a table for 3 people?
친구 2명 더 올 거예요.	We're expecting 2 more friends.
창가 자리를 원해요.	I want a seat by the window.
이 자리 비었나요?	Is this seat free?
여기 앉아도 돼요?	Can I sit here?
앉으세요.	Have a seat.
자리 있어요.	It's taken.
여기는 내 자리예요.	This is my seat.
그럼 내 자리는 어디예요?	Then where's my seat?
너 자리는 바로 저기야.	Your seat is just over there.
자리 바꿀 수 있어요?	May I change my seat?
내 자리를 창가 자리로 바꾸고 싶어요.	I want to change my seat to the window seat.
내 자리 좀 맡아줘.	Save my seat.
네 자리 맡아놓을게.	I'll save your seat.
내 가방 좀 봐줘.	Watch my bag.

053

실례합니다.	Excuse me.
여기요.	Over here, please.
메뉴 볼 수 있을까요?	Can I see the menu?
메뉴 여기 있어요.	Here's the menu.
주문할 준비 되었나요?	Are you ready to order?
주문 받아도 돼요?	May I take your order?
아직 결정 못했어요./마음을 정하지 못했어요.	I have not decided it yet.
나중에 주문할게요.	I'll order later.
준비되면 부를게요.	I'll call you when I'm ready.
주문할 수 있나요?	Can I order?
뭐 있어요?	What do you have?
유행하는 음식이 뭐예요?	What's trendy food?
여기는 뭐가 좋아요?	What's good here?
무엇을 추천해요?	What do you recommend?
뭔가 추천해줄 수 있나요?	Can you recommend something?
이거 어떻게 먹어요?	How can I eat this?
반반씩 돼요?	Can I order half and half?
세트메뉴 있어요?	Do you have a set menu?
어떤 세트메뉴를 원해요?	What kind of combo do you want?
한국음식 먹어본 적 있어요?	Have you ever eaten Korean food?
해산물은 어때요?	How about seafood?
이 식당은 면으로 유명해요.	This restaurant is famous for noodles.
그거 메뉴에 있어요.	It's on the menu.
하나 골라.	Pick one.
난 이거 먹을게.	I'll have this.
난 죽 먹을 거야.	I'll take porridge.
난 너랑 같은 거 먹을 거야.	I'll have the same as you.
같은 걸로 주세요.	Same here.
김치찌개 2인분 원해요.	We want 2 portions of kimchi soup.
김치찌개 2인분 주세요.	Serve us 2 portions of kimchi soup.

좋아하는 음식이 뭐야?	What's your favorite food?
어떤 종류의 음식을 좋아해?	What kind of food do you like?
뭐 먹고 싶어?	What do you want to eat?
뭐가 당겨?	What are you in mood for?
회, 양고기, 닭고기, 소고기 아니면 돼지고기.	Raw fish, lamb, chicken, beef or pork.
저녁으로 뭘 원해?	What do you want for dinner?
저녁으로 뭐 먹고 싶어?	What do you want to eat for dinner?
뭔가 새로운 걸 먹고 싶어.	I want to eat something new.
맛있는 거 먹고 싶어.	I want to eat something delicious.
난 아무거나 먹어.	I eat anything.
나도.	Me, too.
난 입이 짧아/입맛이 까다로워.	I'm picky about food.
짠 음식과 튀긴 음식이 좋아.	I like salty food and fried food.
멕시코 음식을 먹어보고 싶어.	I want to try Mexican food.
난 일식이 좋아.	I like Japanese food.
어묵은 길에서 팔아.	A fish cake is sold on the street.
난 뷔페가 좋아.	I like a buffet.
맘대로 골라먹을 수 있어.	I can take my pick.
밀가루로 만든 음식은 못 먹어.	I can't eat food made of flour.
생선 알레르기가 있어.	I'm allergic to fish.
기름진 음식 먹고 싶지 않아.	I don't want to eat oily food.
나도 싫어.	Me, neither.
난 지방 많은 음식들을 줄였어.	I cut down on the fat.
땅콩은 건강에 좋아.	Peanut is good for my health.
매운 음식은 탈이 날 수 있어.	Spicy food can give me a trouble.
컵라면은 소화하기 힘들어.	Cup noodles are hard to digest.

빵 어떻게 할 거예요?	How do you like your bread?
반으로 잘라도 돼요?	May I cut that in half?
곱빼기로/더블로 주세요.	Make it double, please.
양파는 빼주세요.	Hold the onion, please.
스테이크 어떻게 해드릴까요?	How would you like your steak?
많이 익힌 거, 중간, 덜 익은 거?	Well-done, medium, rare?
계란 어떻게 해드릴까요?	How would you like your eggs?
계란 프라이, 한쪽만 익힌 프라이, 스크램블, 반숙, 완숙?	Fried eggs, sunny-side up, scrambled, soft-boiled or hard-boiled?
후식으로 초콜릿을 원해요.	I want some chocolate for dessert.
난 컵으로 원해요.	I want that in a cup.
난 콘으로 원해요.	I want that in a cone.
난 디저트는 생략할게요.	I'll skip the dessert.
그밖에 뭐가 필요한가요?	Do you need anything else?
이게 다예요.	That's all.
이거면 충분해요.	This is enough.
주문 확인할게요.	Let me check your order.
주문 바꿀 수 있어요?	Can I change my order?
다른 것으로 될까요?	May I have another one?
주문 취소하고 싶어요.	I want to cancel my order.
직접 가져가세요.	Carry yourself.
우리가 가져다 드릴게요.	We'll serve you.
우리가 테이블에 가져다 드릴게요.	We'll bring them to your table.
등심 스테이크를 여기로 가져올게요.	I'll bring a sirloin steak over here.
등심 스테이크를 저기로 가져갈게요.	I'll take a sirloin steak over there.
주문 나왔어요.	Here's your order.
여기 있습니다.	Here you are.
이건 훈제 오리입니다.	This is the smoked duck.
누가 피자 시켰어요?	Who ordered pizza?

젓가락이 필요해요.	I need another pair of chopsticks.
얼음물 좀 주세요.	Give me some ice water.
숟가락 줄 수 있나요?	Can you give us another spoon?
리필할 수 있나요?	Can I get refills?
콜라 리필할 수 있나요?	Can I have a refill on my coke?
앞 접시 하나 줄 수 있어요?	Can you give us a small plate?
물은 셀프예요.	Water is self-service.
반찬 좀 더 주세요.	Give us more side dishes, please.
이 그릇 치워주세요.	Take this plate away, please.
이 고기가 충분히 익지 않았어요.	This meat is not cooked enough.
푹 익혀주세요.	Cook fully, please.
남은 음식 포장하고 싶어.	I want to pack the leftovers.
남은 거 포장해 주세요.	Wrap the leftovers, please.
계산해주세요.	Check, please.
계산서 여기 있어요.	Here's your bill.
계산 어디서 해요?	Where can I pay?
계산대는 어디예요?	Where is the cashier?
선불이에요.	Pay in advance.
다해서 얼마예요?	What's the total?
전부 같이요.	All together.
내가 낼게.	I'll pay.
내가 너 사줄게.	I'll buy for you.
내가 너에게 점심 사줄게/쏠게.	Let me buy you lunch.
저녁은 내가 살게.	Dinner is on me.
이번 건 내가 살게.	I pay this round.
너가 2차 사.	You buy the second round.
너가 다음에 밥 사.	You buy the next meal.
같이 계산하자.	Let's pay together.
더치페이하자.	Let's go dutch.
우리 따로따로 계산한다.	We pay separately.

057

가서 커피 한 잔 하자.	Let's go get a cup of coffee.
난 커피 마시러 나갈 거야.	I'm going out for a coffee.
커피숍에 들어간다.	I get into a coffee shop.
많은 종류의 차들이 있다.	There are many kinds of tea.
뭐 마시고 싶어?	What would you like to drink?
뭘 마실래, 차 아니면 커피?	Which do you want to drink, tea or coffee?
아이스 아메리카노 어때?	How about ice americano?
차를 고른다.	I choose the tea.
차를 주문한다.	I order a tea.
물 한 병이랑 사이다 한 병 주세요.	A bottle of water and a bottle of Sprite, please.
어떤 크기 원하세요?	What size do you want?
보통, 작은 거, 중간 아니면 큰 거?	Regular, small, medium or large?
차의 사이즈를 고른다.	I choose the size of the tea.
포장할 거예요?	Do you want to take out?
여기서 먹을 거예요, 가져갈 거예요?	For here or to go?
가져갈게요.	To go, please.
기프트 카드로 차를 계산한다.	I pay for the tea with my gift card.
내 차를 기다린다.	I wait for my tea.
카운터로 간다.	I go to the pick-up counter.
직원으로부터 차를 받는다.	I get my tea from the staff.
빨대통에서 빨대를 하나 뺀다.	I take out a straw from the dispenser.
시럽과 설탕을 차에 넣는다.	I put the syrup and sugar to my tea.
컵의 손잡이를 잡는다.	I hold the handle of the cup.
커피 맛을 본다.	I taste the coffee.
입술을 덴다.	I burn my lips.
바닥에 커피를 흘린다/쏟는다.	I spill some coffee on the ground.
냅킨으로 엎지른 것을 닦는다.	I wipe up the spill with napkins.
남은 것을 다 마신다.	I drink the rest up.
컵을 반납대 위에 둔다.	I put the cup on the return counter.
커피숍에서 나온다.	I come out of the coffee shop.

유흥

술 한잔 어때?	How about a drink?
술 마시자.	Let's drink alcohol.
술 한잔 하러 가자.	Let's go get a drink.
저 술집 가서 맥주 한잔 하자.	Let's get a beer in that bar.
술 한잔 하고 싶어?	Do you want a drink?
술이 필요해.	I need a drink.
술 한잔 사 줘.	Buy me a drink.
내가 너한테 한잔 사줄게.	Let me buy you a drink.
이번 건 내가 살게.	I'll buy this round.
퇴근하고 봐.	See you after work.
어디서 한잔할까?	Where do we get a drink?
단골 술집에 들어간다.	I enter my regular pub.
난 여기 단골이야.	I'm a regular here.
신분증 보여주세요.	Show me your ID.
술이랑 안주 시켜.	Order alcohol and a side dish.
너 먹고 싶은 거 시켜.	Order what you want to eat.
어떤 술 좋아해? 소주?	What kind of alcohol do you like? Soju?
난 맥주 마실 거야.	I'll have some beers.
너는?	For you?
생맥주 마실 거야.	I'll drink a draft.
위스키/양주 마시는 건 어때?	How about drinking whisky?
소주와 탕이 잘 어울려.	Soju goes well with soup.
이 술은 독해.	This drink is strong.
난 이 술이 좋아.	I like this alcohol.
500cc 두 개랑 소주 한 병 주세요.	Serve us two of 500 cc and a bottle of Soju.
5달러예요.	That'll be 5 dollars.
바로 옵니다.	Coming right up.
잔은 2개요?	With 2 glasses?
술 더 시켜.	Order another drink.
안주도 더 시켜도 돼?	Can I order more side dishes also?

얼마나 많이 마셔?	How much do you drink?
난 술 끊었어.	I stopped drinking.
난 술 전혀 못해.	I don't drink at all.
난 많이 안 마셔.	I don't drink a lot.
술 많이 마셔.	I'm a heavy drinker.
난 술이 약해.	I'm a light drinker.
난 천천히 마셔.	I'm a slow drinker.
난 사교적으로 마셔.	I'm a social drinker.
난 금방 취해.	I get drunk easily.
맥주에는 안 취해.	I don't get drunk on beer.
소주 한 병 마시면 취해.	I get drunk after one bottle of Soju.
기분에 따라 달라.	It depends on how I feel.
주사 있어?	Do you have any habit when you're drunk?
난 같은 말을 계속 반복해.	I say the same thing over and over again.
잔을 들어올린다.	I raise my glass up.
건배.	Cheers.
여러분 건배.	Everybody, cheers.
원샷.	Bottoms up.
원샷.	Drink it up.
우리의 행복을 위하여.	To our happiness.
너의 성공을 위하여.	To your success.
우리의 우정을 위해 건배.	Let's toast to our friendship.
입만 댈게.	Just a touch.
난 음주운전 하지 않아.	I don't drive drunk.
대리기사 불러.	Call a chauffeur service.
분위기 바꾸는 거 어때?	How about a change of scenery?
2차 가자.	Let's go to the second round.
끝까지 마시자.	Let's drink till the end.
빈속에 마셨어.	I drank on an empty stomach.
난 10분 만에 소주 3잔을 마셨어.	I had 3 shots of Soju in 10 minutes.

내 잔이 비었어.	My glass is empty.
내 잔이 절반이 비었어.	My glass is half empty.
내 잔이 절반이 차 있어.	My glass is half filled.
내 잔이 소주로 절반이 차 있어.	My glass is half filled with Soju.
한잔 더 줘./잔 채워줘.	Give me a refill.
한잔 더 할래?	Do you want one more shot?
따라줄게.	Let me pour your glass.
한잔 따라줄게.	Let me pour you a glass.
술 한잔 따라줄게.	Let me pour you a drink.
좀 더 마셔.	Drink some more.
너 취해 보여.	You look drunk.
난 괜찮아.	I'm fine.
약간 알딸딸해.	I feel a little tipsy.
정신이 몽롱해./약간 어지러워.	I feel light-headed.
나 취하고 있어.	I'm getting drunk.
나 취했어.	I'm drunk.
나 많이 마셨어.	I drank too much.
나 많이 취했어/망가졌어.	I'm wasted.
너 어제 맥주 매우 많이 마셨어.	You drank too much beer last night.
어제 얼마나 마셨어?	How much did you drink yesterday?
대낮부터 술 마셨어.	I drank from midday.
친구랑 마셨어.	I drank with my friend.
어젯밤에 필름 끊겼어.	I blacked out last night.
어젯밤 난 많이 토했어.	I vomited a lot last night.
토하고 싶어.	I want to throw up.
아직도 숙취가 있어.	I still have a hangover.
많이 마시지 마.	Don't drink too much.
적당히 마셔.	Drink in moderation.
걔가 양주를 내게 권했어.	He offered me whisky.
우리는 술을 마신 뒤에 가깝게/친하게 느껴.	We feel closer after drinking.

그게 내 마지막이었어.	It was my last one.
편의점에서 말보로 한 갑을 산다.	I buy a pack of Marlboro at a convenience store.
친구에게 담배 하나를 권한다.	I offer my friend a cigarette.
너 담배 펴?	Do you smoke?
너 담배 많이 펴, 적게 펴?	Are you a heavy smoker or a light smoker?
난 하루에 한 갑 펴.	I smoke a pack per day.
난 비흡연자야.	I'm a non-smoker.
담배 끊은 지 일주일 됐어.	It's been one week since I quit smoking.
내일부터 담배 끊을 거야.	I'll stop smoking from tomorrow.
흡연은 건강에 나빠.	Smoking is harmful to our health.
공공장소의 흡연은 금지되어 있어.	Smoking in public places is prohibited.
여기는 금연 건물이야.	This is a smoke-free building.
밖에서 펴.	Smoke outside.
간접흡연이 담배 피는 것보다 더 나빠.	Second-hand smoke is worse than smoking.
흡연구역으로 간다.	I go to a smoking area.
담배와 라이터를 꺼낸다.	I take out the cigarette and a lighter.
담뱃불을 붙인다.	I light the cigarette.
불 좀 빌릴 수 있을까?	Can I borrow a light?
친구의 담배에 불을 붙여준다.	I light the cigarette of my friend.
연기가 나한테 온다.	The smoke comes toward me.
담배를 다 폈다.	I finished my cigarette.
담배를 끈다.	I put out the cigarette.
담배꽁초를 재떨이에 버린다.	I throw the cigarette butts in the ashtray.
재떨이를 비운다.	I empty the ashtray.

기분 전환하러 영화 보러 가자.	Let's go to a movie for a change.
이번 토요일 영화표가 2장 있어.	I have 2 tickets for this Saturday's movie.
무료 입장권이야.	It's a free ticket.
무슨 영화야?	What's the movie?
어떤 종류의 영화 좋아해?	What kind of movie do you like?
액션, 로맨스, SF(공상), 조폭영화, 멜로, 만화 아니면 공포?	Action, romance, sci-fi, gangster, chick flicks, animation or horror movie?
난 뮤지컬을 선호해.	I prefer a musical.
난 연극과 오페라를 봐.	I see a play and an opera.
난 외국영화보다 한국영화를 더 좋아해.	I like Koreans movies better than foreign movies.
먼저 매표소에 간다.	I go to the box office first.
영화 리스트를 본다.	I look at the movie listings.
7시의 '캐리비안' 표 두 장을 산다.	I buy two tickets for 'Caribbean' for 7 o'clock.
앞자리만 가능하다.	Only the seats in the front row are available.
뒷자리는 비어 있지 않다.	Seats in the rear row are not empty.
팝콘과 간식을 산다.	I buy some popcorn and snacks.
그 영화는 3관에서 상영한다.	The movie plays in the theater 3.
좌석 번호를 확인한다.	I check my seat number.
내 자리는 10열에 있다.	My seat is in the 10th row.
내 자리를 찾는다.	I find my seat.
상체를 굽히고 내 자리로 조용히 걸어간다.	I bend my upper body and walk to my seat quietly.
내 자리에 앉는다.	I sit down on my seat.
비상구를 찾는다.	I find the emergency exit.
모든 불이 꺼진다.	All the lights are turned off.
내 앞사람이 내 시야를 가리고 있다.	The man in front of me is blocking my view.
큰 화면을 본다.	I watch the big screen.
예고편을 본다.	I watch the preview.
한글 자막을 읽는다.	I read the Korean subtitles.
영화 초반에 영화에 빠져든다/몰입한다.	I get immersed in the movie in the beginning of the movie.
그건 눈물이 난다.	It brings tears to my eyes.
영화 보다가 운다.	I cry during the movie.

영화 중간에 존다.	I doze off in the middle of the movie.
이 영화의 배경 음악이 마음에 든다.	I like this movie's soundtrack.
영화와 배경음악이 잘 어울린다.	The film matches the soundtrack well.
영화의 전반부는 지루하다.	The first half of the movie is boring.
영화의 후반부는 흥미진진하다.	The second half of the movie is exciting.
그 영화는 끝으로 갈수록 흥미진진해지고 있다.	The movie is getting exciting near the end.
90분 뒤에 영화가 끝난다.	It ends in 90 minutes.
극장에서 나온다.	I come out of the cinema.
엄마를 위해 이야기를 요약한다.	I summarize the story for mom.
엄마에게 이야기의 중간만 이야기한다.	I tell mom only half of the story.
이 영화 언제 개봉해?	When is this film released?
지금 뭐가 상영하고 있어?	What's playing now?
이 영화 얼마나 길어?	How long is this movie?
상영시간이 약 2시간이야.	The running time is about 2 hours.
다음 영화는 언제야?	When is the next movie?
마지막 영화는 어때?	How about the last movie?
이 영화의 줄거리 알아?	Do you know the synopsis of this movie?
그 영화 주제가 뭐야?	What's the theme of the movie?
그건 실화를 바탕으로 한 거야.	It's based on a true story.
누가 출연해? (누가 배우야?)	Who are the actors?
감독이 누구야?	Who is the director?
좋아하는 배우가 누구야?	Who is your favorite actor?
주인공은 톰 크루즈야.	The main actor is Tom Cruise.
영화 어땠어?	How was the movie?
재밌었어.	I enjoyed it a lot.
영화에서 무슨 일이 생겼어?	What accident happened in the movie?
이 영화에서 뭐가 가장 좋았어?	What did you like the most about this movie?
그 영화는 마지막에 내게 동기부여를 했어.	This movie motivated me in the end of the movie.
내 인생을 바꿨어.	It changed my life.
대사가 아직도 기억나.	I still remember the line.

너 노래 잘해?	Do you sing well?
난 노래 잘해.	I'm a good singer.
난 노래 듣는 걸 좋아해.	I like listening to music.
사람들 앞에서 노래 부르는 걸 정말 싫어해.	I hate to sing a song in front of people.
너처럼 노래 잘하고 싶어.	I want to sing well like you.
난 춤을 잘 춰.	I'm a good dancer.
나한테 그 노래 불러줘.	Sing me the song.
노래방에 간다.	I go to the singing room.
친구가 노래 부르는 것을 듣는다.	I listen to my friend's singing.
나 다음에 따라해.	Repeat after me.
이 노래를 친구와 같이 부른다.	I sing this song with my friend.
나는 분위기 메이커다. (파티의 생명)	I'm the life of the party.
분위기를 띄운다.	I liven up the atmosphere.
탬버린을 흔든다.	I shake the tambourine.
소파 위에 선다.	I stand on the sofa.
음악에 맞춰 춤춘다.	I dance to the music.
노래책에서 좋아하는 노래를 찾는다.	I find my favorite song in the song book.
노래를 고른다.	I pick a song.
다음 노래를 예약한다.	I reserve the next song.
난 음치야.	I'm tone deaf.
음이 안 맞아.	I'm out of tune.
음정을 낮춘다.	I lower the pitch.
난 박치다/박자를 못 맞춘다.	I can't keep a beat.
박자를 맞춘다.	I adjust the beat.
박자에 맞게 부른다.	I sing to the beat.
이 마이크가 울린다.	This microphone echoes.
크게 부른다.	I sing out loud.
1절만 부른다.	I sing the first verse only.
노래 중간에 자른다.	I cut it off in the middle of the song.
노래를 끈다.	I turn off the song.

분위기 이어가자.	Let's keep the mood going.
클럽 가자.	Let's go clubbing.
난 클럽마니아야.	I'm a clubholic.
난 음악 들으러 클럽에 가.	I go to the club to listen to music.
난 시끄러운 데 안 좋아해.	I don't like noisy places.
피크타임은 자정이야.	The peak time is midnight.
이 클럽은 입장료가 있어.	This club has a cover charge.
입장료가 얼마야?	How much is the admission?
신분증 가져와.	Bring your ID card with you.
보안요원이 내 손목에 확인 도장을 찍어준다.	The guard stamps a confirmation stamp on my wrist.
이 손목 밴드를 항상 차고 있어.	Wear this wristband at all times.
잃어버리지 마.	Don't lose it.
물 좋네./멋진 여자와 남자들이 많이 있네.	There are many hot chicks and guys.
아줌마 아저씨들 엄청 많아.	There are so many old people.
어떻게 춤추는지 보여줄게.	Let me show you how to dance.
내게 시범을 보여줘.	Show me a few steps.
난 몸이 뻣뻣해.	My body is stiff.
내가 이끄는 대로 따라와.	Follow my lead.
내 발 동작을 따라 해.	Follow my step.
해볼게.	I'll try.
무대에서 내려와.	Step down from the dance floor.
블루스 타임이야.	It's slow dancing time.

낯선 사람 따라가지 마.	Don't follow a stranger.
여기서 지갑 조심해.	Watch your wallet here.
소매치기 당하기 쉬워.	It's easy to be pickpocketed.
지갑을 재킷 주머니 안에 둬.	Put your wallet inside your jacket pocket.
나 큰일 났어/곤란해.	I'm in trouble.
어려운 입장에 처했어.	I'm in a difficult position.
곤란한 상황에 처했어.	I'm in an awkward situation.
돈과 신용카드를 잃어 버렸어.	I lost my money and credit card.
내 가방도 잃어버렸어.	My bag is missing, too.
내 여권도 사라졌어.	My passport is also gone.
내 지갑을 도둑맞았어.	My wallet was stolen.
누가 내 물건들을 가져갔어.	Somebody took my stuff.
택시에 카메라를 두고 내렸어.	I left my camera in a taxi.
지갑을 두고 왔어.	I left my wallet behind.
여권을 어딘가에 두고 왔어.	I left my passport somewhere.
지하철에서 소매치기한테 소매치기 당했어.	I was pickpocketed by a pickpocket on the subway.
그걸 방금 알아차렸어.	I just now noticed it.
분실물 보관소는 어디야?	Where is the lost and found?
가방 안에 확인했어?	Did you check inside your bag?
다 뒤져봤어.	I looked everywhere.
가방 몇 개 잃어버렸어?	How many bags did you lose?
무엇을 잃어버렸어?	What did you lose?
가방이 어떻게 생겼어?	What did the bag look like?
안에 뭐가 들었어?	What's in it?
내용물이 뭐야?	What are the contents?
그것들은 개인적인 물건들이에요.	Those are my personal stuffs.
내 귀중품들이 그 안에 있었어요.	My valuables were in it.
지갑에 돈이 얼마 있었어?	How much money was in the wallet?
얼마를 잃어버렸어?	How much did you lose?
위에 내 이름표가 있어.	It has my name tag on it.

진짜 그것을 되찾고 싶어요.	I really want to get it back.
이것들이 너 물건들이야?	Are these your things?
바가지 썼어.	I was overcharged.
속았어.	I was cheated.
같은 사람한테 두 번 속았어.	I was cheated twice by the same person.
사기꾼한테 사기당했어.	I was cheated by a fraud.
난 폭행/공격당했어.	I was attacked.
그는 처음부터 수상했어.	He was very suspicious from the first.
어디서 그를 마지막으로 봤어요?	Where did you last see him?
그가 갑자기 사라졌어요.	He suddenly disappeared.
도와줘!	Help me!
그 사람 잡아라!	Catch him!
꼼짝 마!	Freeze!
이건 긴급 상황이야.	This is an emergency.
여자가 비명 지르는 것을 들었어.	I heard a woman screaming.
저 남자가 나를 계속 쫓아와.	That man keeps following me.
뭔가 빨리 해봐.	Do something quickly.
그 범죄와 사고를 신고해.	Report the crime and the accident.
지금 당장 경찰 부를 거야.	I'll call the police right away.
정확하게 무슨 일이 벌어졌어요?	What happened exactly?
정확히 설명/묘사해.	Describe exactly.
누가 이 범죄의 피해자예요?	Who's the victim of this crime?
난 수상한 사람을 봤어.	I saw a suspicious-looking person.
그 사람을 묘사할 수 있어요?/인상착의가 어떻게 돼요?	Can you describe the person?
심증은 있어.	I have a strong suspicion.
물증/증거는 없어.	I don't have any evidence.
그들을 잡을 수 있나요?	Can you catch them?
우리가 할 수 있는 건 다해보겠습니다.	We'll do what we can.
그 범죄자는 그 자리/현장에서 체포되었다.	The criminal was arrested on the spot.
그는 1년 뒤에 풀려날 거야.	He will be released in a year.

068

작별

갈 시간이야.	It's time to go.
집에 돌아갈 시간이야.	It's time to go back home.
가야 돼.	I should get going.
가자./슬슬 가보자.	Let's get going.
나 지금 간다.	I'm leaving now.
여기서 작별 인사를 할게.	I'll say goodbye here.
벌써 집에 가?	Are you already going home?
아직 일러.	It's still early.
좀 더 있어.	Stay longer.
너한테 폐 끼치고 싶지 않아.	I don't want to put you to trouble.
지금 가야 돼.	I have to go now.
지금 가는 게 나아.	I'd better go now.
문까지 바래다줄게.	Let me walk you to the door.
네 차까지 데려다줄게.	I'll take you to your car.
집까지 걸어서 바래다줄게.	I'll walk you home.
태워줘?	Do you need a ride?
태워줘.	Please give me a ride.
퍼스까지 태워줘.	Please give me a ride to Perth.
너 태워줄게.	I'll give you a ride.
집까지 태워줄게.	I'll drive you home.
사무실까지 태워줄게.	I'll drive you to your office.
어디서 내려줄까?	Where should I drop you off?
역에 내려줄게.	I'll drop you at the station.

너 전화번호 물어봐도 돼?	Can I ask your phone number?
너 핸드폰 번호가 뭐야?	What's your cellphone number?
내 핸드폰 번호 줄게.	I'll give you my cellphone number.
이게 내 명함이야.	This is my card.
난 지금 명함이 떨어졌어.	I'm out of business cards now.
너 번호를 내 핸드폰에 저장할게.	Let me save your number in my cellphone.
이건 지역번호야.	This is the area code.
전화할게.	I'll call you.
아무 때나 전화해.	Call me anytime.
그 얘긴 전화로 하자.	Let's talk about it by phone.
나한테 전화하지 마.	Don't call me.
너한테 문자 보낼게.	I'll send you a text message.
너 카카오톡 아이디가 뭐야?	What's your Kakaotalk ID?
페이스북에서 나를 친구 추가해.	Add me on Facebook.
너 인스타그램 아이디 알려줘.	Let me know your Instagram ID.
너 팔로우 할게.	I'll follow you.
이게 내 이메일 주소야.	This is my email address.
나한테 이메일 보내.	Email me.
연락하고 지내.	Keep in touch.
나한테 편하게 연락해.	Feel free to contact me.
망설이지 말고 연락해.	Don't hesitate to contact me.
친구들이랑 채팅할 때 어떤 메신저 써?	Which messenger do you use to chat with your friends?

안녕.	Bye bye.
안녕.	Good bye.
잘 있어.	Be well.
또 만나.	See you.
또 만나.	See you again.
나중에 만나.	See you later.
조심해.	Take care.
집에 가는 길 조심해.	Take care on the way home.
가는 길 조심해.	Be careful on your way.
집에 조심히 가.	Go home safe.
운전 조심해.	Drive safe.
운전 조심해.	Drive safely.
교통사고 안 나게 조심해.	Take care not to have a car accident.
오늘 재밌게 보내.	Have fun today.
좋은 하루 보내.	Have a nice day.
학교에서 좋은 하루 보내.	Have a good day at school.
친구들과 즐거운 시간 보내.	Have a good time with friends.
주말 잘 보내.	Have a good weekend.
휴가 잘 보내.	Have a good vacation.
잘살아.	Have a good life.
즐거운 휴가 보내.	Happy holidays to you.
여행 조심히 해.	Safe trip.
너도.	The same to you.
너도.	You, too.
건강하고 행복하길 바라.	I wish you good health and happiness.
즐거운 여행 하길 바라.	I wish you have a nice trip.

071

운전

난 운전면허증 있어.	I have a driver's license.
운전면허를 6개월 전에 땄어.	I got my driver's license 6 months ago.
난 초보운전이야.	I'm a beginner driver.
난 운전 잘해.	I'm a good driver.
내 차는 풀옵션이야.	My car is fully loaded.
드라이브하러 가자.	Let's go for a drive.
어디로?	Where to?
어디로 가?	Where are you headed?
어디 가고 싶어?	Where do you want to go?
차 빼올게.	I'll go get the car.
주차장에서 차 빼올게.	I'll take the car out of the parking lot.
내 차를 향해 걸어간다.	I walk toward my car.
차 문의 잠금을 푼다.	I unlock the door of my car.
문을 연다.	I open the door.
차를 탄다.	I get on the car.
운전석에 탄다.	I get in the driver's seat.
난 조수석이 좋아.	I like the passenger seat.
앞자리에 탄다.	I ride in the front seat.
앞에 앉는다.	I sit in the front.
뒷자리에 앉는다.	I sit in the back seat.
뒤에 앉는다.	I sit in the back.
문을 닫는다.	I close the door.
자리를 조절한다.	I adjust my seat.
안전벨트를 맨다.	I fasten my seat belt.
사이드 브레이크를 푼다.	I release the emergency brake.
시동을 건다.	I start the engine.
기어를 D로 바꾼다.	I shift into D.
운전대는 두 손으로 잡는다.	I hold the steering wheel with two hands.
핸들을 돌린다.	I turn the steering wheel.
엑셀을 밟는다.	I step on the accelerator.

83

주차장을 빠져 나간다.	I drive out of the parking lot.
길이 미끄럽다.	The road is slippery.
도로에서 조심히 운전한다.	I drive safely on the road.
앞차를 따라간다.	I follow the car in front of me.
중앙선을 침범하지 않는다.	I don't cross the center line.
스쿨존에서는 속도를 줄인다.	I slow down in school zones.
보행자들을 조심한다.	I watch out for pedestrians.
과속 방지턱을 넘는다.	I go over a speed bump.
내 갈 길을 간다.	I go my way.
로터리를 돈다.	I take a traffic circle.
노란 불에서 속도를 줄인다.	I reduce speed at a yellow light.
빨간 불에서 멈춘다.	I stop at the red light.
횡단보도 앞에서 멈춘다.	I stop in front of the crosswalk.
첫 번째 신호등에서 좌회전한다.	I turn left at the first light.
다음 교차로에서 우회전한다.	I turn right at the next intersection.
이 교차로를 지난 뒤에 빨리 운전한다.	I drive fast after this intersection.
방향을 바꾼다.	I change the direction.
깜빡이를 켠다.	I turn on the signal.
창밖으로 손을 내민다.	I put my hand out the window.
끼어든다.	I cut in.
차선을 바꾼다.	I change lanes.
왼쪽 차선으로 들어간다.	I get over in the left lane.
차선을 잘못 탔어.	I'm in the wrong lane.
여긴 일방통행이야.	This is a one-way street.
네비게이션이 날 여기로 데려왔어.	The navigation system took me to this place.
어디로 꺾어/회전해?	Where do I make a turn?
유턴해.	Make a U-turn.
누가 시끄럽게 빵빵대?	Who honked the horn loudly?
너 옆에 오토바이 있어.	There is a motorcycle beside you.
저 오토바이한테 차선을 양보한다.	I yield the lane to that motorcycle.

이 길을 따라 운전한다.	I drive along this road.
여긴 길이 막혔다.	This is a dead end.
길이 공사 중이다.	The road is under construction.
표지판을 따른다.	I follow the signs.
오늘은 차가 많다.	There is a lot of traffic today.
교통 체증이 있다.	There is a traffic jam.
이 길은 항상 막힌다. (차가 항상 많다.)	The traffic on this road is always heavy.
출퇴근시간에 교통 체증이 너무 심하다.	The traffic is very heavy during the rush hour.
앞에 사고가 있다.	There is an accident up ahead.
차 두 대가 충돌했다.	Two cars collided.
뒷길로 우회한다.	I take a detour round the back streets.
이 길에 차가 없다.	There is no traffic on this road.
차가 한산하다./교통량이 적다.	The traffic is light.
터널을 지난다.	I go through a tunnel.
터널에서 헤드라이트를 켠다.	I turn on the headlights in the tunnel.
곧 고속도로 진입로에 도착한다.	I'll soon arrive at the highway entrance.
고속도로를 탄다.	I take the express way.
고속도로에서는 더 빨리 간다.	I go faster on the highway.
'갓길 주행 금지'라고 표지판에 써 있다.	The sign states 'No driving on shoulder'.
휴게소에 들른다.	I stop at the rest area.
고속도로에서 나온다.	I get off the highway.
사이드 미러를 본다.	I see the side mirrors.
백미러로 차 뒤를 본다.	I look at the back of the car with a rear view mirror.
트럭을 추월하기 위해 속도를 낸다.	I speed up to overtake a truck.
과속 카메라가 있다.	There is a speed camera.
제한 속도는 60이다.	The speed limit is 60.
속도 제한 내에서 운전한다.	I drive within the speed limit.
제한 속도보다 더 빠르게 운전했다. (과속했다.)	I drove over the speed limit.
한 경찰이 나를 향해 걸어온다.	One police officer walks toward me.
여기 차 세우세요.	Pull over here.

현금인출기에 차를 댄다.	I pull over at the ATM.
당신 빨간 불을 무시했어요.	You ignored the red light.
당신 정지 신호를 무시했어요.	You ignored the stop sign.
표지판을 못 봤어요.	I didn't see the sign.
한번만 봐주세요.	Please have a heart.
한번만 봐주세요. (못 본 척해주세요.)	Please look the other way.
안 통해요./안 먹혀요.	It doesn't work.
당신은 법을 어겼어요.	You broke the law.
원칙대로 할 거예요.	I'll play by the rule.
신분증 확인할게요.	Let me check your ID.
교통경찰한테 주차 위반 딱지와 과속 딱지를 받았다.	I got a parking ticket and a speeding ticket from the traffic officer.
벌금은 얼마예요?	How much is the fine?
기름이 별로 없다.	I'm low on gas.
기름이 부족하다.	I'm running out of gas.
주유소가 어디야?	Where is the oil station?
주유소에 들른다.	I stop at the gas station.
차에 주유한다.	I refuel my car.
주유해 주세요.	Fill the tank with gas, please.
얼마나 할까요?	How much do you want?
가득 채워주세요.	Full tank, please.
100달러 채워 주세요.	Fill it up to 100 dollars.
5만 원 채워주세요.	Fill the tank with 50,000 won.
주차장 있어요?	Do you have a parking lot?
주차장이 어디야?	Where is the parking lot?
이 건물에 지하주차장이 있어요.	This building has a basement parking lot.
주차장 입구로 운전해서 간다.	I drive to the parking lot entrance.
주차공간을 찾는다.	I find a parking space.
빈 주차 공간을 찾는다.	I find an empty parking space.

여기 주차해도 돼요?	Can I park here?
거기 주차하지 마세요.	Don't park there.
그건 불법 주차예요.	It's illegal parking.
차 빼세요.	Move your car.
주차장이 만차다.	The parking lot is full.
주차장이 비었다.	The parking lot is empty.
어디에 주차할 수 있어?	Where can I park my car?
여기에 주차해.	Park here.
이곳에 주차해.	Park your car here.
여긴 유료 주차장이야.	This is a pay parking lot.
주차 얼마예요?	How much is the parking?
주차 요금이 시간당 얼마예요?	How much is the parking fee per hour?
난 무료 주차장을 원해요.	I want a free parking.
여긴 무료 주차장이에요.	This is a free parking lot.
확인 도장 받으면 무료로 주차할 수 있어요.	If you get a confirmation stamp, you can park for free.
주차권을 받는다.	I take the parking pass.
정지한다.	I stop my car.
조금만 후진시킨다.	I back up a little.
벽으로 후진시킨다.	I back up to the wall.
후진등이 켜진다.	The backup light is turned on.
뒤에 아무것도 없다.	It's all clear at the back.
조금 더 가까이.	Come little closer.
더 더.	More, more.
좋아, 이제 정지.	All right, now stop.
브레이크를 밟는다.	I step on the brake.
기어를 주차로 바꾼다.	I shift the gear into parking.
시동을 끈다.	I turn off the car.
차에서 내린다.	I get off the car.
차에서 나온다.	I get out of the car.
차를 잠근다.	I lock my car.

학교생활

가방을 연다.	I open my bag.
책가방을 싼다.	I pack my bookbag.
학교 준비물을 챙긴다.	I take my supplies for school.
교과서를 가방에 넣는다.	I put textbooks in my bag.
숙제와 도시락도 챙긴다.	I get my homework and lunchbox, too.
가방에 다 넣는다.	I put everything in my bag.
내 짐을 가방에 싼다.	I pack my stuff into the bag.
책상 위를 본다.	I look on my desk.
학교에 뭐 가져가야 되지?	What should I bring to school?
빠진 거 있어?	Is there anything missing?
다 챙겼는지 확인해.	Check if you have everything.
다 챙겼어.	I took everything.
공책을 못 찾겠어.	I can't find my notebook.
여기에 내 신발 가방을 뒀어.	I left my shoe bag here.
내가 챙겼어.	I took it.
내가 대신 들어줄게.	I'll carry it for you.
내가 너 가방 들어줄게.	Let me carry your bag.
가방을 든다.	I pick up my bag.
어깨에 가방을 멘다.	I put my bag around my shoulder.
학교 다녀오겠습니다.	I'm going to school.
학교에서 얌전히 있어.	Be good at school.
선생님 말씀 잘 들어.	Listen to your teacher carefully.
버릇없이 굴지 마.	Don't be rude.
학교 규칙을 잘 지켜.	Follow the school rule.
규칙을 어기지 마.	Don't violate the rule.
학교에서 공부 열심히 해.	Study hard at school.
수업시간에 공부에 집중해.	Concentrate on studying in class.
딴 생각 하지 마.	Don't think about other things.
수업시간에 말썽부리지 마.	Don't make a trouble during the class.
수업 방해하지 마.	Don't disrupt the class.

장난치지 마.	Don't play around.
친구들과 사이좋게 지내.	Be nice to your friends.
학교에 간다.	I go to school.
학교에 바로 간다.	I go straight to school.
난 지하철로 학교 간다.	I go to school by subway.
난 보통 걸어서 학교에 간다.	I usually walk to school.
나는 너와 같은 셔틀버스를 탄다.	I ride the same shuttle bus as you.
학교 가는 길에 문방구에 들른다.	I stop by the stationery store on the way to school.
준비물을 산다.	I buy some supplies.
오락기는 지나친다.	I pass by the game machine.
학교는 오전 8시 반에 시작해서 오후 6시에 끝난다.	School begins at 8:30am and ends at 6pm.
오전 8시까지 학교에 가야 한다.	I should go to school by 8am.
교실에서 실내화를 신는다.	I wear indoor shoes in the classroom.
여기가 우리 반이다.	This is my class.
여기가 내 강의실이다.	This is my lecture room.
우리 반에는 학생 20명이 있다.	There are 20 students in my class.
안녕, 얘들아.	Hi, guys.
선생님께 고개 숙여 인사한다.	I bow my head to the teacher.
책상에 앉는다.	I sit at a desk.
의자에 앉는다.	I sit on the chair.
의자가 너무 낮다.	My chair is too low.
책상이 너무 높다.	My desk is too high.
의자에 가방을 건다.	I hang my bag on the chair.
지금부터 출석 확인한다.	Let me check the attendance from now on.
저 여기 있어요.	Here I am.
마가렛은 오늘 안 왔어.	Margaret is not here today.
난 어제 결석했어.	I was absent yesterday.
난 수업을 건너뛴다.	I skip the class.
나 오늘 조퇴한다.	I leave school early today.

공부할 시간이다.	It's time to study.
난 지금 수업중이다.	I'm in class now.
가방에서 책을 꺼낸다.	I take my book out of my bag.
교과서를 펼친다.	I open my text book.
마지막에 어디까지 했지?	Where did we stop last time?
어디였지?	Where was I?
이 책 어디까지 봤었지?	Where was I in this book?
책 13페이지를 편다.	I open the book to page 13.
13페이지를 본다.	I turn to page 13.
다음 페이지로 간다.	I go to the next page.
페이지를 넘긴다.	I flip pages.
그 책 몇 페이지를 읽는다.	I read some pages of the book.
선생님이 우리를 지도하신다.	The teacher guides us.
교수님이 진도를 나가신다. (커리큘럼을 진행한다.)	The professor progresses with the curriculum.
진도를 따라간다.	I follow the curriculum.
내 공부 진도를 나간다.	I make progress in my study.
수업에 적극적으로 참여한다.	I participate the class actively.
그는 정말 잘 가르치셔.	He teaches really well.
잘 봐.	Watch carefully.
잘 들어.	Listen carefully.
내가 어떻게 하는지 배워.	Learn how I do.
순서대로 이 과정들을 따라해.	Follow these steps in order.
잘 될 거야.	It'll work well.
내가 너한테 말한 대로 해.	Do as I told you.
당신이 한 것과 똑같이 할게요.	I'll act the same way as you did.
뭐부터 해?/뭐가 먼저야?	Which one comes first?
이걸로 시작해.	Start with this.
이거?	This one?
그건 나중에.	That's for later.
이렇게 중요한 것들은 잊어버리지 마.	Don't forget important things like this.

필요하면 날 불러.	If you need me, call me out.
나한테 와.	Come to me.
난 지금 수업 가야 돼.	I should go to class right now.
다음 수업은 무슨 과목이야?	What subject is the next class?
어떤 수업을 좋아해? 수학? 역사?	What's your favorite subject? Math? History?
나 스스로 수업을 결정해.	I decide the course by myself.
어디서 그 수업 들어?	Where do you take the lesson?
그 수업은 15분 뒤에 끝나.	The class will be over in 15 minutes.
그 수업은 취소됐어.	The class was cancelled.
책을 덮는다.	I close the book.
이 수업 끝나고 뭐해?	What do you do after this class?
학교 끝나고 계획 있어?	Do you have any plans after school?
학교 끝나고 바로 집에 갈 거야.	I'll come home straight after school.
학교 끝나고 엄마한테 전화한다.	I call mom after school.
나 데리러 학교로 와.	Come to school to pick me up.
4시에 너 데리러 갈게.	I'll go pick you up at 4pm.
학교 문에서 기다릴게.	I'll wait for you at the school gate.
학교에서 집으로 돌아온다.	I come back home from my school.
숙제를 한다.	I do my homework.
숙제 있어?	Do you have homework?
응. 할 숙제가 매우 많아.	Yes. I have a lot of homework to do.
언제까지 숙제 해야 돼?	When is the homework due?
그 숙제는 내일까지야.	The assignment is due tomorrow.
숙제 후에 오늘 수업을 복습한다.	I review today's class after homework.
내일 수업을 예습한다.	I study ahead for tomorrow's lesson.
학원에 간다.	I go to an institute.
친구들과의 관계는 어때?	How's the relationship with friends?
난 다연이와 친해.	I'm close to Dayun.
해리와 더 친해졌어.	I got closer to Harry.
난 찰리와 놀아.	I hang around with Charlie.

난 프레디와 같은 반이야.	I'm in the same class with Freddie.
패트릭은 우리 반이야.	Patrick is in my class.
난 헨리와 문제가 있어.	I have a problem with Henry.
난 친구를 잘못 사귀었어/선택했어.	I chose the wrong friend.
좋은 친구들을 많이 만들 거야.	I'll make many good friends.
시험은 언제야?	When is the test?
지금 시험 기간이야.	Now I'm in the test period.
다음 주에 시험이 있어.	I have an exam next week.
지금 시험공부 하고 있어.	I'm studying for the exam now.
지금 내일 시험을 준비하고 있어.	Now I'm preparing for tomorrow's test.
시험에 뭐 나와?	What's on the exam?
시험 범위가 너무 넓어.	The test range is very big.
이게 시험에 나올 거야.	This will be on the exam.
어려운 수학 문제를 풀어.	Solve the difficult math problems.
복잡한 문제들은 풀 수가 없어.	I can't solve complex questions.
책대로 해.	Do it by the book.
너 몇 시간 공부했어?	How many hours did you study?
5번 문제에 답하시오.	Answer question 5.
5번 문제를 푼다.	I get the answer to number 5.
5분 남았다.	I have 5 minutes left.
타이머 울린다.	The timer goes off.
시간 다 됐다.	Time's up.
시간이 부족해.	I'm short of time.
이건 맞았어. (이건 정답이야.)	This is the correct answer.
이건 틀렸어. (이건 오답이야.)	This is the wrong answer.
나 이거 틀렸어.	I got this wrong.
실수로 다섯 문제 틀렸어.	I got 5 questions wrong by mistake.
아는 문제를 틀렸어.	I missed a question that I know.
같은 문제를 틀렸어.	I got the same question wrong.
이 문제를 모르겠어.	I don't know this problem.

시험 어땠어?	How was the exam?
많이 찍었어.	I guessed a lot.
그 문제가 시험에 나왔어.	The question was on the test.
시험 잘 봤어?	Did you do well on the test?
성적 잘 받았어?	Did you get a good score?
몇 점 받았어?	What score did you get?
시험 망쳤어.	I messed up the exam.
성적이 안 좋아.	I have bad grades.
과학 시험에서 잘 봤어.	I did well on the science exam.
사회에서 백점 받았어.	I got a hundred in social studies.
70점 받았어.	I got seventy points.
그게 평균이야.	It's an average.
그 과목에서 F 받았어.	I got F in the subject.
내 성적표를 봐.	Look at my report card.
내 성적이 떨어졌어.	My grades fell down.
내 성적은 평균 이상이야.	My grades are above the average.
난 합격했어.	I passed the exam.
난 간신히 합격했어.	I barely passed the test.
난 불합격이야.	I failed the exam.
반에서 1등 했어.	I took first place in the class.
반 5등 안에 들었어.	I'm in the top 5 in my class.
우리 반에서 상위권이야.	I'm in the top part of my class.
우리 반에서 꼴찌야.	I'm at the bottom of my class.
친구들에게 뒤처졌어.	I fell behind my friends.
해마다 기억력이 안 좋아지고 있어.	My memory is getting worse year after year.
난 이번 학기 말까지 개인 과외 받을 거야.	I'll have a private tutor by the end of this semester.
다음 시험에는 최선을 다할 거야.	I'll do my best on the next exam.
모든 일에는 다 때가 있어.	There is a time for everything.

회사생활

출근한다./일하러 간다.	I go to work.
사무실 건물에 들어간다.	I enter the office building.
건물 로비에 도착한다.	I get to the lobby of the building.
엘리베이터 앞에 멈춘다.	I stop at the elevator.
엘리베이터를 탄다.	I take the elevator.
복도를 따라 걷는다.	I walk along the hallway.
복도 끝까지 걸어간다.	I walk to the end of the hallway.
사무실에 걸어 들어간다.	I walk into my office.
사무실에 도착한다.	I get to my office.
동료들에게 인사한다.	I say hello to my coworkers.
내 자리로 걸어간다.	I walk to my workstation.
가방을 내려놓는다.	I put down my bag.
책상의 의자를 뺀다.	I pull out my chair at the desk.
내 자리에 앉는다.	I sit down on my seat.
컴퓨터를 켠다.	I turn on the computer.
이메일과 스케줄을 확인한다.	I check emails and my schedule.
나의 오늘 스케줄을 정리한다.	I organize my schedule for today.
책상 서랍을 연다.	I pull open my desk drawer.
서류들을 꺼낸다.	I take out the documents.
이 서류들을 정리한다.	I sort out these files.
서류들을 모은다.	I gather my documents.
파일들을 가져온다.	I bring the files.
회의에 참석한다.	I attend the meeting.
사무실로 되돌아온다.	I return to my office.
휴식을 취한다.	I take a rest.
서랍에 서류들을 넣는다.	I put the documents in the drawer.
컴퓨터를 끈다.	I turn off the computer.
의자에서 일어난다.	I rise from my chair.
가방을 든다.	I carry my bag.
퇴근한다.	I get off work.

출근 어떻게 해?	How do you go to work?
버스로 출근해.	I go to work by bus.
운전해서 출근해.	I drive to work.
같은 시간에 지하철 타.	I take a subway at the same time.
몇 시에 출근해?	What time do you go to work?
8시까지 출근해.	I go to work by 8am.
8시에 직장에 도착해.	I get to my workplace at 8am.
근무시간이 어떻게 돼?	What are your working hours?
근무시간은 오전 9시부터 오후 6시까지야.	Our business hours are from 9am to 6pm.
나탈리는 매일 일찍 와.	Natalie comes in early everyday.
우린 주말엔 출근하지 않아.	We don't go to work on weekends.
우린 일주일에 5일 일해.	We work 5 days a week.
이번 토요일에 일하러 와야 돼.	I should come to work this Saturday.
정장 입고 출근해.	I wear suits to work.
일이 너무 많아.	I have too much work.
이 일은 끝이 없어.	This job never ends.
너 일 잘한다.	You work well.
넌 너무 열심히 일해.	You work too hard.
무엇을 위해서?	What for?
가족 먹여 살리느라 등골이 휘어.	I'm breaking my back to feed my family.
몇 시에 퇴근해?	What time do you get off?
난 일찍 퇴근해.	I leave work early.
난 집에 일찍 가.	I go home early.
난 보통 오후 6시에 퇴근해.	I usually get off work at 6pm.
일 마친 후 오후 7시에 떠날 거야.	I'll leave my office at 7pm after I'm done.
난 사무실에서 늦게까지 일해.	I work late in the office.
난 늦게까지 있을 거야.	I'll stay late.
난 오늘밤 야근해.	I work overtime tonight.
동료들은 벌써 집에 갔어.	My coworkers already went home.
수고해. (계속 일 잘해.)	Keep up the good work.

084

내 책상 위의 서류 봤어?	Did you see the document on my desk?
그 프로젝트 어떻게 돼 가요?	What's going on the project?
내가 지금 하고 있는 중이야.	I'm working on it now.
조심스럽게 진행하고 있어.	I'm proceeding with caution.
계속 진행해.	Move on.
누가 이 서류 작성해?	Who process this document?
내가 그 서류 작업을 해.	I do the paperwork.
준비할 서류가 많아.	I have many documents to prepare.
내 책상 위에 서류들이 산더미같이 쌓여 있어.	There are piles of papers on my desk.
그 일을 포기할 수 없어요.	I can't give up the work.
누가 이 일 담당이야?	Who is in charge of this work?
이건 내 일이야.	This is my job.
혼자서 이걸 끝내야 돼.	I should finish this up by myself.
고생을 사서 하는구나.	You're buying trouble.
너 이거 처리할/다룰 수 있어?	Can you handle this?
난 혼자서 이걸 풀 수 없어.	I can't solve this by myself.
머리를 써.	Use your head.
머리를 쥐어짜.	Squeeze your head.
팁 좀 줘. (요령)	Give me some tips.
가서 도움을 받아.	Go get some help.
오늘 저녁에 회식 있어.	I have a staff dinner this evening.
동료들과 회식 있어.	I have a staff dinner with my coworkers.
우리 회사는 맨날 회식이야.	My company has gatherings everyday.
나는 3년 전에 신입사원이었어.	I was a new employee 3 years ago.
작년에 대리로 진급했어.	I got promoted to assistant manager last year.
올해는 과장으로 승진하고 싶어.	I want to get a promotion to manager this year.
난 인사이동으로 서울 지점으로 이동해.	I transfer to seoul branch because of the staff shuffling.
그건 집에서 더 멀어.	It's farther from my home.

복사기로 걸어간다.	I walk to the copy machine.
전원을 확인한다.	I check the power.
복사기 뚜껑을 들어올린다.	I lift up the lid of the copy machine.
종이를 아랫방향으로 둔다.	I place a paper face-down.
뚜껑을 닫는다.	I close the lid.
복사 수량을 입력한다.	I enter the number of copies.
시작 버튼을 누른다.	I press the start button.
복사기가 고장 났다.	The copier is out of order.
복사기가 종이가 떨어졌다.	The copier is running out of paper.
프린터에 종이가 부족하다.	The printer is out of paper.
종이가 프린터에 걸렸다.	A paper is stuck in the printer.
프린터에 자주 종이가 걸린다.	The printer is often jammed.
복사기를 고친다.	I fix the copy machine.
서류들을 복사한다.	I copy the documents.
사본을 5개 만든다.	I make 5 copies.
보고서를 칼라로 출력한다.	I print the report in color.
유인물을 흑백으로 출력한다.	I print the handout in black-and-white.
사본들을 꺼낸다.	I take out the copies.
뚜껑을 들어올린다.	I lift up the lid.
원본을 집는다.	I pick up the original.
그것을 책상으로 가져간다.	I bring it to the desk.
사본을 책상 위에 둔다.	I lay the copies on my desk.
서류/문서들을 스테이플러로 찍는다. (호치키스)	I staple the documents.
스테이플러 심이 떨어졌다.	My stapler is out of staples.
라벨을 붙인다.	I label it.
테이프로 봉투를 봉한다.	I tape the envelope shut to seal.

내 직원들과의 미팅이 필요해.	I need a meeting with my staff.
잠깐 회의 하죠.	Let's have a short meeting.
내일 아침 10시에 회의를 잡아.	Arrange a meeting at 10am tomorrow morning.
다 불러.	Call everyone.
준비하겠습니다.	I'll prepare.
또 회의야?	A meeting again?
회의는 오전 10시로 잡혀 있어.	The meeting is scheduled for 10am.
한 시간 뒤에 회의 있어.	I have a meeting in one hour.
누가 발표자야?	Who is the presenter?
내가 회의에서 발표해.	I have a presentation at meeting.
많은 사람들 앞에서 할 발표 준비가 되었다.	I'm ready for the presentation in front of a lot of people.
회의 전에 회의를 준비한다.	I prepare for the meeting before the meeting.
자리에서 일어난다.	I stand up from my seat.
종이컵에 차를 준비한다.	I prepare some teas in the paper cups.
커피 5잔을 준비한다.	I prepare 5 cups of coffee.
회의실로 걸어 들어간다.	I walk into the meeting room.
책상에 앉는다.	I sit down at a desk.
참가자들과 인사한다.	I greet the participants.
그들에게 커피를 나눠준다.	I distribute coffees to them.
자료들을 나눠준다.	I hand out the materials.
모두에게 유인물을 나눠준다.	I pass out the handouts to everyone.
옆 사람에게 사본을 돌린다.	I pass around the copies to the next person.
하나만 갖고 나머지는 뒤로 돌린다.	I take one and pass the rest back.

다 왔나요?	Is everyone here?
시작합시다.	Let's get started.
시작하자.	Let's start.
주목.	Attention, please.
주목해주시겠습니까?	May I have your attention, please?
회의를 주관/주도한다.	I lead the meeting.
사장님이 개회사를 하신다.	The president gives us the opening address.
참석자들과 이야기한다.	I talk with the attendees.
순서대로 말한다.	We speak in turns.
그들의 의견들을 듣는다.	I listen to their opinions.
그들과 우리의 문제에 대해 토의/논의한다.	I discuss our problem with them.
그들의 제안을 받아 적는다.	I write down their proposal.
내 다이어리에 메모한다.	I make a memo in my diary.
내 순서다.	It's my turn.
화이트보드로 걸어간다.	I walk to the whiteboard.
보드마커를 집는다.	I pick up a marker.
화이트보드 위에 뭔가를 쓴다.	I write something on the whiteboard.
표를 그리고 손가락으로 그것을 가리킨다.	I draw a table and point it with my finger.
지난 분기 실적을 보여준다.	I present the performance of the last quarter.
주요 기능에 대해 설명한다.	I explain about the main functions.
그 모델의 세부 항목을 그들에게 설명한다.	I explain the details of the model to them.
나는 그들에게 발표한다.	I give a presentation to them.
그들에게 내 생각을 말한다.	I tell them my idea.
내 차례에 나의 생각을 그들에게 제안한다.	I propose my idea to them in my turn.
질을 낮춘다.	I lower the quality.
양을 늘린다.	I increase the quantity
그 특별한 계획이 효과가 있을 거다.	The special plan will work.
난 그것을 추진할 것이다.	I'll go ahead with it.

그들은 나의 제안을 받아들인다.	They accept my offer.
지우개를 집어서 막대그래프를 지운다.	I pick up the eraser and erase the bar graph.
설문지를 작성한다.	I fill out the questionnaire.
화제를 바꾸는 게 어때?	How about changing the topic?
새로운 주제로 넘어가자.	Let's go on a new subject.
다음 화제로 계속 가.	Move on to the next topic.
그건 건너뛰자.	Let's skip it.
재밌는 주제에 대해서 얘기하자.	Let's talk about the exciting subjects.
화제 바꾸지 마./말 바꾸지 마.	Don't change the subject.
회의 방해하지 마.	Don't disrupt the meeting.
3시간째야.	It's been 3 hours.
3시간 연속으로 회의했어.	We had a meeting for three hours straight.
오늘은 여기서 그만하자.	Let's stop here for today.
오늘 충분해.	That's enough for today.
회의를 끝낸다.	I end the meeting.
회의 후에 의자와 책상들을 정리한다.	I arrange the chairs and desks after meeting.
회의실에서 걸어 나온다.	I walk out of the meeting room.
내 책상으로 돌아온다.	I return to my desk.
회의 끝났어?	Was the meeting over?
금방 끝날 거야.	It'll be over soon.
방금 끝났어.	It finished just now.
이제 살 것 같아. (이제 숨 쉴 수 있어.)	I can breathe now.
회의는 어땠어?	How was the meeting?
회의가 좋지는 않았어.	The meeting was not good.
분위기가 좋지 않아.	The atmosphere is not good.
분위기가 매우 무거워.	The atmosphere is pretty heavy.
사무실 분위기가 안 좋아졌어.	The office climate got bad.
일이 복잡해지고 있어.	Things are getting complicated.
그 회의는 일주일 미뤄졌어.	The meeting was delayed for a week.

최근에 사업 파트너한테 들은 거 있어?	Did you hear from the business partner recently?
그들한테 응답을 아직 못 받았어요.	I didn't get a response from them yet.
우린 그 회사와 협력할 거야.	We'll collaborate with the company.
그건 실질적으로 큰 차이를 만들 거야.	It'll practically make a big difference.
협상합시다.	Let's make a deal.
비용을 분담해요.	Let's share the expenses.
계약서에 사인하세요.	Sign the contract.
계약 조건이 뭐예요?	What's the terms of the contract?
이 조건들을 받아들일 수 없어요.	I can't accept these conditions.
입장을 조금만 바꿀 수 있어요?	Can you change your position just a little?
우린 타협할 수 있어요.	We can come to an agreement.
타협의 여지가 일부 있어요.	There is some room for compromise.
협상의 여지가 없어요.	There is no room to negotiate.
양보할 수 없어요.	I can't concede.
그 점에 대해서는 한 치도 양보할 수 없어요.	I can't yield an inch on that matter.
당신의 협력을 요청합니다.	We ask for your cooperation.
그것을 서면으로 보내주세요.	Send me it in writing.
사장님의 승인/결제를 받아야 돼요.	I need to get the approval of boss.
먼저 그에게 물어봐야 돼요.	I should ask him first.
우리는 같은 배를 탔어요/같은 처지예요.	We're in the same boat.
우리는 모두 같은 처지예요.	We're all in the same situation.
잘 해 봅시다.	Let's make it work.
내일이 중요한 날이야.	Tomorrow is a big day.
그 주문을 따내. (그 건 따내.)	Get the order.
한 건 해.	Get one thing done.
그들의 신뢰를 얻어.	Gain their trust.
더 신경 써.	Take more care over it.
정보를 자주 갱신해.	Update the information frequently.
거기에 대해 예감이 좋아.	I have a good feeling about it.
거래가 성사되었어./계약됐어.	The deal is done.

휴식이 필요해.	I need a break.
쉬자.	Let's take a rest.
조금만 쉬자.	Let's take a little break.
커피 마시며 쉬자.	Let's take a coffee break.
커피 한 잔이 피로를 풀어줘.	A cup of coffee relieves fatigue.
난 10분 동안 쉴게.	I'll take a break for 10 minutes.
난 10분간 쉴게.	I'll take a 10 minute break.
기운/힘이 없어.	I don't have any energy.
일할 기운/힘이 없어.	I don't have any energy to work.
넌 피곤한 기색이 없어.	You don't have signs of fatigue.
잠시 여기에 앉아.	Sit down here for a while.
푹 쉬어.	Take a good rest.
오래 쉬어.	Rest for a long time.
잠시 눈 좀 붙일게./낮잠 잘게.	I'll take a short nap.
난 휴식시간에 낮잠 자.	I take a nap during the break time.
나가서 바람 좀 쐐.	Go out to get some fresh air.
잠시 밖에 나가 있을게.	I'm going out for a while.
머리를 맑게 해야 돼.	I need to clear my head.
생각이 많구나.	You have a lot on your mind.
그늘에 앉아.	Sit in the shade.
쉬는 시간 끝났어.	Break time is over.
쉬는 시간이 너무 짧아.	The break is too short.
월급날에 월급을 받아.	I get my paycheck on my payday.
월급날이 언제야?	When is your payday?
연봉이 얼마야?	How much is your annual salary?
월급이 얼마야?	What's your salary?
내 초봉은 연 5만 달러야.	My starting salary is 5 million dollars a year.
급여가 좋아.	The pay is good.
평균보다는 많이 줘.	It pays more than the average.

휴가 신청해.	Apply for a vacation.
너 휴가 날짜를 정해.	Set the dates for your holidays.
휴가에 특별한 계획 있어?	Do you have any special plan for your vacation?
휴가 계획이 어떻게 돼?	What's your plan for your holiday?
연휴에 뭘 할 계획이야?	What do you plan for the long holiday?
휴가 때 뭐해?	What do you do on your vacation?
여름휴가 동안 뭐 해?	What do you do during summer vacation?
하루종일 집안에 있을 계획이야.	I'm planning to stay in the house all day.
집에서 쉴까 고려중이야.	I'm considering to take a rest at home.
집에 있을 거야.	I'll be at home.
눈치 보여. (불편해.)	I feel uncomfortable.
휴가를 내년까지 미뤘어.	I delayed my vacation until next year.
아무데도 못 가.	I can't go anywhere.
내일 하루 휴가야. (연차)	I take a day off tomorrow.
월요일 하루 휴가야.	I'll take a day off on Monday.
난 다음주에 4일간 여름휴가야.	I take 4 days off next week for summer vacation.
휴가야.	I'm on vacation.
휴가야.	I'm on holiday.
휴가야.	I'm on leave.
오늘 휴가야.	I'm off today.
오늘 병가야.	I'm on sick leave today.
오늘 조퇴해.	I leave work early today.
오늘 오후 반차야.	I'm off this afternoon.
난 지금 출장 중이야.	I'm on a business trip now.
이탈리아 출장 중이야.	I'm on a business trip to Italy.
난 연수 받아./교육에 참석해.	I attend the training program.
난 외근 중이야.	I'm working outside.
뭔가 생겼어.	Something came up.
안 좋은 일이 내게 생겼어.	Something bad happened to me.
내가 대신 네 일 봐줄게.	I'll cover for you.

고객들한테 전화를 너무 많이 받는다.	I receive too many phone calls from clients.
어디서부터 시작할지를 모르겠다.	I don't know where to begin.
이 일은 나랑 안 맞는다.	This work doesn't fit me.
난 고객 응대를 잘 못한다.	I'm not good with clients.
잡일은 내가 다한다.	I do all the office chores.
동료들은 항상 나를 험담한다.	My co-workers always gossip about me.
그들은 텃세를 부린다.	They don't welcome newcomers.
이건 너무 스트레스다.	This is so stressful.
난 스트레스가 너무 많다.	I'm under a lot of stress.
요즘 스트레스를 많이 받는다.	I have so much stress these days.
다른 사람들한테 스트레스 받는다.	I got so much stress from others.
난 이렇게 일할 수 없다.	I can't work like this.
이 조건들에 따르면.	According to these terms.
이 조건들은 좋지 않다.	These conditions are not good.
이런 근무 조건을 참을 수 없다.	I can't put up with this working condition.
불만이 있다.	I have a complaint.
팀장에게 불만을 말한다.	I complain to the leader.
짐 싸!	Pack your bag!
넌 해고야!	You're fired!
난 일자리를 잃었다.	I lost my job.
내 일을 관둔다.	I quit my job.
이 회사를 떠난다.	I leave this company.
퇴사한다.	I retire.
일을 바꾼다.	I change my job.
난 다섯 달 전에 회사를 떠났어.	I left my company 5 months ago.
다섯 달 전에 퇴사했어.	I retired five months ago.

빈자리 있어?	Is there any vacant position?
지금은 없어.	There is not at the moment.
100군데 넘게 지원한다.	I try more than 100 companies.
딱 맞는 일을 구하는 게 어렵다.	It's hard to get a perfect job.
좋은 자리를 갖고 싶다.	I want to have a good position.
게시판의 구인 광고를 확인한다.	I check the job opportunity on the bulletin board.
그 기회를 놓치지 않는다.	I don't miss the opportunity.
이 자리에 지원한다.	I apply for this position.
온라인 아니면 오프라인으로 지원한다.	I apply online or offline.
이메일로 이력서와 자기소개서를 보낸다.	I send out a resume and a cover letter by email.
이번 달에 면접이 있다.	I have a job interview this month.
사무실을 방문한다.	I visit the office.
어떤 자격증이 있나요?	What kind of qualification do you have?
다른 근무 경력이 있나요?	Do you have any other work experience?
이 분야에는 경력이 없어요.	I have no experience in this field.
그 쪽 분야의 경험이 있어요.	I have experience in that area.
이 분야에서 2년 근무 경력이 있어요.	I have two years of work experience in this field.
이 분야에서 3년 이상 있었어요.	I have been in this field more than 3 years.
경력이 좋네요.	You have a good record.
왜 마지막 직장을 떠났어요?	Why did you leave your last job?
퇴사한 거예요, 해고당한 거예요?	Did you retire or get fired?
이유를 말해줄 수 있나요?	Can you tell me why?
얼마의 급여를 원해요?	What salary do you want?
우리 회사는 높은 급여와 좋은 복지를 제공해요.	Our company offers you a high salary and good benefits.
본사는 미국에 있어요.	Our head office is located in America.
난 아마존에 들어갔다.	I got a job at Amazon.
오늘이 첫 날이다.	Today is my first day.
내 일은 편하다.	I have a cushy job.
난 동료들과 같이 원만하게 일 잘한다.	I work well together with coworkers.
회사가 나를 대우하는 방식에 만족한다.	I'm satisfied with the way my company treats me.

094

전화/핸드폰

벨이 울린다.	The bell is ringing.
전화벨이 울린다.	Phone is ringing.
전화 왔어.	There's a phone call.
전화 받아.	Get the phone.
내가 받을게.	I'll get it.
내버려둬.	Leave it.
받지 마.	Don't get it.
그 사람 전화 안 받아.	He doesn't answer.
응답이 없어./아무도 안 받아.	There's no answer.
통화 중이야.	The line is busy.
없는 번호야.	The number is not listed.
여보세요?	Hello?
누구세요?	Who's calling?
이건 샬롯의 전화예요.	This is Charlotte's phone.
저는 조나단이에요.	This is Jonathan speaking.
샬롯과 통화할 수 있어요?	May I speak to Charlotte?
에디 있어요?	Is Eddy in?
몇 번에 걸었어요?	What number did you call?
이게 123-4567번이죠?	Is this 123-4567?
번호는 맞아요.	The number is right.
여기에 그런 이름 가진 사람 없어요.	There is no one here by that name.
당신 잘못 걸었어요.	You have the wrong number.
내가 잘못 걸었어요.	I called the wrong number.
그 사람 전화번호 바꿨어요.	He changed his phone number.
매니저에게 돌려줄게요.	Let me transfer you to the manager.
그에게 연결해줄게요.	Let me connect you with him.
잠깐만요.	Just a moment, please.
잠시 기다리세요.	Wait a second.
기다리세요.	Hold on, please.
끊지 마세요.	Don't hang up the phone.

카터 봤어?	Have you seen Carter?
걔 어디 갔어?	Where's he gone?
방금 여기 있었어.	He was just here.
그는 지금 여기 없어요.	He's not here at the moment.
그는 외부에 있어요.	He's out.
그는 지금 외부에 있어요.	He's out at the moment.
그는 지금 안 돼요.	He's not available now.
그는 통화중이에요.	He's on another call.
그녀는 지금 회의중이에요.	She's in the meeting now.
그녀는 금방 돌아올 거예요.	She'll be back soon.
그녀는 오늘 휴가예요.	She's off today.
메시지 남길 수 있어요?	May I leave a message?
그녀한테 내가 전화했다고 전해주세요.	Tell her that I called, please.
그에게 내 핸드폰으로 나한테 전화하라고 전해주세요.	Tell him to call me on my cellphone, please.
네. 그에게 당신에게 다시 전화하라고 할게요.	OK. I'll tell him to call you again.
내가 당신 번호를 다시 불러볼게요.	Let me repeat your number.
너 전화 왔어.	You have a call.
네 전화야.	This is for you.
누가 전화하고 있는지 물어봐.	Ask who's calling.
네 고객 전화야.	It's from your client.
여기서 받을게요. (돌려주세요.)	I'll get it here.
나야.	It's me.
오랜만이야.	Long time no see.
그냥 걸었어.	I just called you.
네 목소리 들으려고 전화했어.	I called you to hear your voice.
회의에 관해 전화했어.	I'm calling about the conference.
너가 전화해서 전화한 거야.	I'm returning your call.
오늘 아침에 너가 직접 전화했다고 들었어.	I heard you called in person this morning.
너 안 받던데.	You didn't answer.
내가 너 전화를 못 받았어.	I missed your call.

듣고 있어요?	Are you listening?
안 들려.	I can't hear you.
안 깨끗해.	It's not clear.
연결 상태가 나빠.	The connection is bad.
너 소리가 끊겨.	Your voice is breaking up.
전화가 끊겼어.	I lost the signal.
내 전화기에 문제가 있어.	My phone has a problem.
지금은 어때?	How's it now?
나아졌어?	Is this better?
나중에 너한테 전화할게.	I'll call you later.
너한테 다시 전화할게.	I'll call you back.
다시 전화해.	Call again.
나한테 전화해.	Give me a call.
전화해줘서 고마워.	Thank you for calling.
네 전화 고마워.	Thank you for your call.
전화를 끊는다.	I hang up the phone.
나한테 전화 온 거 있어?	Were there any calls for me?
전화가 10통 있었어.	There were 10 calls.
너 부재 전화가 2통이야.	You have 2 missed calls.
그가 전화해서 메시지 남겼어.	He called and left a message for you.
그녀는 너가 그녀한테 다시 전화하기를 원해.	She wants you to call her back.
그가 다시 전화할 거야.	He'll call back again.
방금 누가 너한테 전화했어?	Who called you just now?
너 누구랑 통화했어?	Who did you talk to on the phone?
안토니로부터 전화를 받았어.	I got a call from Anthony.
사무실로부터 급한 전화를 받았어.	I got an urgent call from my office.
사무실에 전화할게.	I'll call my office.
그 사람 핸드폰으로 전화해.	Call his cellphone.
이 번호로 전화해.	Call this number.
그 매장에 전화한다.	I make a phone call to the shop.

바지 주머니에서 핸드폰을 꺼낸다.	I take out my cellphone from the pocket of my pants.
지문으로 핸드폰 잠금장치를 푼다.	I unlock my cellphone with my fingerprint.
친구 핸드폰 번호를 찾는다.	I look for the cellphone number of my friend.
번호를 누르고 통화 버튼을 누른다.	I press the numbers and 'call' button.
신호음을 들으며 기다린다.	I listen to the dial tone and wait.
통화를 기다린다.	I stay on the line.
핸드폰으로 통화한다.	I speak on the cellphone.
친구와 통화한다.	I talk with my friend on the phone.
친구에게 작별 인사를 한다.	I say 'bye' to my friend.
종료 버튼을 누른다.	I press the 'end' button.
전화를 끊는다.	I hang up the phone.
내 친구가 나한테 메시지를 보냈다.	My friend sent me a message.
친구한테 문자를 받았다.	I got a text message from my friend.
문자를 읽는다.	I read the message.
그에게 답한다.	I reply to him.
키패드에 메시지를 입력한다.	I type my message on the keypad.
문자메시지를 전송한다.	I send the text message.
이 메시지는 고객으로부터 온 것이다.	This message is from the client.
나는 그것을 확인하지 않는다.	I don't check it.
그건 스팸이다.	It's spam.
그것을 지운다.	I delete it.
친구들과 카톡한다.	I chat with friends with Kakao-talk.
엄마한테 카톡으로 문자 보낸다.	I send mom a text message with Kakao.
엄마한테 집에 일찍 간다고 문자 보낸다.	I text mom that I come home early.
핸드폰으로 사진을 찍는다.	I take a photo with my cellphone.
핸드폰으로 동영상과 내 목소리를 녹화/녹음한다.	I record a video and my voice with my cellphone.
동영상을 찍는다.	I shoot a video.
사진들을 본다.	I review the photos.
친구들에게 사진들을 보낸다.	I send photos to friends.
SNS에 사진들을 업로드 한다.	I upload my photos on social media.

핸드폰을 진동으로 바꾼다.	I change my cellphone into vibration mode.
내 핸드폰이 진동한다.	My cellphone vibrates.
전화벨을 못 들었어.	I didn't hear the phone ring.
핸드폰을 벨소리로 바꾼다.	I turn my cellphone to ring mode.
핸드폰이 배터리가 부족하다.	My cellphone is running out of battery.
배터리가 거의 없다/거의 다 됐다.	The battery is almost dead.
배터리가 적다.	My battery is low.
핸드폰이 꺼졌다.	My cellphone turned off.
핸드폰을 충전기에 연결한다.	I connect my cellphone to the charger.
플러그가 잘 꽂혀 있다.	It's plugged in well.
핸드폰을 충전한다.	I charge my cellphone.
핸드폰을 100% 충전했다.	I charged my cellphone to 100%.
내 핸드폰이 100% 충전되었다.	My cellphone is 100% charged.
충전기와 핸드폰을 분리한다.	I separate my cellphone and the charger.
콘센트로부터 충전기 코드를 뽑는다.	I remove the charger from the outlet.
핸드폰을 켠다.	I turn on my cellphone.
2초 동안 전원 버튼을 누른다.	I press the power button for 2 seconds.
무료 와이파이를 찾는다.	I find free wifi.
앱을 실행시킨다.	I run an application.
페이스북을 본다.	I look at Facebook.
친구한테 페이스북으로 메시지를 보낸다.	I send my friend a message on Facebook.
핸드폰으로 인터넷 뉴스를 읽는다.	I read the internet news with my cellphone.
모든 앱들을 종료시킨다.	I finish all the apps.
핸드폰을 잠근다.	I lock my cellphone.
핸드폰을 만지작거린다.	I fidget with my cellphone.
핸드폰을 바닥에 떨어뜨렸다.	I dropped my cellphone on the floor.
액정이 금가고 깨졌다.	My screen is cracked and broken.
긁힌 자국이 많다.	It has a lot of scratches.
작동이 잘 안 된다.	It doesn't work well.
핸드폰에서 인터넷을 사용할 수 없다.	I can't use the internet on my cellphone.

099

쇼핑

쇼핑하러 간다.	I go shopping.
뭐 좀 사야 한다.	I need to buy something.
그거 다 썼다.	I used it up.
그것을 새 걸로 교체한다.	I replace it with a new one.
새 것을 사야 된다.	I need to get a new one.
쇼핑몰 안으로 걸어 들어간다.	I walk into the shopping mall.
사람들로 매우 붐빈다.	It's very crowded with people.
쇼핑카트를 민다.	I push the shopping cart.
복도를 걸어 지나간다.	I walk through aisles.
직원이 내게 제품들을 권유한다.	The clerk recommends me some products.
그냥 둘러보기만 해도 재밌다.	It's fun to just look around.
옷 하나가 내 눈길을 사로잡는다.	One clothes catch my eyes.
거기서 눈을 뗄 수가 없다.	I can't take my eyes off it.
한 직원에게 묻는다.	I ask one of the staff.
진열대에서 하나를 꺼낸다.	I take one off the rack.
거울 앞으로 걸어간다.	I walk to the front of the mirror.
크기를 확인한다.	I check the fit.
친구에게 의견을 묻는다.	I ask my friend's opinion.
가격과 크기를 확인한다.	I check the price and the size.
다른 크기와 색깔을 요구한다.	I ask for different size and color.
직원과 가격을 흥정한다.	I bargain for a better price with the clerk.
직원에게 할인을 요청한다.	I beg the clerk for a discount.
그것들을 카트에 넣는다.	I put them in the cart.
내 물품을 카운터로 가져간다.	I bring my things to the counter.
그 제품들을 계산한다.	I pay money for the items.
영수증에 내 이름을 서명한다.	I sign my name on the receipt.
거스름돈을 받는다.	I get back the change.
영수증을 받는다.	I take the receipt.
그 제품에 대해 이의를 제기한다.	I make a complaint about the product.
환불받는다.	I get a refund.

몇 시에 열고 닫아요?	What time do you open and close?
우린 오전 10시에 열어서 밤 9시에 닫아요.	We open at 10am and close at 9pm.
밤에 열어요.	We're open at night.
24시간 열지 않아요.	We're not open 24 hours.
주말에 문 열어요?	Are you open on weekends?
오늘 문 열어요?	Are you open today?
내일 문 닫아요.	Tomorrow we close.
국경일이에요.	It's a national holiday.
음료수 찾는 걸 도와줄래요?	Can you help me find the beverage?
생활용품 코너를 찾고 있어요.	I'm looking for a household goods section.
전자제품 코너는 어디예요?	Where is the electric appliance section?
그건 5층에 있어요.	It's on the 5th floor.
그건 지하 5층에 있어요.	It's on the 5th floor basement.
식료품은 지하에 있어요.	The food stuff is in the basement.
몇 층?	What floor?
몇 층이에요?	What floor is it on?
그냥 걸어가.	Just walk.
계단을 이용하자.	Let's use the stairs.
각 층마다 계단이 있다.	There are stairs on each floor.
2층 사람들은 계단을 이용한다.	People on the second floor use stairs.
2층까지 계단을 걸어서 올라간다.	I walk up the stairs to the second floor.
2층까지 걸어서 올라간다.	I walk up to the second floor.
2층까지 걸어서 내려간다.	I walk down to the second floor.
계단에서 한 번에 한 칸씩 걷는다.	I walk one step at a time on the stairs.
계단을 오르내리는 것은 힘들다.	It's hard to walk up and down the stairs.
계단을 뛰어 올라간다.	I run up the stairs.
계단을 뛰어 내려간다.	I run down the steps.
계단에서 뛰지 마.	Don't run on the stairs.
난간을 잡는다.	I take the handrail.
난간에 매달리지 마.	Don't hang on the handrail.

에스컬레이터를 타고 올라간다.	I go up the escalator.
에스컬레이터로 한 층 올라간다.	I go up one floor on the escalator.
5층까지 에스컬레이터를 탄다.	I take the escalator to the 5th floor.
5층까지 엘리베이터를 탄다.	I take the elevator to the 5th floor.
엘리베이터로 올라간다.	I go up by an elevator.
'올라감' 버튼을 누른다.	I push the 'up' button.
엘리베이터가 오고 있다.	The elevator is coming.
엘리베이터가 여기 있다.	The elevator is here.
'열림' 버튼을 누른다.	I press the 'open' button.
엘리베이터를 잡고 있는다.	I hold the elevator.
위층으로 올라가요, 아래층으로 내려와요?	Go upstairs or come downstairs?
이 엘리베이터는 올라가요.	This elevator is going up.
이 엘리베이터는 내려가요.	This elevator is going down.
엘리베이터 타자.	Let's get on the elevator.
엘리베이터를 탄다.	I get into the elevator.
몇 층 가세요?	What floor are you going to?
우리 몇 층에서 내려?	Which floor will we get off?
5층이요.	5, please.
5층이요.	Level 5, please.
'5' 버튼을 누른다.	I press the button '5'.
'닫힘' 버튼을 누른다.	I press the 'close' button.
문에 끼일 수 있다.	I can be stuck in the door.
문에 기대지 않는다.	I don't lean on the door.
엘리베이터 안에서 뛰지 않는다.	I don't jump inside the elevator.
엘리베이터가 너무 천천히 움직인다.	The elevator moves too slowly.
엘리베이터가 5층에 멈춘다.	The elevator stops at 5th floor.
엘리베이터가 다 열렸다.	The elevator is completely open.
실례합니다. 여기서 내려요.	Excuse me, I get off here.
5층에서 엘리베이터를 내린다.	I get out of the elevator at 5th floor.

102

도와줄까요?	May I help you?
무엇을 찾으세요?	What are you looking for?
어떤 스타일 찾으세요?	Which style do you look for?
특별히 마음에 둔 스타일 있어요?	Do you have a particular style in mind?
내추럴, 빈티지 아니면 로맨틱?	Natural, vintage or romantic?
특별한 걸 찾고 계시나요?	Are you looking for something special?
어떤 브랜드 좋아하세요?	What brand do you like?
좋아하는 브랜드가 있어요?	Do you have a favorite brand?
좋아하시는 특별한 브랜드 있으세요?	Is there any special brand you like?
우리는 다양한 아이템이 있어요.	We have various items.
재킷은 매장 안에 걸려 있어요.	Jacket is hanging in the store.
많은 침구류가 전시되어 있어요.	Many beddings are displayed.
전시된 물품들은 만지지 마세요.	Don't touch the items on display, please.
그냥 둘러보는 중이에요.	I'm just looking around.
잠깐 볼게요.	Let me see it for a second.
좀 더 둘러볼게요.	I'll look around a little more.
천천히 둘러보세요.	Take time to browse.
여기서 일하세요?	Do you work here?
명품을 찾고 있어요.	I'm looking for luxury goods.
기념품을 좀 사고 싶어요.	I want to buy some souvenirs.
뭔가 교육적인 것을 찾고 있어요.	I'm looking for something educational.
이런 가죽제품이 갖고 싶었어요.	I have wanted leather goods like this.
그건 병에 든 거예요.	It's in a bottle.
높이가 이 정도 돼요.	It's this tall.
길이가 이 정도 돼요.	It's this long.
크기가 이 정도 돼요.	It's this big.
두께가 이 정도 돼요.	It's this thick.
그건 S모양의 곡선이에요.	It's an S-shaped curve.
그건 동물처럼 생겼어요.	It's shaped like an animal.

누가 쓸 거예요? (누구를 위한 거예요?)	Who is this for?
뭐가 가장 인기 있는 품목이에요?	What's the most popular item?
이 지역에서는 뭐가 유명해요?	What's this place famous for?
이게 가장 인기 있는 품목이에요.	This is a hot selling item.
이런 종류의 제품이 시장에서 잘 팔리고 있어요.	This kind of product is selling well in the market.
많은 연예인들도 이미 쓰고 있어요.	Many celebrities also already use.
대박 났어요.	It made a big hit.
우리 가게 히트 상품이에요.	It's a hot item in our store.
이건 어때요?	How do you like this?
이 모자는 어때요?	How about this cap?
집에 같은 거 있어요.	I have the same thing at home.
그건 안 필요해요.	It's not necessary.
빨간 건 뭐예요?	What's the red stuff?
그거 볼 수 있어요?	Can I see it?
이거 보여주세요.	Please, show me this.
그 옆에 것 보여주세요.	Please, show me the one next to it.
다른 거 있어요?	Do you have others?
다른 걸 보여줄 수 있나요?	Can you show me others?
다른 색깔 있어요?	Do you have a different color?
이거 다른 색깔 있어요?	Do you have this in a different color?
이거 다른 디자인 있어요?	Do you have this in a different style?
이거 다른 크기 있어요?	Do you have this in another size?
이거 한 치수 큰 게 있어요?	Do you have this in one size larger?
이거 55사이즈 있어요?	Do you have this in a size 55?
이거 보라색 있어요?	Do you have this in violet?
이거 다른 사이즈 보고 싶어요.	I want to see this in another size.
한 치수 큰 거 보여주세요.	Show me one size up.
그건 프리 사이즈예요.	It's "one size fits all".
좋아하는 색이 뭐예요?	What is your favorite color?
그건 여자 거예요.	It's for girls.

보여드릴게요.	Let me show you.
다른 거 찾아드릴게요.	Let me find you another one.
사이즈가 뭐예요?	What's your size?
어떤 사이즈 입어요/신어요?	What size do you wear?
더 작은 크기요, 아니면 더 큰 거요?	Smaller size or bigger size?
난 미디움 사이즈 입어요. (소, 대, 특대)	I wear a medium. (small, large, extra large)
내 신발 크기는 250밀리미터예요.	My shoe size is 250mm.
당신 사이즈 재볼게요.	Let me measure your size.
당신 허리를 재볼게요.	Let me measure your waist.
없어요.	We don't have it.
그 사이즈는 없어요.	We don't have that size.
우린 그거 취급하지 않아요.	We don't carry that.
지금 없어요.	It's not in now.
그게 다예요.	That's all we have.
품절이에요.	It's all sold out.
일시 품절이에요.	It's out of stock temporarily.
지금 재고가 없어요.	We're out of stock now.
언제 들어와요?	When does it come in?
더 싼 거 있어요?	Do you have a cheaper one?
이 스타일로 더 싼 거 있어요?	Do you have anything cheaper in this style?
더 싼 거 보여주세요.	Show me something cheaper, please.
싼 게 비지떡이야. (돈 낸 만큼 얻는다.)	You get what you pay for.
이거 입어 봐도 돼요?	Can I try this on?
피팅룸이 어디예요?	Where is the fitting room?
한 번에 3벌을 입어볼 수 있어요.	You can try on three items at a time.
샘플 써 봐도 돼요?	May I try some samples?
여기 테스터/샘플 있어요.	Here's a tester.
이거 정품이에요?	Is this original?
진짜예요.	It's real.
가짜예요.	It's fake.

어때?	How does it look?
이 치마 입으니 어때?	How do I look in this skirt?
크기 어때?	How does it fit?
보기 좋아?	Do I look good?
깔끔해.	It's neat.
자연스러워.	It's natural.
정말 멋져.	It's really cool.
진짜 죽인다!	It's really awesome!
정말 아름다워/멋져.	It's absolutely gorgeous.
안성맞춤이야.	It's a perfect fit.
딱 맞아.	It fits just right.
너 멋있어.	You're chic.
너 멋있어.	You look cool.
그걸 입으니 단정해 보여.	You look neat in it.
거울 속에서 단정해 보여.	You look neat in the mirror.
단정하고 스타일리쉬해(멋져).	You look tidy and stylish.
뭘 입어도 다 예뻐.	You look beautiful in anything.
넌 이 청바지가 너무 잘 어울려.	You look nice in these jeans.
넌 검정이 잘 어울려.	You look good in black.
넌 정장을 입으니 세련돼 보여.	You look sharp in a business suit.
너 오늘 달라 보여.	You look different today.
널 못 알아보겠어.	I can't recognize you.
이 스타일이 너한테 잘 어울려.	This style looks good on you.
이 빨간 치마가 나랑 잘 맞아.	This red skirt fits me well.
중간 사이즈는 너랑 안 맞아.	Medium doesn't fit you well.
이 코트가 너랑 어울려.	This coat suits you.
이 코트는 너랑 안 어울려.	This coat doesn't suit you.
그 정장이랑 코트가 잘 어울려.	The suit and the coat match well.
그 색은 네 피부와 안 어울려.	The color doesn't match your skin.
이 목도리가 너와 잘 어울려.	This muffler goes well with you.

이게 나한테 맞는 사이즈야.	This is the right size for me.
이게 내 취향이야.	This is my favorite.
이건 내 스타일이야.	This is my style.
이 스타일과 디자인이 마음에 들어.	I like this style and design.
볼수록 맘에 들어.	The more I see it, the more I like it.
촌스러워.	It's countrylike.
너무 튀어.	It's too loud.
너무 짧아.	It's too short.
너무 화려해.	It's too flashy.
노출이 심해.	It's too skin.
너무 여자 옷 같아.	It's too girlish.
너무 남자 옷 같아.	It's too boyish.
너무 이상해 보여.	It looks so weird.
너 더워 보여.	You look hot.
너 편해 보여.	You seem comfortable.
이 코트는 유행이 지났어.	This coat is old-fashioned.
이건 시대에 뒤처졌어.	This is behind the times.
철이 지났어.	It's out of season.
구식이야.	It's old school.
요즘 이게 유행이야.	This is in style now.
이거 새 거야.	This is new.
이건 완전 새 거야.	This is a brand new.
시대를 앞서가는 거야.	It's ahead of times.
이 제품이 최신 모델이야.	This product is the latest model.
뭐가 더 좋아?	Which is better?
이 블라우스가 더 나아.	This blouse is better.
이건 아까 입어봤어.	I tried this before.
난 이게 더 좋아.	I like this better.
이 정장 입으니까 어색해.	I feel awkward in this suit.
난 이 버버리 코트가 편해.	I feel comfortable in this trench coat.

지금 세일이에요?	Do you have a sale now?
세일은 며칠 전에 끝났어요.	The sale ended several days ago.
세일이에요.	It's on sale.
세일을 크게 하고 있어요.	We have a big sale.
많은 물건들을 저렴한 가격에 살 수 있어요.	You can buy many stuffs at low prices.
세일 언제 시작해서 언제 끝나요?	When does the sale start and end?
세일은 얼마나 오래 해요?	How long is the sale?
오늘이 세일 마지막 날이에요.	Today is the last day of the sale.
오늘은 뭐가 세일이에요?	What items are on sale today?
이것도 세일이에요?	Is this on sale also?
전 제품이 40% 할인이에요.	Every product is 40% off.
모든 상품이 20% 할인이에요.	All items are 20% off.
30%까지 할인.	Save up to 30%.
일부 품목에 한해 30% 저렴하게 구입하세요. (30%를 아끼세요.)	Save 30% on selected items.
20% 할인해서 팔고 있어요.	We sell it at a 20% discount.
이걸 저렴한 가격에 샀어.	I got this for a bargain price.
50% 세일이었어.	It was on sale for 50% off.
난 그것을 낮은 가격에 샀어.	I bought it at a low price.
난 그것을 높은 가격에 샀어.	I bought it at a high price.
3달러 아꼈어.	I saved 3 dollars.
살 거야, 말 거야?	Will you buy or not?
어떤 걸로 살 거야?	Which one will you have?
뭘 망설여?	What are you hesitating for?
너를 위해 좋은 걸로 골라줄게.	I'll pick out something good for you.
이거로 할게요.	I'll take this.
하나 할게요.	I'll take one.
둘 다 살게요.	I'll buy both.
내 용돈으로 살 거야.	I'll buy it with my allowance

너무 비싸.	It's too expensive.
그건 그만한 가치가 있어요.	It's worth it.
돈 있어요?/살 능력 돼요?	Do you afford it?
살 능력이 안 돼요.	I can't afford it.
돈이 없어요.	I don't have any money.
돈 안 가져왔어요.	I didn't bring money.
그만한 돈이 없어요.	I don't have that much money.
이게 가진 거 전부예요.	This is all I have.
할인 있어요?	Is there a discount?
가격 좀 낮춰줄 수 있어요?	Can you lower the price?
할인해주세요.	Give me a discount, please.
싸게 해주세요.	Please make it cheaper.
할인해 줄 수 없어요.	I can't give you any discount.
어떻게 해야 할인받을 수 있어요?	How can I get a discount?
현금으로 계산할게요.	I'll pay in cash.
좋은 가격에 줄게요.	I'll give you a good price.
얼마 내고 싶은데요?	How much do you want to pay for it?
3달러 줄게요.	I'll give you 3 dollars.
지금 바로 살게요.	I'll buy it right now.
정가는 10달러예요.	The regular price is $10.
할인가는 8달러밖에 안 해요.	The discounted price is just $8.
8달러에 살 수 있어요.	You can get it for $8.
세일해서 8달러밖에 안 해요.	It's just $8 on sale.
딱 5개 남았어요.	Only 5 items are left.
합리적인 가격이에요.	It's a reasonable price.
정말 좋은 가격이에요.	It's a really good price.
이건 최저가예요.	This is the lowest price.
더 밑으로 갈 수 없어요. (낮출 수가 없어요.)	I can't go any lower.
이게 마지막 제안이에요.	This is the final offer.
받으세요./가져가세요.	Take it.

계산대에서 계산하세요.	Pay at the cashier.
계산대는 어디예요?	Where is the cashier?
카운터로 가져가세요.	Take it to the counter.
얼마예요?	How much is it?
이 속옷은 얼마예요?	How much is this underwear?
이 시계는 얼마예요?	How much is this watch?
킬로그램당 얼마예요?	How much is it per kg?
전부 다 계산할게요.	I'll pay for everything.
그건 2만 원이에요.	It costs 20,000 won.
인당 1만 원이에요.	10,000 won per person.
전부 2만 원이에요.	20,000 won all together.
이것이 합계예요.	This is the total.
합계가 틀렸어요.	The total is wrong.
이 계산서에 오류가 있어요.	There's an error on this bill.
이건 안 살게요.	I'll not take this.
어떻게 지불할 거예요? 현금?	How do you pay? By cash?
현금 아니면 신용카드?	Cash or charge?
현금만 받아요.	We only take cash.
현금이 더 좋아요.	Cash is better.
현금으로 계산/지불해요.	I pay for it in cash.
여기 거스름돈과 영수증 있어요.	Here is your change and the receipt.
잔돈을 잘못 줬어요.	You gave me the wrong change.
잔돈을 덜 받았어요.	I was short-changed.
수중에 현금이 없어요.	I don't have any cash on hand.
신용카드 받아요?	Do you accept credit card?
체크카드로 계산할 수 있어요?	Can I pay by debit card?
어떤 신용카드를 받아요?	What credit card do you take?
일시불이에요, 할부예요?	Would you pay in full or pay in installments?
6개월 할부로 할게요.	I'll pay in 6 month installments.
여기 사인해주세요.	Sign here, please.

이 지폐를 잔돈으로 바꿔주시겠어요?	Can you change this bill to small change?
비닐봉지 필요해요?	Do you need a plastic bag?
장바구니/쇼핑백 가져왔어요.	I brought my shopping bag.
선물 포장 해주세요.	Gift wrap, please.
이것을 이 주소로 배달해줄 수 있나요?	Can you deliver this to this address?
우리는 이것들을 당신 집까지 배달해요.	We deliver these to your house.
배송료는 얼마예요?	How much is the delivery?
추가비용 내나요?	Do I pay an extra charge?
배송료는 무료예요.	Shipping is free.
언제 받을 수 있어요?	When can I get it?
우리는 주문을 2일 안에 배달합니다.	We deliver your order within 2 days.
2일 안에 받을 수 있어요.	You can get in within 2 days.
2일 안에 배달될 거예요.	It'll be delivered within 2 days.
물건을 잘못 보냈어요.	You sent me the wrong thing.
부품 하나가 없어요.	It's missing a part.
3개 주문했는데 두 개는 깨졌어요.	I ordered 3, but two are broken.
금액이 과다 청구되었어요.	I was overcharged.
일주일 전에 주문했어요.	I ordered it one week ago.
아직 못 받았어요.	I didn't get it yet.
결함이 있어요.	It has a defect.
작동 안 해요. (안 움직여요.)	It doesn't work.
켜져 있어요.	It's on.
크기를 잘못 샀어요.	I bought the wrong size.
고장 나고 찢어지고 얼룩졌어요.	It's broken, torn and stained.
새 걸로 받을 수 있나요?	Can I get a new one for it?
이거 새 걸로 교환할 수 있나요?	Can I exchange this for a new one?
이거 다른 색깔이나 크기로 교환할 수 있나요?	Can I exchange this for a different color or size?
그것을 되가져온다.	I bring it back.
그것을 반납한다.	I return it.
바로 지불받는다.	I get paid right away.

병원/약국

병원에 전화한다.	I call the hospital.
진료 예약을 한다.	I make an appointment to see a doctor.
병원에 간다.	I go to the hospital.
접수 창구로 간다.	I go to the reception desk.
병원에 접수한다.	I check in at the hospital.
혈압을 확인한다.	I check my blood pressure.
진찰실에 들어간다.	I enter the examination room.
의사를 만난다.	I see a doctor.
의사에게 내 증상을 말한다.	I tell the doctor my symptoms.
몸을 X-레이 찍는다.	I get my body x-rayed.
주사를 맞는다.	I get a shot.
간호사가 내게 주사를 준다.	The nurse gives me a shot.
당분간 물리치료를 받는다.	I take a physical therapy for a while.
입원한다.	I'm hospitalized.
난 지금 병원에 입원했다.	I'm in the hospital now.
곧 퇴원한다.	I'm out of the hospital soon.
오늘 아침 퇴원했다.	I got out of the hospital this morning.
병원비를 계산한다.	I pay the hospital bill.
병원비가 많이 나왔다.	The hospital bill is huge.
난 건강 보험이 있다.	I have health insurance.
보험이 모든 비용을 다 충당/보상한다.	My insurance covers all the expenses.
내 비용은 환급될 것이다.	My expenses will be reimbursed.
간호사로부터 처방전을 받는다.	I get the prescription from the nurse.
약국에 간다.	I go to the pharmacy.
약국의 약사에게 처방전을 준다.	I give my prescription to the pharmacist at the pharmacy.
약사로부터 약을 받는다.	I get the medicine from the pharmacist.
알레르기 약을 먹는다.	I take my allergy medication.

너 아파 보여.	You look sick.
너 안 좋아 보여.	You don't look well.
나 몸이 안 좋아.	I'm unhealthy.
난 상태가 안 좋아.	I'm in bad condition.
괜찮아?	Are you OK?
괜찮아?	Are you fine?
모든 게 다 괜찮아?	Is everything alright?
기분 어때?	How are you feeling?
좋아졌어, 아니면 나빠졌어?	Do you feel better or worse?
아침에 더 심해져.	It got worse in the morning.
심각해?	Is it serious?
병원 가봤어?	Have you seen a doctor?
지금 병원 가고 있어.	Now I'm going to the hospital.
지금 한의원 가고 있어.	Now I'm going to an oriental medicine clinic.
당신의 키와 몸무게를 잴게요.	Let me measure your height and weight.
체중계 위에 오르세요.	Step on the scale.
내 혈액형은 B형이에요.	My blood type is B.
당신 체온이 36.5도예요.	You have a body temperature of 36.5 degrees.
아파요?	Are you hurt?
많이 아파요?	Does it hurt much?
여기 누르면 아파요?	Does it hurt when I press here?
통증이 심해요/많아요?	Do you have a lot of pain?
아파요.	It hurts.
언제 아프기 시작했어요?	When did it start hurting?
언제부터 이렇게 느꼈어요?	Since when did you feel this way?
일주일째 아파요.	I have been sick for one week.
어쩌다 다쳤어요?	How did you hurt it?
넘어졌어요.	I collapsed.
넘어졌어요.	I fell down.
문에 머리를 부딪쳤어요.	I bumped my head against the door.

어디가 아파요?	Where does it hurt?
이 부분이 가장 아파요.	This part hurts the most.
증상이 어때요?	What are your symptoms?
증상을 설명해보세요.	Describe your symptoms, please.
두통이 있어요.	I have a headache.
머리가 깨질 것 같아요.	I have a splitting headache.
머리가 아파요.	My head hurts.
머리가 아파 죽겠어요.	My head is killing me.
어지럽고 안 좋아요.	I feel dizzy and bad.
제대로 생각할 수조차 없어요.	I can't even think straight.
잠시 눕고 싶어요.	I want to lie down for a while.
눈이 아파요.	My eyes hurt.
눈이 부었어요.	My eyes are puffy.
눈이 침침해요.	My eyes are blurry.
눈이 빨개요.	My eyes are red.
눈이 충혈됐어요.	I have red eyes.
눈이 간지러워요.	My eyes are itching.
눈이 건조해요.	My eyes are dry.
잘 볼 수 없어요./잘 안 보여요.	I can't see well.
눈이 점점 나빠지고 있어요.	My eyesight is getting worse.
수시로/자주 안약을 넣으세요.	Put some eye drops regularly.
눈 비비지 마세요.	Don't rub your eyes.
선글라스를 쓰세요.	Wear sunglasses.
난 코를 훌쩍거려요.	I sniffle.
코가 막혔어요.	I have a stuffy nose.
콧물이 흘러요.	I have a runny nose.
코로 숨을 쉴 수가 없어요.	I can't breathe through my nose.
입으로 숨 쉬어요.	I breathe with my mouth.
코피 나요.	My nose is bleeding.
피 삼키지 마세요.	Don't swallow the blood.

귀가 울려.	My ears are ringing.
귀가 멍해.	I feel pressure in my ears.
가벼운 치통이 있어.	I have a slight toothache.
이 하나가 흔들려.	One of my teeth is loose.
치과에 가 봐.	See the dentist.
치과의사가 내 입 안을 본다.	The dentist looks in my mouth.
목이 아파/따끔거려.	I have a sore throat.
목이 쉬었어.	My voice is hoarse.
몸이 으슬으슬 추워. (오한)	I have the chills.
감기 걸렸어.	I have the flu.
감기 걸렸어.	I caught a cold.
열이 있어.	I have a fever.
뜨거워.	I feel hot.
이마가 너무 뜨거워.	My forehead is very hot.
고열이야.	I have a high fever.
난 기침을 많이 해.	I cough a lot.
마른 기침을 해.	I have a dry cough.
감기약을 먹어.	Take a cold medicine.
물수건으로 식혀.	Cool down yourself with a wet towel.
가슴에 통증이 있어.	I have pains in my chest.
복통이 있어./배탈 났어.	I have a stomachache.
배가 아파.	My stomach aches.
속이 안 좋아.	My stomach feels uncomfortable.
불편해./안 편해.	I feel uncomfortable.
편치 않아.	I don't feel well.
체했어.	I have an upset stomach.
전에 뭐 먹었어?	What did you eat before?
소화불량이 있어.	I have indigestion.
소화제를 먹어.	Take a digestive medicine.
내 배를 살살 문질러줘.	Rub my tummy gently.

내 손이 얼음처럼 차가워.	My hands are cold as ice.
오른팔이 부러졌어.	I broke my right arm.
팔에 깁스 했어.	I got a cast on my arm.
손에 땀이 나.	My hands are sweaty.
허리통이 있어. (허리가 아파.)	I have back pain.
관절이 아파.	I have pain in my joints.
무릎에 멍들었어. (타박상)	I got a bruise on knee.
발목을 삐었어.	I sprained my ankle.
다리가 아파.	My legs hurt.
다리 아파 죽겠어.	My legs are killing me.
다리가 떨려.	My legs are shaking.
발이 부었어.	I have a swollen foot.
왼발을 다쳤어.	I hurt my left leg.
근육통이 있어.	I have muscle aches.
어깨 근육이 뭉쳤어.	The muscles of my shoulders are tight.
어깨가 뻐근해.	My shoulder is stiff.
온 몸이 다 아프고 쑤셔.	My whole body is hurt and sore.
몸 전체가 다 아파/쑤셔.	My whole body aches.
다리가 저려.	My legs fall asleep.
난 너무 오래 앉아 있었어.	I sat for so long.
내 어깨가 탔어.	I got sunburned on my shoulder.
화상을 식혀.	Cool the burn.
벌레가 물었어.	A bug bit me.
모기한테 물렸어.	I got bitten by a mosquito.
빨갛게 부었어.	It's swollen and red.
간지러워.	It's ticklish.
긁지 마.	Don't scratch it.
팔이 까졌어.	I got a scrape on my arm.
유리 조각에 베였어.	I got cut by a piece of glass.
상처에 반창고를 붙여.	Put a band-aid on the wound.

누우세요.	Lie down, please.
독감예방 주사를 맞는다.	I get a flu shot.
조금 따가워요.	It'll sting a little.
주먹 꽉 쥐세요.	Make a tight fist.
나는 얼굴을 돌렸다.	I looked away.
간호사가 내게 주사를 놨다.	The nurse gave me a shot.
난 암으로 진단받았어.	I was diagnosed with cancer.
나는 그것을 너무 늦게 발견했다.	I found it too late.
결과는 어때요?	What's the result?
치료하는 데 얼마나 걸려요?	How long will it take to heal?
저 수술 받나요?	Do I get surgery?
수술 받을 필요 없어요.	You don't need an operation.
나 살아 있어.	I'm alive.
회복 중이야.	I'm recovering.
좋아졌어.	I'm better.
좋아지고 있어.	I'm getting better.
곧 회복될 거야.	I'll recover soon.
빨리 좋아지길 희망하고 있어.	I hope I'll get well soon.
건강해.	Be healthy.
몸조심해.	Take care of yourself.
건강 조심해.	Take care of your health.
난 건강해.	I'm healthy.
기운이 넘쳐.	I'm full of energy.
건강을 유지하는 최고의 방법은	The best way to maintain your health is
잘 먹고 잘 자고	to eat well and sleep well,
가볍게 먹고 더 많이 운동하고	to eat light and exercise more,
바르게 생각하고 바르게 행동하고	to think right and act right
그리고 술을 덜 마시고 담배를 덜 피는 거야	and to drink less and smoke less.
안 그러면 넌 병 날 거야/아플 거야.	Otherwise, you'll get sick.
건강 검진을 받아.	Get a medical examination.

부작용 있어요?	Are there any side effects?
알레르기 있어요?	Do you have any allergies?
어떤 종류의 약을 원해요?	What kind of medicine do you want?
알약, 캡슐, 물약 아니면 가루약.	Pill, capsule, liquid or powder.
이 약을 먹어보세요.	Try this medicine.
이 약을 어떻게 먹어야 돼요?	How should I take this medicine?
매 시간마다 하나씩 드세요.	Take one every hour.
두 시간마다 하나씩 드세요.	Take one every two hours.
2주일마다 하나씩 드세요.	Take one every two weeks.
격주로 하나씩 드세요.	Take one every other week.
이 약을 식사와 같이 드세요.	Take this medicine with meals.
식후 30분 뒤에 이 약을 드세요.	Take this medicine 30 minutes after meal.
이 약을 얼마나 자주 먹어야 돼요?	How often should I take this medicine?
하루에 몇 번 이 약을 먹어야 돼요?	How many times a day should I take this medicine?
하루 3번 식후에 드세요.	Take it after meals three times a day.
효과가 빨라요.	It works really fast.
곧 사라질 거예요.	It'll disappear soon.
이 약은 써요.	This medicine is bitter.
하지만 매우 효과적이에요.	But it's very effective.
효과는 한 시간 이상 지속돼요.	The effect lasts more than one hour.
약 먹는 동안 술 먹지 마세요.	Don't drink alcohol while you take medicine.
그건 건강식품이야.	It's health food.
난 피로회복제, 비타민 그리고 영양제를 챙겨먹어.	I take an energy drink, vitamin and nutritional supplements.
어디에 좋아?	What's it good for?

118

돈

지갑에 돈이 없다.	I don't have money in my wallet.
현금이 부족하다.	I'm short of cash.
돈이 떨어졌다.	I run out of money.
돈이 없다./빈털터리다.	I'm broke.
내가 가진 건 전부 3달러뿐이다.	All I have is just 3 dollars.
현금서비스가 필요하다.	I need a cash advance.
현금인출기 어디 있어?	Where is the ATM?
현금인출기로 걸어간다.	I walk to a cash machine.
재킷에서 지갑을 꺼낸다.	I take out my wallet from my jacket.
지갑에서 체크카드를 꺼낸다.	I take out my debit card from my wallet.
카드를 삽입구에 넣는다.	I insert my card into the slot.
돈이 얼마나 필요해?	How much money do you need?
금액을 입력한다.	I input the amount of money.
비밀번호를 누른다.	I enter my PIN.
잔액 조회를 한다.	I check my balance of my account.
잔고가 충분하다.	My balance is sufficient.
현금서비스를 받는다.	I take a cash advance.
이자율이 어떻게 돼?	What's the interest rate?
수수료가 얼마야?	How much is the service fee?
수수료로 3달러 나올 거야. (부과될 거야.)	You'll be charged $3 for the fee.
현금인출기에서 5달러를 찾는다.	I withdraw $5 from the ATM.
내 계좌에서 5달러를 인출한다.	I make a withdrawal of $5 from my account.
돈이 현금인출기에서 나온다.	Money comes out of the ATM.
돈을 꺼낸다.	I take out money.
돈을 지갑에 넣는다.	I put money into my wallet.
통장정리를 한다.	I check my bankbook.
이전 거래내역을 확인한다.	I check the previous transactions.
잔고가 줄고 있다.	My balance is going down.
카드를 지갑에 넣는다.	I put my card into my wallet.
지갑을 재킷에 넣는다.	I put my wallet into my jacket.

은행에 들어간다.	I enter the bank.
대기표를 받는다.	I get the number card.
내 순서를 기다린다.	I wait for my turn.
창구로 걸어간다.	I walk to the counter.
직원들이 내게 인사한다.	The employees greet me.
창구에 앉는다.	I have a seat at the counter.
그의 명함을 받는다.	I receive his name card.
내 통장과 도장을 그에게 준다.	I give him my bankbook and seal.
나의 현재 계좌를 폐쇄한다.	I close my current account.
새로운 계좌를 개설한다.	I open a new account.
적금을 든다.	I open an installment savings account.
양식을 작성한다.	I fill out the form.
검정선 안의 이 영역을 채운다.	I fill out this area inside the dark lines.
내 계좌에 돈을 입금한다.	I deposit money into my account.
입금한다.	I make a deposit.
계좌에 돈을 입금한다.	I put some money into my account.
내 계좌에 10만 원을 입금한다.	I put 100,000 won into my account.
이 계좌로 10달러를 이체한다.	I transfer $10 to this account.
그가 업무를 끝낸다.	He finishes the process.
업무처리가 끝났다.	The process is done.
그가 문을 열어준다.	He opens the door for me.
나를 엘리베이터까지 배웅해준다.	He escorts me to the elevator.

은행에서 대출받았어.	I took out a loan from a bank.
돈을 더 자유롭게 쓰고 싶어.	I want to spend money more freely.
나는 주식, 비트코인 그리고 부동산에 투자해.	I invest in stock, Bit coin and real estate.
와. 돈 많이 벌었어?	Wow. Did you earn a lot of money?
처음엔 좀 벌었어.	At first I earned a little.
떼돈 벌었어.	I made a fortune.
그때는 주머니가 빵빵했었지/지갑이 두둑했었지.	My wallet was fat at that time.
나는 자수성가한 사람이었어.	I was a self-made man.
잘됐네./좋겠다.	Good for you.
하지만 결국 다 잃었어.	But in the end I lost all the money.
주가가 50% 하락했어.	The stock price dropped 50%.
난 10%만 건졌어.	I got just 10%.
그건 쓰라린 손해였어.	It was a bitter loss.
이제는 엄청난 빚이 있어.	Now I have a huge debt.
꾸준한 수입이 없어.	I don't have a steady income.
이 주위에 식당을 개업했어.	I opened a restaurant around here.
손실은 아니야.	I don't make a loss.
내 사업이 적자는 아니야.	My business is not in the red.
흑자야.	It's in black.
난 이익을 내.	I make a profit.
난 빚을 갚아.	I pay off my debt.
난 노후를 위해 저금해.	I save money for my old age.
살림이 빠듯해.	I'm on a tight budget.
충분한 예산이 있지 않아.	I don't have enough budget.
나는 허리띠를 졸라매.	I tighten my belt.
최근에 지출을 줄였어.	I cut down on spending lately.
나는 내 형편/분수대로 살아	I live within my means.
쓰기는 쉬워도 벌기는 어려워.	Easy to spend, hard to earn.
우린 맞벌이야.	We're a two-income couple.
어려운 시기다. (때가 어렵다.)	Times are tough.

121

귀가

지하철을 타고 집에 간다.	I take subway home.
집으로 걸어간다.	I walk home.
편의점에 들른다.	I stop by the convenience store.
편의점은 술을 판다.	The convenience store sells alcohol.
카스테라를 사러 빵집에 들른다.	I stop at a bakery to buy a sponge cake.
땅에 쓰레기를 버리지 않는다.	I don't throw trash on the ground.
경비원한테 인사한다.	I greet the building guard.
우편함에서 전단지를 꺼낸다.	I take the flyers out of my mailbox.
초인종을 누른다.	I ring the doorbell.
도어락을 해제한다. (문 닫힘을 푼다.)	I unlock the door.
문을 연다.	I open the door.
엄마가 문을 열어준다.	Mom opens the door for me.
집에 들어간다.	I enter my house.
안으로 걸어 들어간다.	I walk inside.
강아지가 꼬리를 흔들며 나를 반겨준다.	My puppy wags his tail and welcomes me.
신발장에 신발을 둔다.	I put my shoes on the shoe rack.
발판을 가지런히 편다.	I straighten out the mat.
가서 엄마한테 인사한다.	I go greet mom.
가족들이 나를 반겨준다.	My family welcomes me.
내 방에 들어간다.	I go into my room.
옷과 양말을 벗는다.	I take off my clothes and socks.
먼지를 제거하기/없애기 위해 옷을 턴다.	I pat my clothes to remove the dust.
캐주얼 옷을 입는다.	I put on the casual clothes.
집에서는 편한 옷을 입는다.	I wear the comfortable clothes at home.
가서 손발을 닦는다.	I go wash my hands and feet.
집 안에서 뛰어다닌다.	I run around inside my house.
소파로 걸어간다.	I walk to the sofa.
소파에 앉는다.	I sit down on the sofa.
소파 구석에 앉는다.	I sit in the corner of the sofa.
한쪽에서 다른 쪽으로 구른다.	I roll from one side to the other.

122

어디야?	Where are you?
집이야?	Are you home?
나 밖이야.	I'm out.
가는 중이야./가고 있어.	I'm on the way.
집에 가는 길이야.	I'm on the way home.
집에 거의 다 왔어.	I'm almost home.
난 집에 있어.	I stay home.
난 벌써 왔어.	I'm already here.
집에 혼자 있어.	I'm at home alone.
다녀왔습니다. (집에 있어요.)	I'm home.
일 끝나고 집에 왔어.	I got home after work.
바로 집에 왔어.	I came straight home.
너 돌아 왔구나.	You're back.
집에 왔구나.	You came home.
집에 일찍 왔네.	You came home early.
조금 늦었네.	You came a little late.
왜 이리 늦었어?	Why are you so late?
오늘 어땠어?	How was your today?
일은 어땠어?	How was work?
학교는 어땠어?	How was school?
뭐가 제일 재미있었어?	What was the most fun?
좋은 시간 보냈어?	Did you have a good time?
재미있었어?	Did you have fun?
좋았어?	Was it good?
재미있었어.	It was fun.
오늘 재밌었어.	I had fun today.
오늘 좋은 시간 보냈어.	I had a good time today.
멋진 하루를 보냈어.	I had a wonderful day.
오늘 선생님께서 날 칭찬하셨어.	Teacher praised me today.
긴/힘든 하루였어.	It's been a long day.

리모컨은 어디 있어?	Where is the remote?
리모컨을 집어 든다.	I pick up the remote control.
리모컨의 파워(전원) 버튼을 누른다.	I press the power button on the remote.
전원을 켠다.	I turn on the power.
TV를 켠다.	I turn on the TV.
TV를 본다.	I watch TV.
소파에 누워서 TV를 본다.	I watch TV lying down on the sofa.
아이린이 TV에 출연했다.	Irene appeared on TV.
그녀는 CF모델이다.	She's a commercial actor.
그녀는 내가 가장 좋아하는 연예인이다.	She's my most favorite entertainer.
광고는 TV에서 너무 흔하다.	Advertisements are very common on TV.
지금 TV에서 뭐해?	What's on TV now?
TV에 무슨 프로그램이 있어?	What program is on TV?
음악 프로그램이 방송 중이야.	Music program is on air.
뭐 보고 있어?	What are you watching?
TV로 드라마를 보고 있어.	I'm watching the drama on TV.
볼 게 없어.	Nothing to watch.
뭔가 보자.	Let's watch something.
딱 1시간만 TV 보자.	Let's watch TV for 1 hour only.
뭐 볼 거야?	What are you going to watch?
너가 좋아하는 TV프로그램은 뭐야?	What's your favorite TV program?
다큐멘터리, 코미디, 스포츠, 리얼리티,	Documentary, comedy, sports, reality,
드라마, 만화, 토크쇼, 아니면 예능.	Drama, Animation, talk show or variety show.
다른 거 보고 싶다.	I want to watch another program.
다른 채널엔 뭐가 있어?	What's on other channel?
그건 몇 번 채널에서 해?	What channel is it on?
7번에서 해.	It's on channel 7.
그럼, 7번 채널로.	Then, channel 7.
7번으로 돌려.	Turn to channel 7.
채널을 바꾼다.	I change the channel.

채널을 휙휙 넘긴다.	I flip through the channels.
채널 그만 돌려.	Stop changing the channel.
언제 시작해?	When does it start?
몇 시에 시작해?	What time does it start?
오후 8시에 시작해.	It starts at 8pm.
곧 시작할 거야.	It's going to start soon.
방금 시작했어.	It just started.
벌써 시작했어.	It already started.
언제 끝나?	When does it end?
아직 안 끝났어.	It's not over yet.
곧 끝나./금방 끝날 거야.	It'll be over soon.
방금 끝났어.	It just finished.
지금 끝났어.	It's over now.
벌써 끝났어.	It already finished.
소리가 너무 커.	The sound is too loud.
소리가 너무 작아.	The sound is too low.
소리 키워.	Turn up the volume.
소리 줄여.	Turn down the volume.
더 크게.	Louder.
더 작게.	Quieter.
안 보여.	I can't see.
비켜.	Get out of the way.
너가 가리고 있어.	You're in the way.
TV에서 떨어져.	Move back from the TV.
TV에서 뒤로 와.	Back off from the TV.
더 뒤로 물러나.	Move back more.
너 눈 버려.	Your eyes will get bad.
TV를 끈다.	I turn off the TV.

놀이/운동

밖에 나간다.	I go outside.
놀러 나간다.	I go out to play.
그늘에서 논다.	I play in the shade.
안에서 논다.	I play inside.
운동장은 재미있는 곳이다.	Playground is a fun place.
공놀이한다.	I play ball.
공을 던진다.	I throw the ball.
공을 잡는다.	I catch the ball.
공을 찬다.	I kick the ball.
공을 튀긴다.	I bounce the ball.
공을 굴린다.	I roll the ball.
시합한다.	I play a match.
팀을 나눈다.	I divide teams.
두 팀으로 나눈다.	I divide into two teams.
팀들은 옷 색깔별로 나뉜다.	Teams are divided by the color of the clothes.
3명씩 팀을 만든다.	I make groups of 3 people.
축구 경기를 한다.	I play a soccer game.
잠시 중지./휴식.	Time out.
나는 땀을 많이 흘리고 있다.	I'm sweating a lot.
시합하면서 땀을 너무 많이 흘렸다.	I shed so much sweat during the game.
시간 다 되었다.	Time's up.
넌 몇 점이야?	What's your score?
현재 몇 점이야?	What's the current score?
세트 스코어는 2 대 4야.	The set score is 2 : 4.
넌 2점이야.	You have 2 points.
난 3점 남았어.	I have 3 points to go.
내가 이번 판 이겼다.	I won this round.
내가 그 경기를 이겼다.	I won the game.
내가 그 시합을 졌다.	I lost the game.
비겼다.	It's a draw.

온 몸이 찌뿌둥하다.	I don't feel well.
뛰러 가는 거 어때?	How about going for a run?
운동한다.	I do exercise.
가볍게 운동한다.	I do light exercise.
운동하러 나간다.	I go out for an exercise.
난 운동해야 된다.	I need to get some exercise.
몸짱에 도전한다.	I go for a perfect body.
난 멋진 근육을 갖고 싶다.	I want to have great muscles.
난 식스팩을 갖고 싶다.	I want to have a six-pack.
이 클럽에 어떻게 가입해?	How do I join this club?
헬스장을 등록한다.	I sign up for the gym.
운동복을 입고 운동화를 신는다.	I wear a sweat suit and running shoes.
운동하러 헬스장 간다.	I go to the fitness club to work out.
옷을 라커룸에 넣는다.	I put my clothes into the locker room.
매트에서 스트레칭한다.	I stretch my body on the mat.
여기서 몸을 푼다.	I warm up here.
몸풀기 운동을 한다.	I do a warm-up exercise.
팔굽혀펴기 10개와 윗몸일으키기를 10개 한다.	I do 10 push-ups and 10 sit-ups.
좋은 자세를 유지한다.	I maintain the good posture.
러닝머신에서 한 시간 동안 뛴다.	I run on the treadmill for one hour.
숨을 들이마시고 내쉰다.	I breathe in and breathe out.
천천히/고르게 숨을 내쉬고 들이마신다.	I exhale and inhale steadily.
심호흡을 한다.	I take a deep breath.
일주일에 3번 운동한다.	I work out 3 times a week.
그 연습을 많이 한다.	I practice it a lot.
꾸준히 연습한다.	I practice steadily.
더 연습한다.	I practice more.
반복해서 연습한다.	I practice repeatedly.
계속 연습한다.	I keep on practicing.
연습이 너무 힘들다.	The training is very hard.

자전거와 헬멧을 빌린다.	I rent a bike and a helmet.
헬멧과 자물쇠를 챙긴다.	I take the helmet and the lock.
헬멧을 쓴다.	I wear my helmet.
자전거에 올라탄다.	I get on the bike.
꽉 잡는다.	I hold on tight.
자전거를 꽉 잡는다.	I hold the bike tight.
핸들을 꽉 잡는다.	I grab the handlebars tightly.
핸들을 오른쪽으로 돌린다.	I turn the handle toward the right.
위험하다고 느끼면 브레이크를 잡는다.	I hold the brakes if I feel dangerous.
자전거 전용도로에 있는다.	I stay in the bicycle lane.
자전거가 넘어진다.	The bike fall.
자전거에서 넘어졌다.	I fell off my bicycle.
자전거가 망가졌다.	The bike is broken.
자전거에서 내린다.	I get off the bike.
자전거를 자전거 거치대에 둔다.	I put my bike at the bike stand.
자물쇠로 잠근다.	I lock it up.
교대해./차례대로 해./번갈아 해.	Take turns.
누구 차례야?	Whose turn is it?
네 순서는 언제야?	When is your turn?
드디어 내 차례다.	Finally it's my turn.
순서를 지켜.	Follow the order.
네 순서를 기다려.	Wait for your turn.
누가 두 번째야?	Who's the second?
난 세 번째야.	I'm the third.
이번엔 나한테 양보해.	Yield to me this time.
그럼 바꾸자.	Let's swap then.
한 번 더 하자.	Let's do this again.
한 판 더하고 싶어.	I want to play one more round.
더 오래 놀고 싶어.	I want to play a bit longer.
너랑 노는 게 제일 재밌어.	Playing with you is the most fun.

목욕/청소

너 몸에 뭐야?	What's on your body?
난 몸에 때가 많아.	I have so much dirt on my body.
내 몸에서 안 좋은 냄새가 나.	My body smells bad.
내가 씻겨줄게.	I'll wash you.
목욕한다.	I take a bath.
샤워한다.	I take a shower.
찬물로 샤워한다.	I take a cold shower.
빨리 샤워한다.	I take a quick shower.
샤워 커튼을 친다.	I close the shower curtain.
난 속옷을 입고 있다.	I'm in my underwear.
속옷을 벗는다.	I take off my underwear.
마개로 욕조 하수구를 막는다.	I plug the bathtub with a plug.
물을 튼다.	I turn on the water.
뜨거운 물을 튼다.	I run the hot water.
물을 틀어놓는다.	I leave the water on.
물을 틀어놓는다.	I leave the water running.
물이 흘러 나오고 있다.	The water is running.
물이 넘치고 있다.	The water is overflowing.
물을 낭비한다.	I waste water.
물을 아낀다.	I save water.
물을 잠근다.	I turn off the water.
수도꼭지를 잠근다.	I turn off the faucet.
샤워기를 잠근다.	I turn off the shower.
샤워기에서 물이 떨어지고 있다.	The shower is dripping.
욕조에 물이 가득 찼다.	The bathtub is filled with water.
욕조를 따뜻한 물로 채운다.	I fill up the bathtub with warm water.
물이 너무 뜨겁다.	The water is so hot.
찬물을 붓는다.	I add some cold water.
목욕/목욕물이 준비됐다.	The bath is ready.
욕조에 들어간다.	I get into the bathtub.

욕조에 몸을 담근다.	I soak myself in a bathtub.
액체 비누를 손바닥에 붓는다.	I pour some liquid soap on my palm.
비누로 몸을 문지르다.	I rub my body with soap.
때타월에 바디 클렌저를 묻힌다.	I put some body cleanser on the body scrub towel.
몸의 때를 밀어낸다.	I rub the dirt off my body.
등을 민다.	I scrub my back.
그것들을 씻어낸다.	I wash them away.
거품과 비눗물을 씻어낸다.	I wash off the bubbles and the soap.
몸을 헹군다.	I rinse off my body.
거울에 물을 튀긴다.	I splash water on the mirror.
미지근한 물로 얼굴을 씻는다.	I wash my face with lukewarm water.
욕조에서 나온다.	I get out of the bathtub.
욕조 물을 비운다.	I empty water in the bathtub.
화장실 캐비닛에서 마른 수건을 꺼낸다.	I get a dry towel from a bathroom cabinet.
수건으로 몸을 잘 말린다/닦는다.	I dry my body well with a towel.
수건을 수건걸이에 건다.	I hang the towel on the towel rack.
목욕가운을 입는다.	I wear a bathrobe.
속옷을 갈아입는다.	I change my underwear.
바닥이 미끄럽다.	The floor is slippery.
미끄러운 바닥을 주의/조심한다.	I watch out for the slippery floor.
화장실 거울에 김이 많다.	There is much steam on the mirror in the restroom.
거울을 닦는다.	I wipe the mirror.

머리가 가렵다.	My head is itchy.
샴푸를 짠다.	I squeeze the shampoo.
샴푸를 너무 많이 쓴다.	I use too much shampoo.
샴푸로 거품을 만든다.	I make some foam with shampoo.
가능한 한 많이 거품을 만든다.	I make as many bubbles as possible.
머리를 감는다.	I wash my hair.
샴푸 거품이 눈에 들어갔다.	The shampoo bubbles got into my eye.
따갑다.	It stings.
머리를 헹군다.	I rinse my hair.
컨디셔너/린스를 머리에 바른다.	I apply some hair conditioner to my hair.
그것은 내 머리를 더 부드럽게 만든다.	It makes my hair softer.
머리에서 비눗기를 씻어낸다.	I rinse the soup out of my hair.
드라이어로 머리를 말린다.	I dry my hair with a hair dryer.
빗으로 머리를 빗는다.	I comb my hair with a hairbrush.
부드럽게 머리카락을 빗는다.	I brush my hair softly.
왁스로 머리를 꾸민다.	I style my hair with wax.
머리에 헤어젤을 바른다.	I put some hair gel in my hair.
머리에 헤어스프레이를 뿌린다.	I spray the hair spray on my hair.
가르마를 탄다.	I part my hair.
머리를 예쁘게 묶는다.	I tie my hair pretty.
이것을 끈으로 묶는다.	I tie this up with string.
머리를 푼다.	I untie my hair.
그것을 다시 묶는다.	I tie it again.
머리를 땋는다.	I braid my hair.

집이 어수선하고 엉망진창이다.	Our house is untidy and a mess.
거실이 너무 지저분하다.	The living-room is so messy.
집을 정리한다.	I tidy up the house.
거실의 물건들을 정리한다.	I arrange the stuff in the living room.
바닥에 물건들을 치운다.	I move the things on the floor.
장난감들을 치운다.	I put away toys.
전부 다 치운다.	I put everything away.
어지러운 것들을 정리한다.	I clean up the mess.
물건들을 순서대로 둔다.	I put things in order.
여기 주변의 물건들을 정리한다.	I clean up the things around here.
그것을 상자에 담는다.	I pack it in the box.
창고를 정리한다.	I tidy up the storage.
옷장을 정리한다.	I organize my closet.
옷들과 신발을 정리한다.	I clean up the clothes and shoes.
옷을 건다.	I hang my clothes.
옷장에 더 이상 공간이 없다.	There is no more room in the wardrobe.
공간이 많지 않다.	I don't have much space.
책상을 정리한다.	I clear up the desk.
의자를 치운다.	I move the chair.
이것을 밖으로 옮긴다.	I move this outside.
누가 이렇게 어지럽혔어?	Who made such a mess?
누가 여기를 어지럽히니?	Who mess up here?
이거 누구 거야?	Whose is this?
이건 누구 코트야?	Whose coat is this?
그럼 누구지?	Then whose?
이 인형 내가 가져간다.	I take this doll away.
네 물건들을 여기에 두지 마.	Don't put your things here.
물건들을 여기저기 두지 마.	Don't leave the stuff here and there.
다음부터는 어지럽히지 마.	Don't mess it up from next time.
놀고 난 뒤에는 정리해.	Clean up after you play.

132

거기에 둬.	Leave it there.
원래대로 해./제자리에 갖다 놔.	Put it back.
있던 자리에 둬.	Put it back where it was.
케이스에 다시 넣어.	Put it back into the case.
제자리에 둬.	Put it in the right place.
여기에 둬.	Put it here.
그것들을 선반 위에 둬.	Put them on the shelf.
테이블 위에 놔.	Put it on the table.
테이블 아래에 놔.	Put it under the table.
내려놔.	Put it down.
더 아래에 둬.	Put it lower.
더 위에 둬.	Put it higher.
더 가까이에 둬.	Put it closer.
꼭대기에 둬.	Put it at the top.
더 왼쪽으로 둬.	Put it more to the left.
더 오른쪽으로 둬.	Put it more to the right.
거실 벽에 둬.	Put it on the wall in the living room.
걸어.	Hang it.
천장에 걸어.	Hang it on the ceiling.
문에 걸어.	Hang it on the door.
달력 한 장 넘겨.	Turn one page on the calender.
손이 안 닿아.	I can't reach.
안 닿는 곳에 있어.	It's beyond my reach.
프라이팬들이 크기별로 정리되어 있어.	The frying pans are arranged by size.
그것들은 깔끔하게 일렬로 정렬되어 있어.	They are lined up neatly.
내가 그것들을 깔끔하게 정렬했어.	I lined up them neatly.
내가 그것들을 두 줄로 정렬했어.	I lined up them in two rows.
정리 잘하네!	You arrange things well!
이제 깔끔하고 깨끗해.	Now it's so neat and clean.

빨리 청소해.	**Clean quickly.**
와서 도와줘.	**Come and help.**
우린 일찍 끝낼 수 있어.	**We can finish early.**
집안일은 쉽지 않아.	**Doing house work is not easy.**
나 집안일 하는 거 도와줄 수 있어?	**Can you help me with the housework?**
블라인드/햇빛 가리개를 올린다.	**I raise the shades.**
창문과 커튼을 연다.	**I open the window and the curtain.**
방충망을 연다.	**I open the screen door.**
문을 열어 둔다.	**I leave the door open.**
환기시킨다.	**I get some fresh air.**
신선한 공기가 들어오게 한다.	**I let the fresh air in.**
공기가 너무 답답하다.	**The air is so stuffy.**
구석구석 청소한다.	**I clean everywhere.**
방을 청소한다.	**I clean up the room.**
바닥을 쓸고 닦는다.	**I sweep the floor and wipe the floor.**
소파 밑의 과자부스러기를 쓴다.	**I sweep the cookie crumbs under the sofa.**
바닥을 다 쓴다.	**I sweep the entire floor.**
진공청소기를 사용한다.	**I use the vacuum cleaner.**
진공청소기 전원을 꽂는다.	**I plug the vacuum cleaner in.**
바닥과 내 방을 진공청소기로 청소한다.	**I vacuum the floor and my room.**
걸레를 빤다.	**I wash the rag.**
걸레를 짠다.	**I wring out the rag.**
걸레로 방을 닦는다.	**I wipe the room with the rag.**
뒤집는다.	**I turn it over.**
바닥을 박박/세게 닦는다.	**I clean the floor hard.**
엎지른 물을 걸레로 닦는다.	**I wipe up the spilt water with the rag.**
대걸레로 바닥을 닦는다.	**I wipe the floor with a mop.**
욕조, 변기, 싱크대를 문질러 닦는다.	**I scrub the bathtub, the toilet and the sink.**
락스(표백제)로 화장실을 청소한다.	**I clean the bathroom with bleach.**
화장실 바닥의 머리카락을 줍는다.	**I pick up the hairs on the bathroom floor.**

145

화장실의 곰팡이를 닦는다.	I clean off the mold in the bathroom.
욕조는 곰팡이가 금세 핀다.	The bathtub gets moldy so quickly.
싱크대에 물때가 있다.	There are some stains in the sink.
쓰레기를 바닥에서 줍는다.	I pick up the trash from the floor.
휴지를 버린다.	I throw the tissue away.
쓰레기를 쓰레기통에 버린다.	I throw trash into the bin.
쓰레기를 쓰레기통에 버린다.	I put the trash in the waste basket.
쓰레기통이 꽉 찼다.	The trash can is full.
쓰레기봉투를 가져온다.	I bring the garbage bag.
휴지통을 비운다.	I empty the trash can.
쓰레기를 쓰레기봉투에 담는다.	I put the trash into the garbage bag.
쓰레기봉투를 묶는다.	I tie the garbage bag.
쓰레기를 갖다버린다.	I take out the garbage.
쓰레기를 내다버린다.	I take out the trash.
이것은 재활용이야.	This is recyclable.
쓰레기를 분리한다.	I separate the garbage.
음식물 쓰레기를 버린다.	I throw the food garbage.
창문을 닦는다.	I wash the window.
구석구석 먼지를 닦는다.	I dust down every nook and corner.
액자의 먼지를 닦는다.	I wipe off the dust on the frame.
가구의 먼지를 청소한다.	I clean the dust on the furniture.
가구의 먼지를 턴다.	I dust the furniture.
가구를 닦는다.	I wipe the furniture.
가구를 재배치한다.	I re-arrange the furniture.
가구를 위층으로 옮긴다.	I move the furniture to the upper floor.
창문을 살짝/조용히 닫는다.	I close the window quietly.
창문을 잠근다.	I lock the window.
청소 뒤에 커튼을 친다.	I close the curtain after cleaning.
대청소를 했다. (집 전체)	I cleaned the whole house.
청소하는 데 하루 종일을 보냈다.	I spent the whole day cleaning.

빨래 같이 빨자.	Let's wash the laundry together.
빨래를 한다.	I do the laundry.
이 티셔츠를 빤다.	I wash this T-shirt.
옷을 분류한다.	I sort the clothes.
색깔 옷은 저기에 둔다.	I put the colored clothes there.
하얀 옷은 여기에 둔다.	I put the whites here.
하얀 와이셔츠는 때가 쉽게 탄다.	The white dress shirt gets stained easily.
흰옷은 삶는다.	I boil the whites.
스웨터는 손으로 빤다. (손빨래)	I wash the sweater by hand.
바지주머니를 확인한다.	I check the pockets of the pants.
주머니를 비운다.	I empty the pockets.
바지 안팎을 뒤집는다.	I turn the pants inside out.
침대 커버(시트)와 베개 커버를 벗긴다.	I take off the sheet and the pillow case.
세탁기에 빨래와 세제를 넣는다.	I put the laundry and detergent into the washing machine.
세탁기에 섬유유연제를 넣는다.	I add the fabric softener into the washing machine.
세탁기를 사용한다.	I use the washing machine.
세탁기를 돌린다.	I run the washing machine.
세탁기에서 옷을 꺼낸다.	I take out the clothes from the washing machine.
손으로 짜서 물기를 제거한다.	I wring the clothes to dry.
옷을 턴다.	I shake the clothes.
빨래를 안에 넌다.	I hang out the laundry inside.
옷을 건조대에 넌다.	I hang the clothes on the drying rack.
빨래를 건조대에 넌다.	I put the laundry on the drying rack.
빨랫줄에 빨래를 넌다.	I leave the clothes out on the clothes line.
빨래집게를 이용한다.	I use the clothespin.
옷이 땅에 닿는다.	The clothes are touching the ground.
옷이 땅에 닿는다.	The clothes are hitting the ground.
아직도 젖었다.	They are still wet.
빨래가 아직 덜 말랐다.	The laundry is not dry yet.
빨래가 금방 마를 거다.	The laundry will be dry soon.

147

빨래가 잘 마를 거다.	The laundry will dry well.
옷이 잘 말랐다.	The clothes are dried well.
빨래를 걷는다.	I pick in the laundry.
빨래를 걷는다.	I bring in the laundry.
건조대에서 빨래를 걷는다.	I take the clothes off the rack.
옷들을 단정하게 갠다.	I fold the clothes neatly.
이렇게 갠다.	I fold it like this.
반으로 접는다.	I fold it in half.
이건 양말의 다른 한 짝이다.	This is the other sock.
이 바지는 옷장에 넣는다.	I put these pants in the closet.
가디건을 옷장에 건다.	I hang up the cardigan in the wardrobe.
속옷은 아래 서랍에 넣는다.	I put the underpants in the bottom drawer.
코트를 삼각형 옷걸이에 건다.	I put my coat on the hanger.
코트를 옷걸이에 건다.	I hang up my coat on the rack.
빨래 끝!	Laundry is done!
와이셔츠가 구겨졌다.	My dress shirt is wrinkled.
스팀다리미를 가져온다.	I bring a steam iron.
셔츠를 다림판에 올려 둔다.	I put my shirt on the ironing board.
콘센트에 다리미 플러그를 꽂는다.	I plug the iron into the outlet.
분무기를 가져온다.	I bring the spray bottle.
와이셔츠에 물을 뿌린다.	I spray water on the dress shirt.
이 셔츠를 다린다.	I iron this shirt.
주름을 편다.	I straighten the wrinkles.
주름이 사라졌다.	The wrinkles are gone.
줄을 세운다.	I make the line.
깃이 빳빳하다.	The collar is straight.
코드를 뽑는다.	I pull out the power cord.
플러그를 뽑는다.	I unplug it.
내 정장이 망가졌다.	It ruined my suit.
이 빨래를 세탁소에 맡긴다.	I take this laundry to the dry cleaners.

취침

밖이 어둡다.	It's dark outside.
하품한다.	I yawn.
너 졸려 보여.	You look sleepy.
아직도 안 자?/깨어 있어?	Are you still up?
너 몇 시에 자?	What time do you go to sleep?
너 몇 시에 자?	What time do you go to bed?
벌써 11시가 지났다.	It's already past 11 o'clock.
잘 시간이다.	It's time to go to bed.
지금 가서 자.	Go to sleep now.
너 재워줄게.	Let me put you to sleep.
이불 덮어줄게.	Let me tuck you in.
너한테 자장가 불러줄게.	I'll sing you a lullaby.
잘 준비를 한다.	I get ready to sleep.
일기를 쓴다.	I write my diary.
아침 7시로 알람을 맞춘다.	I set the alarm for 7am.
엄마에게 내일 일찍 깨워달라고 부탁한다.	I ask mom to wake me up early tomorrow.
아침 7시에 깨워.	Wake me up at 7am.
잘 자./푹 자.	Sleep well.
잘 자.	Good night.
좋은 꿈 꿔!	Sweet dreams!
내 꿈 꿔.	See me in your dream.
파자마를 입는다.	I put on my pajamas.
이불을 깐다.	I make the bed.
담요를 들어올린다.	I lift the blanket.
이불 안으로 들어간다.	I get in the duvet.
나는 이불 안에 있다.	I'm inside the covers.
베개를 벤다.	I put my head on my pillow.

이 베개는 높다.	This pillow is high.
이 베개는 깃털로 채워져 있다.	This pillow is stuffed with feathers.
침대에 눕는다.	I lie down in bed.
매트리스가 푹신푹신하다.	The mattress is cushiony.
이불을 당긴다.	I pull up the covers.
이불을 덮는다.	I cover myself with the comfortable.
강아지가 침대 위로 뛰어오른다.	My puppy jumps up to my bed.
강아지가 바닥으로 뛰어내린다.	My puppy jumps down to the floor.
불이 켜져 있다.	The light is on.
켜 둔다.	I leave it on.
불이 너무 밝다.	The light is too bright.
불빛을 줄인다.	I dim the light.
불빛을 줄인다.	I turn the light down.
불을 끈다.	I turn off the light.
수면 안대를 한다.	I wear my sleeping mask.
눈을 감는다.	I close my eyes.
금세 잠든다.	I fall asleep very soon.
엎드려 잔다.	I sleep on my stomach.
입을 벌리고 잔다.	I sleep with my mouth open.
자는 동안 심하게 코를 곤다.	I snore badly while I sleep.
종종 잠꼬대한다.	I sometimes talk in sleep.
방을 굴러다닌다.	I roll around my room.
내 잠버릇은 심하다/지독하다.	My sleeping habit is terrible.
한밤중에 깬다.	I wake up in the middle of the night.
다시 잔다.	I go back to sleep.
엄마 옆에 눕는다.	I lie beside mom.
엄마 옆에서 잔다.	I sleep next to mom.
엄마와 같이 잔다.	I sleep with mom.
난 깊게 잠든다.	I'm a heavy sleeper.
난 자다가 잘 깬다.	I'm a light sleeper.

사랑/연애

외롭다.	I'm lonely.
사랑에 굶주렸다.	I'm hungry for love.
발렌타인데이에 혼자 있고 싶지 않다.	I don't want to be alone on Valentine's day.
남자 친구를 만들고 싶다.	I want to make a boy friend.
여자 친구를 갖고 싶다.	I want to get a girl friend.
아무나 괜찮다.	Anyone is OK.
여자를 헌팅한다.	I pick up a woman.
그녀에게 간다.	I go up to her.
그녀에게 다가간다/접근한다.	I approach her.
그녀에게 작업을 건다.	I hit on her.
그녀에게 데이트를 신청한다.	I ask her out.
말을 더듬는다.	I stumble over my mouth.
그녀에게 거절당한다.	I'm refused by her.
친구에게 소개팅을 부탁한다.	I ask my friend to set up a blind date for me.
소개팅 해줘.	Set me up on a blind date.
나한테 좋은 남자 소개시켜줘.	Introduce a good guy to me.
맘에 드는 사람 있어?	Do you have someone in mind?
난 여자 사람 친구들이 많아.	I have many female friends.
그는 그냥 친구야. 남자 사람 친구.	He's just a friend. Just a male friend.
그녀는 동료 중의 한 명일 뿐이야.	She is just one of my colleagues.
그녀는 그냥 아는 사람이야.	She's just an acquaintance of mine.
너 스타일은 뭔데?	What's your type?
어떤 스타일의 여자를 좋아해?	What kind of girl do you like?
친구에게 내가 좋아하는 스타일을 말한다.	I tell him my favorite type.
난 성격을 봐.	I look at personality.
친구가 만남을 주선한다.	My friend arranges a meeting for me.
친구가 내 스타일의 여자를 소개시켜준다.	My friend introduces a girl of my type to me.
그녀의 연락처를 받는다.	I get the contact of her.
그녀에게 첫 메시지를 보낸다.	I send her a first message.

그녀와 소개팅을 한다.	I go on a blind date with her.
소개팅은 어색하다.	Blind date is awkward.
평소대로 너답게 해.	Just be yourself.
소개팅에서 평소처럼 행동한다.	I act normally on a blind date.
그녀에 대한 나의 첫인상이 좋다.	My first impression of her is good.
그녀에게 한눈에 반한다.	I have a crush on her at first sight.
그녀한테 홀딱 반한다.	I have a huge crush on her.
남자 친구 있어?	Do you have a boy friend?
만나는 사람 있어?	Are you seeing someone?
데이트하는 사람 있어? (애인 있어?)	Are you dating someone?
기혼이야(결혼했어) 아니면 미혼이야?	Are you married or single?
왜 아직 결혼 안 했어?	How come you are not married yet?
그 여자 내가 찍었다.	I'm going to get her.
그녀를 짝사랑한다.	I have an unrequited love for her.
그녀를 꼬신다/작업한다.	I flirt with her.
그녀한테 데이트 신청 할 거야.	I'll ask her out.
애프터 신청을 한다.	I ask her out on a second date.
그녀와 데이트한다.	I have a date with her.
그녀에게 잘 보인다/감동을 준다.	I impress her.
그녀에 대해 더 알고 싶다.	I want to get to know her more.
우리는 서로를 더 잘 알아간다.	We get to know each other better.
그녀와 사랑에 빠진다.	I fall in love with her.
그녀에게 내 마음을 고백한다.	I declare my heart to her.
우리 사귀자.	Let's go steady.
내 여자 친구가 돼주겠니?	Will you be my girlfriend?
난 아무나 만나지 않아.	I don't meet anyone.
네 마음을 보여줘.	Show your heart.
내가 튕겼어/비싸게 굴었어.	I played hard to get.

넌 무슨 성격을 가지고 있어?	What kind of personality do you have?
넌 어떤 사람이야?	What kind of person are you?
너의 장점과 단점이 뭐야?	What are your strengths and weaknesses?
너의 성격에 대해 묘사해봐.	Describe your personality.
내성적이야.	I'm introverted.
외향적이야.	I'm outgoing.
겸손해.	I'm modest.
밝아.	I'm bright.
생각이 깊어./사려 깊어.	I'm thoughtful.
순진해.	I'm naive.
애교가 많아./매력적이야.	I'm charming.
꼼꼼해.	I'm detail-oriented.
가정적이야.	I'm family-oriented.
단순해.	I'm simple-minded person.
수줍음을 타./숫기가 없어.	I'm shy.
적극적이야.	I'm active.
사교성이 좋아.	I'm sociable.
유머러스해./농담을 좋아해.	I'm humorous.
재주가 많아.	I'm talented.
털털해.	I'm easy-going.
의리가 있어.	I'm so loyal.
매사에 긍정적/낙천적이야.	I'm optimistic about everything.
통이 커.	I'm living large.
말을 잘해./말주변이 있어.	I'm good with words.
센스가 있어.	I'm sensible.
속이 좁아./꽁해.	I'm close-minded.
마음이 넓어.	I'm open-minded.
버릇이 없어.	I'm naughty.
성격이 급해.	I'm short-tempered.
다혈질이야.	I'm hot-tempered.

민감해.	I'm sensitive.
건방져.	I'm arrogant.
참을성이 없어.	I'm impatient.
부정적이야.	I'm negative.
무뚝뚝해.	I'm blunt.
겁이 많아.	I'm coward.
소심해.	I'm timid.
수동적/소극적이야.	I'm passive.
욕심 많아.	I'm greedy.
고집이 세.	I'm stubborn.
이기적이야.	I'm selfish.
잘 삐져.	I'm really pouty.
잘난 척해.	I'm cocky.
느끼해.	I'm sleazy.
의지가 약해.	I'm weak-willed.
우유부단해.	I'm wishy washy.
결단력이 없어.	I can't decide.
기억력이 좋아.	I have a good memory.
성격이 좋아.	I have a good personality.
패션 감각이 있어.	I have a sense of fashion.
매너가 좋아.	I have good manners.
기가 세.	I have a strong character.
눈치가 없어.	I have no sense.
센스가 부족해.	I have a lack of sense.
발이 넓어. (사람들을 많이 알아.)	I know a lot of people.
의심이 많아.	I doubt a lot.
말이 많아.	I talk too much.
잘난 척해.	I act big.
돈 자랑해.	I boast about my money.
이게 내 성격이야.	This is my personality.

너 데이트 어땠어?	How was your date?
어제 데이트 어땠어?	How did your date go yesterday?
그가 나에 대해 뭐래?	What did he say about me?
너 그 여자 어떻게 생각해?	What do you think of her?
난 그에게 관심 없어.	I'm not interested in him.
우린 말이 안 통해.	We don't speak the same language.
나는 그 사람과 안 맞아.	I don't feel the chemistry with him.
우린 안 맞아.	We don't match.
우린 안 어울려.	We are mismatched.
넌 눈이 높아.	Your standards are too high.
넌 남자에 대해 까다로워.	You are picky about men.
난 그 남자한테 관심 있어.	I'm interested in the boy.
그녀도 너한테 관심을 보였어.	She also showed an interest in you.
그건 그녀가 너를 좋아한다는 신호야.	It's a sign that she likes you.
그건 너의 상상일 뿐이야.	It's just your imagination.
그녀는 다르게 느껴.	She feels differently.
그녀는 내 이상형이야.	She's my Mrs. Right.
그는 내 이상형이야.	He's my Mr. Right.
그는 내 스타일이야.	He's my type.
드디어 제대로 된 사람을 찾았어.	At last I found the right person.
새 여자 친구 생겼어.	I got a new girlfriend.
이쪽은 내 애인이야.	This is my sweetheart.
나는 그녀와 사귀어.	I go out with her.
난 그녀와 사귀고 있어.	I'm dating her.
난 그녀와 사귀고 있어.	I'm going steady with her.
우리는 연인이야.	We're a couple.

너 남자 친구 어떻게 만났어?	How did you meet your boyfriend?
우연히 그를 알게 되었어.	I got to know him by accident.
그와 소개팅 했어.	I had a blind date with him.
그는 내게 강한 인상을 남겼어.	He left me with a strong impression.
그가 내 마음을 훔쳤어.	He stole my heart.
난 첫눈에 그와 사랑에 빠졌어.	I fell in love with him at first sight.
난 그를 처음 본 순간부터 그를 좋아했어.	I liked him from the moment I saw him for the first time.
그때 통하는 게 있었어. (궁합이 맞았어.)	We had chemistry at that time.
우리 사이에 통하는 게 있었어.	There was chemistry between us.
우린 말이 통했어.	We spoke the same language.
우린 공통점이 많아.	We have much common.
우린 취향이 비슷해.	We have similar tastes.
우린 잘 맞아.	We fit together.
너희는 잘 어울려.	You look good together.
난 그와 사랑에 빠졌어.	I'm in love with him.
네 얼굴에 나타나.	It appears on your face.
내 마음을 읽었구나.	You read my mind.
그녀와 얼마나 사귀고 있어?	How long have you been meeting her?
두 달밖에 안 됐어.	It's just two months.
우린 두 달째 만나고 있어.	We've been together for two months.
우린 고작 두 달 만나고 있어.	We've been dating for just two months.
남자 친구와 즐거웠어?	Did you have fun with your boyfriend?
난 우리 100일을 지나칠 뻔했어.	I almost skipped our 100th day anniversary.
남자 친구한테 발렌타인데이 선물 받았어.	I got a present from my boyfriend for Valentine's day.
너무 좋아?	Are you happy with that?
난 선물에 약하잖아.	I have a weakness for gifts.
그의 성격과 매너에 감동받았어.	I was touched by his character and manner.
난 울 뻔했어.	It almost made me cry.
펑펑 울었어.	I cried a river.
눈에 콩깍지가 씌었어.	Love is blind.

자기야. 자기야. 자기야.	Honey. Babe. Darling.
안아줘.	Hug me.
포옹해줘.	Give me a hug.
안아줄게.	Let me hold you.
꽉 안아줘.	Hold me tight.
키스해줘.	Kiss me.
그들은 거리에서 키스하고 있어.	They are kissing each other on the street.
여긴 공공장소야.	This is a public place.
난 우리의 처음을 항상 기억해.	I always remember our first.
나는 날이면 날마다 너를 생각해.	I think about you day by day.
밤이면 밤마다, 밤낮으로 그리고 자나깨나	Night by night, night and day, and in sleep and wake,
너랑 있으면 행복해.	I'm happy to be with you.
넌 내게 매우 소중해.	You are so precious to me.
넌 내 보물이야.	You are my treasure.
우린 운명이야.	We are destiny.
내 심장이 뛰고 있어/두근거려.	My heart is racing.
내 곁에 평생 있어줘.	Stay with me forever.
내 감정을 숨길 수가 없어.	I can't hide my emotion.
너 없인 살 수 없어.	I can't live without you.
너 없으면 미칠 거야.	I'll go crazy without you.
보고 싶어./그리워.	I miss you.
보고 싶어 죽겠어.	I'm dying to see you.
남은 생을 너와 함께하고 싶어.	I want to spend the rest of my life with you.
너를 진심으로 사랑해.	I love you with all my heart.
나도 사랑해.	I love you, too.
이 세상에서 널 가장 사랑해.	I love you the most all over the world.
너 있는 그대로를 사랑해.	I love you just the way you are.
내 사랑은 우주만큼 커.	My love is as big as the universe.
난 우리의 사랑이 오래가길 바라.	I hope that our love lasts so long.
우리의 사랑은 영원히 지속될 거야.	Our love will last forever.

서로 갈등을 겪는다.	We're in conflict with each other.
그녀와 심하게 다툰다/말다툼한다.	I quarrel with her severly.
우린 항상 다퉈/말다툼해.	We always argue.
지금 우린 싸우고 있는 중이야.	Now we are fighting.
우린 진짜 많이 싸워.	We really fight a lot.
이게 연달아 세 번째야.	This is the third time in a row.
난 너무 상처받았어.	I'm so hurt.
그것은 내게 정말 상처를 줬어.	It really hurt me.
넌 내 마음을 아프게 했어.	You broke my heart.
내 가슴이 찢어져.	My heart broke.
그와 거리를 둬.	Be distant from him.
그와 당분간 떨어져 있어.	Stay away from him for a while.
그녀에게 더 잘해줘.	Treat her better.
난 너랑 끝이야.	I'm done with you.
우린 끝났어.	We finished.
그냥 친구로 지내자.	Let's just be friends.
친구로 남고 싶어.	I want to remain friends.
좋은 사람 만나길 바라.	I hope you meet a good person.
네 사랑이 식었구나.	Your love has died.
내 마음이 변했어.	I changed my mind.
날 떠나지 마.	Don't leave me.
널 잃고 싶지 않아.	I don't want to lose you.
우린 헤어질 수 없어.	We can't be separated.
우리 헤어졌어.	We broke up.
여자 친구와 세 달 전에 헤어졌어.	I broke up with my girlfriend about 3 months ago.
그녀는 날 떠났어.	She left me.
난 또 차였어.	I got dumped again.
예전 남자 친구가 보고 싶어.	I miss my ex-boyfriend.
예전 여자 친구가 보고 싶어 죽겠어.	I miss my ex-girlfriend to death.
그녀와 다시 함께한다./다시 만난다.	I get back together with her.

그녀에게 청혼한다.	I propose to her.
결혼하자.	Let's get married.
너랑 결혼하고 싶어.	I want to marry you.
나와 결혼해줄래?	Will you marry me?
난 너와 결혼할 준비가 안 됐어.	I'm not ready to marry you.
아직 결혼할 계획이 없어.	I don't have a plan for marriage yet.
그녀는 나의 청혼을 거절했다.	She declined my proposal.
그녀를 설득한다.	I convince her.
그녀는 내 청혼을 받아들였다.	She accepted my proposal.
그녀와 약혼한다.	I engage with her.
마침내 우린 약혼했다.	At last, we're engaged.
날을 잡는다.	We set a date.
결혼을 준비한다.	I prepare for the marriage.
청첩장을 만든다.	I make an invitation.
청첩장을 돌린다.	I hand out wedding invitations.
이건 우리 결혼 청첩장이야.	This is our wedding invitation.
친척 모두를 결혼식에 초대한다.	I invite all relatives to my wedding.
결혼식을 올린다.	I have a wedding ceremony.
우린 신혼부부다.	We're newlyweds.
이제 우린 부부가 되었다.	Now we became husband and wife.
신혼여행을 간다.	We go on a honeymoon.
신혼여행 어디로 가?	Where do you go for your honeymoon?
신혼여행은 하와이로 간다.	We go to Hawaii for our honeymoon.
결혼한 지 얼마나 됐어?	How long have you been married?
결혼한 지 2년 됐어.	I've been married for 2 years.
그녀는 임신했다.	She's pregnant.
조만간 출산을 한다.	She'll have a baby sooner or later.
그녀는 아들을 출산했다.	She gave birth to a boy
부모님은 별거 중이다.	My parents are separated.
그들은 이혼하셨다.	They got divorced.

148

취미

어떤 종류의 음악 좋아해?	What kind of music do you like?
발라드 아니면 클래식?	Ballad or classical music?
난 힙합이 좋아.	I like hiphop music.
이런 노래가 대세야.	Songs like this are a big trend.
좋아하는 가수가 누구야?	Who is your favorite singer?
아델은 내가 좋아하는 가수야.	Adele is my favorite singer.
그녀는 무명가수가 아니야.	She's not an unknown singer.
그녀는 좋은 목소리를 지녔어.	She has a good voice.
새로운 재생목록을 만든다.	I make a new playlist.
최신곡들을 추가한다.	I add the latest songs.
스피커로 듣는다.	I listen with the speaker.
그것을 매우 시끄럽게 듣는다.	I listen to it so loud.
음질이 나쁘다.	Sound quality is bad.
스피커 볼륨을 줄인다.	I turn down the speaker.
귀에 이어폰을 꽂는다.	I put the earphones in my ears.
그 노래를 튼다.	I play the song.
그 노래를 듣는다.	I listen to the song.
가사를 본다.	I see the lyrics.
가사를 외운다.	I memorize the lyrics.
가사를 잊어버린다.	I forget the lyrics.
단어를 바꾼다.	I change the word.
그 노래는 건너뛴다.	I skip the track.
다음 노래를 듣는다.	I listen to the next song.
그 노래를 반복한다.	I repeat the song.
그 노래가 귓가에 맴돈다.	The song lingers in my ears.
이 노래는 내게 익숙하게 들린다.	This song sounds familiar to me.
난 악기 하나를 다룰 수 있다.	I can play one musical instrument.
피아노를 조금 칠 수 있다.	I can play the piano a little.
난 바이올린과 기타 연주를 배운다.	I learn to play the violin and the guitar.

난 책벌레다.	I'm a bookworm.
난 책을 빨리 읽는다.	I'm a fast reader.
그것을 꼼꼼히 읽는다.	I read it thoroughly.
난 그것을 크게 읽는다.	I read it out loud.
난 큰 소리로 읽는다.	I read it in a loud voice.
조용히 읽어.	Read silently.
한 달에 책 몇 권 읽어?	How many books do you read a month?
난 책 읽는 데 매우 많은 시간을 보내/소비해.	I spend so much time reading books.
난 책 읽을 시간이 없어.	I have no time to read books.
어떤 장르 좋아해?	What kind of genre do you like?
소설, 잡지, 추리소설, 자기계발서, 만화책 아니면 동화책.	Novel, magazine, mysteries, self-help book, comic books or storybooks.
아무거나.	Any kind.
난 연애소설과 모험을 좋아해.	I like romance and adventure.
좋아하는 작가가 누구야?	Who's your favorite author?
도서관에서 책 몇 권을 빌릴 수 있어요?	How many books can I borrow from the library?
한 번에 5권까지 빌릴 수 있어요.	You can borrow up to 5 books at a time.
서재로 걸어간다.	I walk to the bookshelf.
책들이 알파벳 순서대로 책꽂이에 정돈되어 있다.	Books are arranged alphabetically on the bookshelf.
책꽂이에서 책을 고른다.	I choose a book from the bookcase.
하나를 꺼낸다.	I take out one.
이 책의 표지를 본다.	I look at the cover of this book.
그 책의 목차를 확인한다.	I check the contents of the book.
내용을 훑어본다.	I look through the content.
머리말/서문을 훑어본다.	I skim through the prologue.
그 이야기는 무엇에 관한 거야?	What's the story about?
이야기가 조금 단조로워.	The story is a little flat.
나한테 책 읽어줘.	Read me a book.
그 책 제목이 뭐야?	What's the title of the book?
이 책은 베스트셀러야.	This book is the best seller.

이 책은 3년 전에 출판되었다.	This book was published 3 years ago.
영어로 쓰인 책이다.	It's written in English.
여자에 의해 쓰인 책이다.	It's written by a woman.
영어에서 번역된 거다.	It's translated from English.
그 책의 배경은 1970년대다.	The background of the book is the 1970's.
이 책은 십대를 위한 책이다.	This book is for teenagers.
대부분의 독자는 주부다.	Most of the readers are housewives.
내용이 부실하다.	The content is poor.
끝이 허무하다.	The ending is empty.
책을 뒤집는다.	I turn over the book.
카운터로 가져간다.	I brink it to the counter.
책을 내려둔다.	I put down the book.
책을 빌린다.	I borrow the book.
부록도 빌린다.	I borrow the appendix, too.
이 책 얼마나 오래 빌릴 수 있어요?	How long can I borrow this book?
언제가 반납일이에요?	When is the due date?
다음 주까지 이 책들을 반납하세요.	Return these books by next week.
그 책을 막 읽기 시작했다.	I just started reading the book.
나머지는 내일 읽을 거다.	I'll read the rest tomorrow.
그 책 다 읽었다.	I finished the book.
이 책 전부 다 읽었다.	I read the whole of this book.
제때에 반납한다.	I return the book on time.
반납일이 지났다.	The due date passed.
이 책은 연체되었다.	This book is overdue.
연체료가 얼마예요?	How much is the late fee?
책 한 권당 하루에 2달러씩 벌금이 있어.	There is a fine of 2 dollars per book per day.
연체료를 지불한다.	I pay the late fee.
책 몇 권을 도서관에 기부한다.	I donate some books to the library.
그 책에 뭘 한 거야?	What did you do to the book?
책들을 찢지 마.	Don't tear books.

난 애완동물이 있다.	I have a pet.
어떤 종류의 개가 있어?	What kind of dogs do you have?
불독, 치와와, 말티즈 아니면 푸들?	Bulldog, Chihuahua, Maltese or Poodle?
난 시추와 요크셔테리어가 있다.	I have Shih-tzu and Yorkshire-terrier.
나는 강아지에게 '땡이'라고 이름 지어줬다.	I named my puppy 'Ddang-i'.
걔는 잡종이다.	She is mixed.
매우 온순하다.	She's very meek.
걔는 낯선 사람들한테 항상 짖는다.	She always barks at strangers.
나는 개를 돌본다.	I dog-sit.
강아지를 끈으로 묶는다.	I leash my puppy.
강아지를 밖으로 내보낸다.	I let the puppy out.
여기 애완동물 허용돼요?	Are pets allowed here?
강아지를 산책시킨다.	I walk the puppy.
강아지를 산책시킨다.	I take the puppy for a walk.
개들은 항상 킁킁대며 음식 냄새를 맡는다.	Dogs always sniff at food.
그들은 아무데나 오줌 싸고 똥 싼다.	They pee and poop everywhere.
나는 소변과 대변을 치운다.	I clean up the pee and poop.
내가 "굴러"라고 하면, 진짜 구른다.	If I say 'roll over', she really rolls over.
내가 "밥"이라고 하면, 꼬리를 흔든다.	If I say 'bob', she shakes her tail.
내 강아지를 쓰다듬는다.	I pat my puppy.
강아지 등을 살짝 토닥여/두드려준다.	I pat my puppy on the back.
잘 훈련됐다.	She is trained well.
마치 사람 같다.	She's like a human being.
강아지를 씻긴다.	I wash the puppy.
털을 빗어준다.	I brush her fur.
털이 많이 빠진다.	She is losing a lot of hair.
밥을 준다.	I feed her.
먹이를 준다.	I give her food.
물통에 물을 준다.	I give her water in the water dish.
우리에 가둬둔다.	I keep her in the cage.

PC방에 간다.	I go to the internet cafe.
인터넷에 접속한다.	I get connected to internet.
인터넷 창을 연다.	I open the internet browser.
창 하나가 화면에 열린다.	One window opens on the screen.
팝업 하나가 화면에 나타난다.	A pop-up appears on the screen.
팝업을 닫는다.	I close the pop-up.
포털사이트로 이동한다.	I go to a portal site.
구글에서 검색한다.	I google it.
인터넷에서 정보를 찾는다.	I search the information on the internet.
검색창에 키워드를 친다.	I type the keyword in the search bar.
주소창에 홈페이지 주소를 친다.	I type the address of the homepage in the address box.
마우스 화살표를 움직인다.	I move the arrow of the mouse.
오른쪽 아래 코너에 있다.	It's in the lower-right corner.
그건 주소창 바로 아래에 있다.	It's right below the address bar.
마우스 왼쪽 버튼을 클릭한다.	I click the left button on the mouse.
아이콘을 마우스 오른쪽 클릭한다.	I right-click the icon.
'검색'을 클릭한다.	I click on 'search'.
내가 좋아하는 사이트에 접속한다.	I access my favorite site.
그 사이트 들어가 본다.	I get into that site.
그 웹사이트를 방문한다.	I visit the website.
그 사이트에 가입한다.	I sign up the site.
아이디와 비밀번호를 입력한다.	I input my ID and password.
이 사이트에 로그인한다.	I sign in this site.
아이디와 비밀번호를 잊었다.	I forgot my ID and password.
아이디와 비밀번호를 찾는다.	I find my ID and password.
웹서핑한다./인터넷을 검색한다.	I surf the internet.
웹서핑하는 중이다./인터넷 검색을 하고 있다.	I'm surfing the internet.
그것을 인터넷에서 본다.	I see it on the internet.
그 사이트에서 로그아웃 한다.	I log out of the site.
그 사이트에서 탈퇴한다.	I leave the site.

윈도우 창을 닫는다.	I close the window browser.
인터넷 뱅킹 프로그램을 설치한다.	I install an internet banking program.
그것을 실행한다.	I run it.
이 링크가 안 열린다.	This link doesn't open.
그 프로그램을 닫는다.	I close the program.
이 프로그램을 제거한다.	I uninstall this program.
내 블로그에 새 글과 후기를 올린다.	I post a new writing and a review on my blog.
500명 이상이 매일 내 블로그를 방문한다.	Over 500 people visit my blog everyday.
난 페이스북 계정이 있다.	I have a Facebook account.
난 그의 유튜브 채널을 구독한다.	I subscribe to his YouTube channel.
그는 영상을 그의 유튜브에 올렸다.	He uploaded his video to his YouTube.
난 그것들을 유튜브에서 본다.	I watch them on YouTube.
그의 동영상에 댓글을 단다.	I write comments on his video.
나는 그것을 컴퓨터로 다운받는다.	I download it to my computer.
인터넷 카페에 가입한다.	I join the internet group.
등업이 아직 안 되었다.	I didn't get the upgrade on the cafe.
게시판의 모든 글을 읽을 수 없다.	I can't read the every article on the board.
계속 클릭한다.	I repeat clicking.
컴퓨터가 너무 늦게 작동한다.	My computer runs very slow.
컴퓨터가 작동을 멈췄다.	My computer stopped running.
프로그램이 응답하지 않는다.	The program doesn't respond.
컴퓨터가 고장 났다.	My computer crashed.
인터넷이 다운됐다.	The internet is down.
상태가 안 좋다.	It's in bad condition.
나의 모든 자료가 날아갔다. (잃었다.)	I lost all of my data.
컴퓨터가 바이러스에 감염되었다.	The computer is infected by a virus.
컴퓨터를 고친다.	I fix my computer.
화면이 어둡다.	The screen is dark.
모니터가 꺼져 있다.	The monitor is turned off.
이 케이블을 컴퓨터에 연결한다.	I connect this cable to my computer.

어떤 종류의 카메라 가지고 있어?	What kind of camera do you have?
내 카메라는 작고 얇아.	My camera is very compact and slim.
여기서 우리 사진 찍자.	Let's take a picture of us here.
여기서 사진 찍어도 돼?	Can I take photos here?
이 가게 앞에서 사진 찍어도 돼?	May I take a picture in front of this store?
너랑 같이 사진 찍어도 돼?	Can I take a photo with you?
너 사진 찍어도 돼?	May I take a picture of you?
우리 사진 찍어줄 수 있어요?	Can you take photos of us?
한 번 더 찍자.	Let's take one more.
이번엔 내가 찍을게.	I'll take it this time.
확대해서 사진 찍어.	Zoom in to take the photo.
이 버튼을 누르기만 해.	Just press this button.
자연스러운 자세/포즈를 취해.	Take a relaxed pose.
너 자세가 좋네.	You have a good posture.
난 이 자세가 좋아.	I like this posture.
활짝 웃어.	Make a big smile.
밝게 웃어.	Smile brightly.
잘 찍어.	Take good pictures.
역광이야.	It's against light.
화질이 너무 좋아.	The image quality is very good.
매우 선명해.	It's so sharp.
카메라가 흔들렸어.	You shook the camera.
나 눈 감았어.	I closed my eyes.
너무 어두워.	It's too dark.
너무 밝아.	It's too bright.
이 사진 확대해봐.	Magnify this photo.
난 실물이 나.	I look better in person.
너 사진 잘 받네.	You are photogenic.
이 사진 누가 찍었어?	Who took this photo?
지워.	Delete it.

155

감정표현

이것 봐!	Look at this!
이거 들은 적 있어?	Have you heard of this?
그 속보 들었어?	Did you hear the breaking news?
헐./세상에./대박./이런.	Oh my god!
헐./세상에./대박./이런.	Oh my goodness!
말도 안 돼.	No way.
장난 아닌데!	No joke!
놀라워!	What a surprise!
놀라워.	It's amazing.
선풍적이야./돌풍적이야./세상을 떠들썩하게 해.	It's sensational.
믿을 수가 없어.	It's unbelievable.
기가 막힌다./숨이 멎는다. (경치/외모)	It's breathtaking.
오싹해.	It's creepy.
소름 끼쳤어.	It made my skin crawl.
난 충격받았어.	I'm shocked.
난 그걸 보고 놀랐어.	I'm surprised to see that.
난 그걸 듣고 진짜 놀랐어.	I'm really surprised to hear that.
할 말을 잃었어.	I'm at a loss for words.
닭살 돋았어.	I got goose bumps.
믿을 수가 없어.	I can't believe.
그럴 리가 없어.	It can't be true.
미쳐버리겠다.	I'll go crazy.
진실이야?	Is it true?
사실이야?	Is it a fact?
확실해?	Are you sure?
정말?	Really?
진심이야?	Are you serious?
진심이야?	Do you mean it?

167

너 농담하고 있어, 맞지?	You're joking, right?
넌 농담하고 있는 게 분명해.	You must be kidding.
이건 아무것도 아니야. (아직 시작도 안 했어.)	This is nothing.
그거 어디서 들었어?	Where did you hear that?
그거 어떻게 알았어?	How did you know that?
누가 그래?	Who said that?
누가 너한테 말했어?	Who told you?
넌 누군지 알잖아.	You know who.
그건 오래된 이야기야.	That's an old story.
그건 오래된 소식이야.	That's an old news.
그 소문은 사실이야.	The rumor is true.
소문 진짜 빠르네.	Rumors really fly.
누가 그 소문 퍼뜨렸어?	Who spread the rumor?
그거 비밀로 해.	Keep it a secret.
비밀 지켜.	Keep the secret.
아무한테도 말하지 마.	Don't tell anybody.
그건 농담이었어.	It was a joke.
난 대화 중에 웃긴 농담을 했어.	I made a funny joke during the conversation.
전부 다 농담이었어.	The whole thing was a joke.
난 농담조로 말했어.	I said in a joking tone.
장난이야.	I'm kidding.
농담 반 진담 반.	Half for fun.
난 진지해.	I'm serious.
그건 농담이 아니야.	It was not a joke.
웃을 일이 아니야.	It's not a laughing matter.
하나도 안 웃겨.	It's not funny at all.
지금 농담할 기분 아니야.	I'm not in the mood for jokes now.
그건 썰렁한 농담이야.	It's a flat joke.
난 이런 종류의 농담 안 좋아해.	I don't like this kind of joke.
넌 내 농담도 안 받아주는구나.	You don't take my joke.

넌 어때?	How about you?
내 생각 어때?	How about my thought?
넌 어때?	How do you like it?
이건 어떻게 들려?	How does this sound?
넌 어때?	What about you?
이 계획 어때?	What about this plan?
어떻게 생각해?	What do you think?
그것에 대해 어떻게 생각해?	What do you think about it?
네 의견은 뭐야?	What's your opinion?
어떤 게 좋아?	Which do you want?
마음에 들어?	Do you like it?
좋은 방법 있어?	Do you have a good way?
좋은 생각 있어?	Do you have a good idea?
내 생각 마음에 들어?	Do you like my idea?
너의 의견을 줘.	Give me your feedback.
특별히 할 말은 없어.	I have nothing special to say.
그거 할 거야 말 거야?	Are you going to do it or not?
불만 있어?	Do you have any complaint?
제안/건의 사항 없어?	Do you have any suggestion?
그건 필수야.	It's a must.
난 강력 추천해.	I highly recommend it.
내 개인적인 의견일 뿐이야.	This is just my personal opinion.

응.	Yes.
물론이지.	Sure.
당연하지.	Of course.
왜 안 되겠어?/왜 안 돼?	Why not?
틀림없어.	Certainly.
어서 해.	Go ahead.
아주 많이.	Pretty much.
바로 그거야.	Exactly.
너무 좋아.	It's pretty good.
완벽해./딱 맞아.	It's perfect.
좋은 생각이야.	It's a good idea.
좋은 신호야.	It's a good sign.
그게 훨씬 나아.	It's much better.
훌륭하게 들려.	It sounds great.
재미있을 거 같아.	Sounds like fun.
난 그거 좋아.	I'm for that.
난 그것에 찬성이야.	I'm in favor of it.
난 좋아/찬성.	I'm cool with that.
인정해.	I admit.
이거 맘에 들어/좋아.	I like this.
그거 너무 좋아/아주 좋아.	I love it.
맞아.	Right.
너가 부분적으로/일부는 맞아.	You're partly right.
정확해.	That's correct.
바로 그거야.	That's it.
내 말이 그거야.	That's what I mean.
내 말이 그거야.	You said it.
너와 동감이야.	I'm with you.
너에게 동의해.	I agree with you.
나도 그렇게 생각해.	I think so, too.

아마도.	Maybe.
난 신경 안 써.	I don't care.
난 전혀 상관없어.	I don't care at all.
난 괜찮아.	That's fine with me.
난 아무거나 괜찮아.	Anything is fine with me.
네 마음대로 해.	Suit yourself.
너가 결정해.	You decide.
그럴 수 있어.	It can be.
그게 문제가 되지는 않아.	It doesn't matter.
그때그때 달라.	It depends.
그건 너한테 달려 있어.	It depends on you.
상황에 따라 달라.	It depends on the situation.
너한테 달렸어./너가 결정해.	It's up to you.
몰라.	I don't know.
확실치 않아.	I'm not sure.
확실하지 않아.	That's not clear.
아직 아니야.	Not yet.
지금은 아니야.	Not now.
난 아냐.	Not me.
항상(꼭) 그런 건 아니야.	Not always.
글쎄./생각해볼게.	Let me see.
고려해볼게.	Let me consider.
확인해볼게.	Let me check.
다시 확인해볼게.	I'll check it again.
노력해볼게.	I'll try.
나중에 결정해도 돼?	Can I decide it later?
시간 좀 줘.	Give me some time.
잘 생각해봐.	Think carefully.
더 생각해봐.	Think more.
거기에 대해 생각 많이 해봤어.	I thought about it a lot.

아니.	No.
반대.	Objection.
전혀.	Never.
두 번 다시는 안 해.	Never again.
당연히 아니야.	Of course not.
절대 안 돼.	No way.
절대 안 돼.	Absolutely not.
그건 너무 심해.	It's too much.
공평하지 않아.	It's not fair.
이상해.	It's strange.
의미 없어.	It's meaningless.
말이 안 돼.	It doesn't make sense.
말하기는 쉽지.	It's easy to say.
뻔한 이야기야.	It's an obvious story.
그건 네 생각이지.	It's your logic.
그 반대야.	The opposite.
정반대야.	It's quite the opposite.
그건 다른 이야기야.	That's a different story.
넌 틀렸어.	You're wrong.
너 너무 멀리 갔어/해도 너무해.	You went too far.
넌 선을 넘었어.	You crossed the line.
난 너에게 반대야.	I'm against you.
난 그것에 반대야.	I'm opposed to it.
난 동의하지 않아.	I don't agree.
그렇게 생각하지 않아.	I don't think so.
네 의견을 지지하지 않아.	I don't support your opinion.
그럴 기분 아니야.	I don't feel like it.
하고 싶지 않아.	I don't feel like doing it.
그건 받아들일 수 없어.	I can't accept it.
그럴 수 없어./할 수 없어.	I can't make it.

부탁이 있어.	I have a favor to ask.
너한테 부탁해도 돼?	Can I ask you a favor?
내 부탁 들어줄 수 있어?	Can you do me a favor?
부탁 좀 들어줘.	Do me a favor.
이번 한 번만.	Just this once.
나 도와줄 수 있어?	Can you give me a hand?
네 도움이 필요해.	I need your help.
개인적인 일로.	For my personal stuff.
도와줄까?	May I help you?
내가 너 도와줄게.	Let me help you.
뭘 도와줄까?	What can I do for you?
어떻게 도와줄까?	How can I help you?
내가 너 대신 해줄까?	Can I do it for you?
지금 할 일이 있어.	I have something to do now.
이거 다 하고.	After I'm done with this.
내게 손전등 가져다 줄 수 있어?	Can you bring the lantern to me?
이거 잠시 가지고 있어/들어 줄 수 있어?	Can you hold this for me for a second?
내 방에서 아스피린 좀 가져다 줄 수 있어?	Can you get some aspirin for me from my room?
이것을 사만다에게 내 대신 전해줘.	Give this to Samantha for me.
걔보고 오라고 해.	Ask him to come over.
지금?	Now?
또?	Again?
너가 직접 해.	Do it yourself.
네 일은 너가 해.	Do your work yourself.
넌 많은 걸 바라는구나.	You ask too much.
나한텐 무리야.	It's too much for me.
아니, 고마워.	No, thank you.
해결됐어.	It's resolved.
해결책/방법을 찾았어.	I found the solution.
난 해낼 수 있어.	I can manage.

난 아무것도 안 하고 있어.	I'm doing nothing.
지루해./식상해./따분해./심심해./재미없어.	I'm bored.
지루해/식상해/따분해/심심해/재미없어 죽겠어.	I'm bored to death.
나한테 이건 너무 지겨워/지루해/따분해/심심해/재미없어 죽겠어.	This is so boring me to death.
매일 같은 음식에 질렸어. (신물이 나.)	I'm sick of same food everyday.
매일 같은 음식에 질렸어. (신물이 나.)	I'm sick and tired of same food everyday.
뭐라고? (못 들어서 미안.)	Sorry?
뭐라고 했어?	What did you say?
못 들었어.	I didn't catch that.
다시 말해줄래?	Pardon me?
다시 말해줄래?	Excuse me?
한 번 더 말해주세요.	One more, please.
한 번 더 말해주세요.	Once again, please.
그걸 다시 말해줄 수 있어?	Can you repeat it?
그걸 다시 말해줄 수 있어?	Can you say that again?
마지막 말을 다시 말해볼래?	Can you repeat the last word?
속삭이지 마.	Don't whisper.
크게 말해.	Speak up.
더 크게 말할 수 있어?	Can you speak up louder?
빨리 말해.	Tell me quick.
넌 너무 빠르게 말해.	You speak so fast.
천천히 말해주세요.	Slow down, please.
조금 천천히 해줄래?	Can you slow down a bit?
예를 들어봐.	Give me some example.
소음이 너무 많아.	There is too much noise.
네 목소리가 깨끗하지 않아.	Your voice is not clear.

163

나/내 말 들려?	Can you hear me?
내 목소리 들려?	Can you hear my voice?
내 말 듣고 있어?	Are you listening to me?
듣고 있어.	I'm listening.
무슨 말 하는 거야?	What are you saying?
무슨 얘기를 하는 거야?	What are you talking about?
무슨 뜻이야?	What do you mean?
그게 무슨 뜻이야?	What does it mean?
이 뜻이 뭐야?	What's the meaning of this?
핵심/요점이 뭐야?	What's the point?
핵심/요점을 말해.	Get to the point.
여기가 중요한 부분/핵심이야.	This is an important point.
이해 안 돼.	I don't get it.
이해 안 돼.	I don't understand.
널 이해할 수 없어.	I can't understand you.
알겠어?	Got it?
이해돼?	Do you understand?
명확해?	Is that clear?
내가 뭘 의미하는지 알아?	Do you know what I mean?
맞아?	Right?
알겠어.	I see.
알겠어.	I get it.
알아.	I know.
이제 알았어.	Now I get it.
알고 있었어./그럴 줄 알았어.	I knew it.
지금까지 질문 있어?	Do you have any questions so far?
손 들어.	Raise your hand.
질문 있어.	I have a question.
질문해도 돼?	May I ask you a question?
뭔가 물어봐도 돼?	Can I ask you something?

왜 그런지 물어봐도 돼?	Can I ask you why?
그것에 대해 궁금해.	I'm curious about it.
이유가 궁금해.	I wonder why.
좀 헷갈려.	I'm a little confused.
내 질문에 대답해.	Answer my question.
나한테 대답해.	Answer me.
좋은 질문이야.	It's a good question.
약간 이상한 질문이야.	It's a little weird question.
어떻게 대답해야 할지 모르겠어.	I don't know how to answer.
그게 내가 아는 전부야.	That's all I know.
이걸 누구한테 물어야 돼?	Who should I ask this?
누가 날 도와줄 수 있어?	Who can help me?
선생님이나 엄마한테 물어봐.	Ask the teacher or mom.
그래서?	So?
그 다음은?	Then what?
구체적으로 해.	Be specific.
더 말해줘.	Tell me more.
자세히/구체적으로 말해줘.	Tell me in detail.
이야기 전부 다 말해줘.	Tell me the whole story.
좀 더 구체적일 수 있어?	Can you be more specific?
더 자세한 사항을 알려줄 수 있어?	Can you give me more details?
그것을 다른 방법으로 말할 수 있어?	Can you say it in another way?
그것을 명확하게 설명할 수 있어?	Can you explain it clearly?
그것을 좀 더 분명히 할 수 있어?	Can you clarify it a little more?
더 명확하게 말해.	Speak more clearly.
알고 싶어서 죽겠어.	I'm dying to know.
그거에 대해 듣고 싶어.	I want to hear about it.
그것에 대해 더 듣고 싶어.	I want to hear more about it.
얘기가 길어.	It's a long story.
그 뒤에 긴 이야기가 있어.	There is a long story behind it.

아쉽다./슬프다.	It's sad.
어이없다./터무니없다./어처구니없다.	It's ridiculous.
날 실망시키지 마.	Don't let me down.
그건 날 실망시켰어.	It disappointed me.
난 그 결과에 실망했어.	I'm disappointed with the result.
결과가 내가 예상한 것보다 안 좋아.	The result is worse than I expected.
내 기대 이하였어.	It was below my expectation.
내 기대에 못 미쳤어.	It didn't meet my expectation.
난 많이 기대하지 않았어.	I didn't expect much.
너가 안 와서 아쉽다.	It's sad that you didn't come.
환상적이야!	Fantastic!
대단해!/훌륭해!	It's super!
훌륭해!/엄청나!	It's terrific!
멋져!	It's fabulous!
아주 좋아!	It's excellent!
기가 막혀!	It's awesome!
넌 좋겠다!	It's good for you!
좋은 시도였어!	It was a nice try!
잘했어, 데이비드!	Well done, David!
수고했어.	Thank you for your hard work.
너가 부러워.	I envy you.
넌 아주 잘하고 있어.	You're doing very well.
넌 칭찬받을 자격이 있어.	You deserve the praise.
넌 그럴 자격이 있어.	You deserve it.
아주 잘했어.	You did very well.
잘했어./수고했어.	You did a good job.
넌 해냈어/성공했어.	You made it.
넌 마침내 해냈어.	You finally did it.
넌 너무 열심히 했어.	You tried so hard.

축하해.	Congratulations.
상 탄 거 축하해.	Congratulations on your award.
성공 축하해.	Congratulations on your success.
결혼 축하해.	Congratulations on your wedding.
입학 축하해.	Congratulations on your admission.
승진 진심으로 축하해.	Sincere congratulations on your promotion.
현대에 입사한/들어간 것을 축하해.	Congratulations on getting into Hyundai.
기념일/결혼기념일 축하해.	Happy anniversary.
큰 박수를 칩시다.	Let's give a big applause.
너에게 큰 박수를 친다.	I give you a big hand.
이것을 축하하기 위해 파티 하자.	Let's have a party to celebrate this.
생일 축하파티 하자.	Let's have a birthday party.
케이크에 초를 꽂는다.	I put candles on the cake.
초 1개를 생일 케이크에 꽂는다.	I stick one candle on the birthday cake.
초에 불을 붙인다.	I light the candle.
생일 축하 노래를 부른다.	I sing the 'happy birthday' song.
촛불을 불어서 끈다.	I blow out the candles.
촛불을 끈다.	I put out the candle.
이건 네 거야./이건 널 위한 거야.	This is for you.
나?	For me?
여기 너를 위한 작은 선물이 있어.	Here's a small gift for you.
네 생일선물을 샀어.	I bought your birthday present.
선물 열어 봐/개봉해 봐.	Open your present.
풀어 봐.	Unpack it.
이 선물을 고르는 데 며칠 걸렸어.	It took me a few days to choose this gift.
네 생일을 잊을 뻔했어.	I almost forgot your birthday.
난 음력 생일을 쇄.	I celebrate my lunar birthday.
나한테 돈 쓰지 마.	Don't spend money on me.

고마워.	Thank you.
매우 고마워.	Thank you so much.
너의 도움 고마워.	Thank you for your help.
시간 내줘서 고마워.	Thank you for your time.
수고해줘서 고마워.	Thank you for your hard work.
신경 써줘서 고마워.	Thank you for your concern.
영혼 없는 대답 고마워.	Thank you for your soulless answer.
칭찬 고마워.	Thank you for the compliment.
모든 게 고마워.	Thank you for everything.
신경 써줘서 고마워.	Thank you for caring.
와줘서 고마워.	Thank you for coming.
날 챙겨줘서/돌봐줘서 고마워.	Thank you for looking after me.
감사합니다.	I appreciate it.
너의 노력에 진심으로 감사해.	I really appreciate your efforts.
너의 도움에 너한테 고맙게 생각해.	I'm grateful to you for your help.
넌 친절해.	It's kind of you.
큰 도움이었어.	It was a big help.
너에게 보답할게.	I'll pay you back.
전혀.	Not at all.
천만에.	You're welcome.
문제없어.	No problem.
너무 대단하게 생각하지 마.	Don't make too much of it.
별거 아니었어.	It was not a big deal.
별거 아니었어.	No big deal.
아무것도 아니었어.	It was nothing.
내가 좋아서 한 거야./내가 더 기뻐.	It was my pleasure.
내 일을 했을 뿐이야.	I just did my job.
난 네 칭찬받을 자격이 없어.	I don't deserve your praise.
난 전문가야.	I'm an expert.
난 프로야.	I'm a professional.

문제 있어?	Is there a problem?
뭐가 잘못됐어?	Is something wrong?
뭐가 문제야?	What's the matter?
무슨 문제야?	What's the problem?
너에게 뭐가 잘못됐어?	What's wrong with you?
너에게 무슨 일이 생긴 거야?	What happened to you?
무슨 일이야?	What's happening?
뭐가 무서워?	What are you afraid of?
너 아주 좋아 보이지는 않아.	You don't look so good.
뭔가가 잘못됐어.	Something is wrong.
무서워 죽겠어.	I'm scared to death.
지금 많이 긴장돼.	I'm very nervous now.
지금 많이 긴장돼/초조해/안절부절못해.	I'm so uptight now.
무서워서 덜덜 떨고 있어.	I'm trembling in fear.
난 뭔가를 걱정하고 있어.	I'm worried about something.
난 뭔가를 신경 쓰고 있어.	I'm concerned about something.
전에 그걸 본 적이 없어.	I've never seen it before.
전에 그걸 해 본 적이 없어.	I've never done it before.
전에 그걸 들어본 적이 없어.	I've never heard of it before.
전에 그걸 생각해본 적이 없어.	I've never thought of it before.
전에 거기 가 본 적이 없어.	I've never been there before.
전에 이걸 먹어본 적이 없어.	I've never eaten this before.
어둠이 무서워.	I'm afraid of the dark.
걱정할 것 하나도 없어.	There's nothing to worry.
넌 걱정할 필요가 없어.	You don't need to worry.
그거 걱정하지 마.	Don't worry about it.
두려워하지 마.	Don't be afraid.
무서워하지 마.	Don't be scared.
내가 네 옆에 있을게.	I'll be next to you.
일단 기다려 봐/두고 봐.	Just wait and see.

해봐.	Try.
더 열심히 해.	Try harder.
한 번 더 해봐.	One more try.
절대 포기하지 마.	Never give up.
넌 아직도 기회가 있어.	You still have a chance.
행운을 빌어.	Good luck.
이번에 네 능력을 보여줘.	Show your ability this time.
밑져야 본전이야. (해봐도 손해는 아니야.)	It doesn't hurt to try.
무리하지는 마.	Don't overdo it.
네 미래는 밝아.	Your future is bright.
넌 여기서 성공할 거야.	You'll succeed in this.
내가 장담해.	I guarantee it.
널 지켜볼게.	I'll watch you.
네 기대에 부응할게.	I'll meet your expectation.
나한테 너무 많은 걸 바라지 마.	Don't expect too much of me.
내가 널 격려해줄게.	Let me encourage you.
널 위로해줄게.	I'll comfort you.
유감이야!/안타깝다!/안됐다!	What a pity!
정말 안됐어.	That's too bad.
그걸 들으니 너무 안타깝다.	I'm really sorry to hear that.
아깝다. (거의 다 되었는데)	That was so close.
넌 거의 다 했는데/거의 다 되었는데.	You almost had it.
운이 없어.	That's unfortunate.
별일 아냐.	It's nothing.
상관없어.	It doesn't matter.
그건 종종 그래.	It often happens.
버스 이미 떠났어./기회를 놓쳤어.	You missed the boat.
과거의 일이야./지나간 일이야.	It's in the past.
과거는 과거일 뿐이야.	The past is just the past.
그 정도면 충분해.	That's good enough.

이건 될 거야.	This will work.
넌 더 잘했어.	You did better.
넌 훨씬 더 잘했어.	You did much better.
넌 할 수 있어.	You can do it.
다음엔 더 잘할 수 있어.	You can do it better next time.
넌 잘할 거야.	You'll do fine.
앞으로(미래에) 더 좋아질 거야.	You'll be better in the future.
모든 게 괜찮을 거야.	Everything will be alright.
울지 마.	Don't cry.
자책하지 마.	Don't blame yourself.
부끄러워하지 마.	Don't be shy.
속상해하지 마.	Don't be upset.
많이 생각하지 마.	Don't overthink.
편하게 받아들여.	Take it easy.
마음을 편히 먹어.	Keep your mind at ease.
긍정적으로 생각해.	Think positive.
용기를 내.	Be brave.
자신감을 가져.	Be more confident.
넌 자신감이 좀 더 필요해.	You need more confidence.
난 자신 있어.	I have a lot of confidence.
난 네 편이야.	I'm on your side.
나도 그걸 경험했어.	I also experienced it.
네 기분/심정 알아.	I know how you feel.
네 상황을 이해해.	I understand your situation.
네 감정/심정/마음을 이해해.	I understand your feelings.
그건 내 책임이야.	I'm responsible for it.
내가 책임질게.	I'll take the blame.
나를 믿어.	Count on me.
나를 믿어.	Believe in me.
너한텐 내가 있잖아.	You've got me.

중심을 유지해.	Keep your balance.
중심 잃지 마.	Don't lose your balance.
넌 잃을 게 없어.	You have nothing to lose.
거기서 잘 버텨.	Hang in there.
거기서 살아남아.	Survive there.
이 방법으로 하자.	Let's go this way.
이렇게 해봤어?	Have you tried this way?
이걸 쉽게 할 수 있어.	You can do this easily.
방법을 알면 쉬워.	It's easy if you know the way.
새 출발 하자.	Let's make a new start.
지금부터 새로운 사람이 돼.	Become a new man from now on.
강한 의지력이 필요해.	You need strong willpower.
그건 정신력의 문제야.	It's a matter of mental power.
난 충고가 필요해.	I need some advice.
나한테 조언 좀 줘.	Give me some advice.
너한테 충고 한마디 해도 돼?	Can I give you a piece of advice?
내 충고를 받아들여.	Accept my advice.
간단해./쉬워.	It's easy.
그냥 무시해.	Just ignore it.
그게 유일한 방법이야.	It's the only way.
이게 널 기운나게/힘내게 할 거야.	This will cheer you up.
난 결심/결정한다.	I make up my mind.
난 쉽게 결심/결정한다.	I make up my mind easily.
다행이야!	What a relief!
마음이 편해.	I feel relaxed.
좋은 소식이야.	That's a good news.
그 소식을 들으니 안심돼.	I'm relieved to hear the news.
너가 그걸 한 것은 좋은 선택이었어.	It was a good choice that you did it.
난 안도의 한숨을 쉰다.	I sigh with relief.

그의 말에 감동받았어.	I'm moved by his words.
그녀의 행동에 감동받았어.	I'm touched by her behavior.
그 세미나에 감동받았어.	I'm impressed by the seminar.
그의 예술 작품은 인상적이었어.	His work of art was impressive.
그 공연/연주는 정말 감동적이었어.	The performance was truly moving.
그건 감동적인 장면이었어.	It was a touching scene.
그 순간이 내 마음을 감동시켰어.	The moment touched my heart.
목이 메어.	I feel a lump in my throat.
최근에 기분이 안 좋아.	I'm in a bad mood lately.
난 끝장이야.	I'm finished.
우울해.	I'm depressed.
답답해.	I feel frustrated.
슬프고 우울해.	I feel sad and gloomy.
참기 어려워.	It's hard to bear.
내겐 너무 힘들어.	It's so hard for me.
이건 내겐 힘든 시간이야.	This is a tough time for me.
난 어려운 시간을 보내고 있어.	I'm having a hard time.
난 어려운 시간을 보내고 있어.	I'm having a difficult time.
날 혼자 내버려 둬/가만히 좀 둬.	Leave me alone.
울고 싶어.	I want to cry.
울고 싶어.	I feel like crying.
눈물 나. (내 눈에 눈물이 있어.)	There are tears in my eyes.
나름 최선을 다했어./최선을 다했다고 생각해.	I think I did my best.
내가 모든 걸/다 망쳤어.	I spoiled everything.
모든 게 사라졌어.	Everything is gone.
내 미래가 안 보여.	I can't see my future.
다 관두고 싶어.	I want to quit everything.
뭘 해야 할지 모르겠어.	I don't know what to do.

너무 웃겨!	So funny!
너 너무 웃겨.	You're so funny.
그건 웃긴 얘기야.	It's a funny story.
너무 재밌어.	It's a lot of fun.
난 재밌어.	I'm having fun.
뭐가 그리 웃겨?	What's so funny?
그 공연은 너무 재미있었어.	The performance was much fun.
그는 우리에게 신세계를 보여줬어.	He showed us a new world.
나는 활짝 웃으며 말했어.	I said with a big smile.
만세!	Hurrah!
나 1등 했어.	I won first place.
난 그 대회에서 1등 했어.	I won the first prize in the competition.
나 복권에 당첨됐어!	I won the lottery!
땡잡았어./대박났어.	I hit the jack pot.
나는 기쁨의 눈물을 흘린다.	I cry tears of joy.
이건 기쁨의 눈물이야.	These are tears of joy.
환하게 웃는다.	I have a big smile.
그걸 들으니 기뻐.	I'm glad to hear that.
정말 운이 좋아.	I'm really lucky.
너무 행복해.	I'm so happy.
정말 흥분돼./신나.	I'm really excited.
기분 좋아.	I'm in a good mood.
기분 좋아.	I feel good.
기분 너무 좋아.	I feel great.
힘이 넘쳐.	I feel energetic.
오늘은 나의 날이야.	Today is my day.
분위기 깨지 마.	Don't ruin the fun.

그건 역겨워.	It's disgusting.
그건 정말 짜증나.	It's really annoying.
그건 너무 귀찮아.	It's too much trouble.
그건 날 짜증나게 해.	It annoys me.
난 짜증나.	I'm annoyed.
난 짜증나.	I'm irritated.
정말 속상해.	I'm really upset.
너한테 화나.	I'm mad at you.
브라이언한테 화나.	I'm angry with Brian.
뭐가 널 귀찮게 해?	What's troubling you?
너 때문에 미치겠어./넌 나를 미치게 해.	You drive me crazy.
너가 날 귀찮게 하고 있어.	You're bothering me.
너가 짜증나게 하고 있어.	You're annoying me.
어떻게 그렇게 말할 수 있어?	How can you say that?
넌 항상 이런 식이야.	You're always like this.
넌 항상 이런 식으로 행동해.	You always act this way.
넌 항상 네 맘대로야.	You always do it your way.
한두 번이 아니야.	It's more than once.
한 번이면 충분해.	Once is enough.
더 이상 참을 수 없어.	I can't stand it any more.
나랑 장난해?	Are you playing with me?
나랑 장난해?	Are you kidding me?
너 왜 이래?	Why do you act like this?
왜 날 공격해?	Why do you attack me?
그만하라고 말했어.	I told you to stop.
난 이미 너한테 그렇게 말했어.	I already told you so.
너가 내 말 안 들었어.	You didn't listen to me.
그러지 마.	Don't do that.
날 귀찮게 하지 마.	Don't bother me.
장난하지 마.	Don't play around.

나한테 소리 지르지 마.	Don't yell at me.
웃지 마.	Don't laugh.
크게 웃지 마.	Don't laugh out loud.
날 비웃지 마.	Don't laugh at me.
저리 가.	Go away.
나가.	Get out.
아무 말도 하지 마.	Don't say a word.
한마디도.	Not even a word.
날 그만 귀찮게 해.	Stop bothering me.
너가 왜 신경 써?	Why do you care?
네 일이나 해./너나 잘해.	Mind your own business.
네 알 바 아니야.	It's none of your business.
내 일은 내가 할 수 있어.	I can take care of my business.
참아./마음 편히 먹어.	Relax.
참아./진정해.	Calm down.
침착해./평정심을 유지해.	Keep your cool.
분노를 조절해.	Control your anger.
흥분하지 마./냉정을 잃지 마.	Don't lose your cool.
속상해 하지 마.	Don't get upset.
우린 오해가 있어.	We have a misunderstanding.
넌 그걸 오해했어.	You got it wrong.
넌 날 오해했어.	You got me wrong.
너가 그것을 잘못 들었어.	You heard it wrong.
날 오해하지 마.	Don't get me wrong.
이 상황을 오해하지 마.	Don't get this situation wrong.
난 그것과 아무 상관없어.	I have nothing to do with it.
그건 나와 아무 관계없어.	It's nothing to do with me.
나는 너가 다른 사람인 줄 알았어.	I took you for someone else.
나는 널 완전히 오해했어.	I misunderstood you entirely.
그들의 반응을 잘못 판단했어.	I misjudged their reaction.

176

내가 뭘 잘못했어?	What did I do wrong?
난 올바른 일을 했어.	I did the right thing.
난 올바르게 했어.	I did right.
난 틀리지/잘못하지 않았어.	I didn't do wrong.
내 말 들어봐.	Listen to me.
내가 이상하게 행동한 거 알아.	I know I acted weird.
사정이 있었어.	I had my own reason.
선택의 여지가 없었어.	I had no choice.
어쩔 수가/피할 수가 없었어.	I couldn't avoid it.
억울해./불공평해.	It's unfair.
핑계대지 마.	Don't give me any excuses.
그건 네 핑계야.	It's your excuse.
다른 사람 탓하지 마.	Don't blame others.
넌 날 비난할 자격/권리 없어.	You don't have a right to criticize me.
친구와 싸우고 있어?	Are you fighting with your friend?
싸우지 마.	Don't fight.
싸움 말려.	Stop the fight.
그만 싸우고 그만 소리 질러.	Stop fighting and stop shouting.
욕하지 마.	Don't swear.
나한테 욕하지 마.	Don't swear at me.
넌 누구 편이야?	Whose side are you on?
난 네 편이야.	I'm on your side.
어느 편도 들지 마.	Don't take anyone's side.
사이좋게 지내./화해해.	Be friends.
서로 미안하다고 해.	Say sorry to each other.
우린 싸울 필요가 없어.	We don't need to fight.
난 너와 사이좋게 지내고 싶어.	I want to get along well with you.
너와 화해하고 싶어.	I want to make up with you.
서로에게 사과하자.	Let's apologize to each other.
말싸움 그만하자.	Let's stop arguing.

너무 창피해./당황스러워./민망해.	I'm so embarrassed.
부끄러워.	I'm ashamed.
내 자신이 부끄러워.	I'm ashamed of myself.
내가 그걸 물었다니 창피하다.	I'm ashamed that I asked that.
창피해서 얼굴이 빨개졌어.	I blushed with shame.
너 얼굴이 부끄러워서 빨개졌어.	Your face turned red in shame.
그때 너무 당황했어.	I was in panic at that time.
당황하지 마.	Don't panic.
창피한 줄 알아!	Shame on you!
창피한 줄도 모르고!	Shameless!
넌 염치도 없어.	You have no shame.
난 그것을 후회해.	I regret it.
난 뼈저리게 후회해.	I regret it bitterly.
난 그 결정을 많이 후회해.	I regret the decision a lot.
난 그 프로젝트를 망친 걸 후회해.	I regret that I destroyed the project.
난 그렇게 안 한 걸 후회해.	I regret that I didn't do so.
후회해도 늦었어.	It's too late for regrets.
시간을 되돌리고 싶다.	I want to turn back time.
너 안 피곤해?	Aren't you tired?
난 정말 피곤해.	I'm really tired.
난 피곤해 죽겠어.	I'm tired to death.
난 완전히 지쳤어./기진맥진이야.	I got totally exhausted.
과로로 피곤해 죽겠어.	I'm dead tired from overwork.
손가락 하나도 까딱 못하겠어.	I can't even move a finger.
씻지도 못하겠어.	I can't even wash myself.
마사지 해줄까?	Can I give you a massage?

실례해요.	Excuse me.
방해해서 미안해.	Sorry to disturb you.
귀찮게 해서/폐 끼쳐서 미안해.	Sorry to trouble you.
걱정 끼쳐서 미안해.	Sorry to make you worry.
불편하게 해서 미안해.	Sorry for the inconvenience.
정말 미안해.	I'm really sorry.
그것에 대해 미안해.	I feel sorry about that.
내가 경솔했어.	I was imprudent.
할 말이 없어.	I'm speechless.
면목 없어.	I don't have any excuse.
그건 내 잘못이야/내 탓이야.	It's my fault.
모든 게 내 잘못이야.	Everything is my fault.
그건 실수였어.	It was a mistake.
내가 이 부분에서 실수했어.	I made a mistake in this part.
내가 너에게 너무 심하게 대했어.	I was so harsh with you.
말실수였어./말이 헛나갔어.	It was a slip of the tongue.
갑자기/순간 욱했어.	I lost my temper all of a sudden.
내가 그 부분을 놓쳤어.	I missed that part.
어떻게 그걸 놓칠 수 있었지?	How could I miss it?
그럴 의도는 아니었어./그럴 마음이 아니었어.	I didn't mean it.
일부러/의도적으로 그러지는 않았어.	I didn't do it intentionally.
조심할게.	I'll be careful.
다음에는 더 조심할게.	I'll be more careful next time.
다시는 안 그럴게.	I'll never do it again.
이번이 마지막이야.	This is the last time.
한 번 더 기회를 줘.	Give me a second chance.
날 용서해줘.	Forgive me, please.
내 사과를 받아줘.	Please accept my apology.
진심이야.	I mean it.
난 사과했어.	I said sorry.

너 나한테 거짓말했어.	You lied to me.
넌 거짓말하다가 걸렸어.	You were caught lying.
난 눈치 챘어/알아차렸어.	I noticed.
넌 거짓말쟁이야.	You're a liar.
뭘 숨기고 있어?	What are you hiding?
거짓말하지 마.	Don't tell a lie.
사실대로 말해.	Tell me the truth.
난 사실/진실을 말하고 있어.	I'm telling you the truth.
난 (양심에) 찔려.	I feel guilty.
넌 양심이 없어.	You don't have a conscience.
네가 뭘 뜻하는지 말해./네 진심을 말해.	Say what you mean.
나한테 솔직해.	Be frank with me.
나한테 솔직해.	Be honest with me.
솔직히 말해서, 그건 별로야.	Honestly, it's not good.
솔직히 말해서 그건 생각만큼 좋지 않아.	Frankly, it's not as good as I thought.
괜찮아.	That's okay.
신경 쓰지 마.	Never mind.
잊어.	Forget it.
미안해하지 마.	Don't be sorry.
그건 네 잘못이 아니야.	It's not your fault.
네 사과를 받아들일게.	I accept your apology.
너에게 한 번 더 기회를 줄게.	I'll give you one more chance.
널 용서할게.	I forgive you.
다음엔 더 조심해.	Be more careful next time.
같은 실수 반복하지 마.	Don't repeat the same mistake.
미안하다는 말로는 충분하지 않아.	Saying sorry is not enough.
이건 넘어갈 수 없어.	I can't let this go.
네 사과는 진심이 아니야.	Your apology is not sincere.
맘에 없는 소리 하지 마.	Don't say what you don't mean.

빨리 가.	Go quickly.
빨리 해.	Do it quickly.
빨리 결정해.	Decide quickly.
빨리 준비해.	Get ready quickly.
서둘러.	Hurry up.
계속해.	Go ahead.
당장 해.	Do it at once.
바로 지금 해.	Do it right now.
가능한 한 빨리 해.	Do it as soon as possible.
나 급해.	I'm in a hurry.
너무 늦었어.	It's too late.
너 회의에 늦을 거야.	You'll be late for the conference.
너 학교 버스 놓칠 거야.	You'll miss the school bus.
난 막 하려던 참이었어.	I was just about to do it.
지금 할 거야.	I'm going to do it now.
바로 지금 할게요.	I'll do it right now.
바로 시작하자.	Let's get on it right away.
하고 있어.	I'm trying.
속도 낼게.	I'll speed up.
거의 다했어.	I'm almost done.
나 아직 안 끝났어.	I'm not done yet.
나 아직 못 끝냈어.	I didn't finish it yet.
방금 끝났어.	I just finished.
난 다했어.	I'm done.
그건 끝났어.	It's over.
완전히 끝났어.	It's all over.
다했다!	All done!
그거 언제 준비돼?	When will it be ready?
모든 게 다 준비됐어.	I got everything ready.
난 준비 다 됐어.	I'm all set.

제 시간에 끝낼 수 있어?	Can you get it done on time?
왜 이리 오래 걸려?	What took you so long?
언제 이 보고서를 제출할 수 있어?	When can you hand in this report?
언제 그 설문 결과가 필요하세요?	When do you need the survey result?
내일까지 기다려.	Wait till tomorrow.
늦어도 내일까지.	By tomorrow at the latest.
내일 아침까지 필요해.	I need it by tomorrow morning.
내일까지 보고서를 써.	Write a report by tomorrow.
그건 목요일까지 될 거예요.	It'll be done by Thursday.
다음 주 목요일까지 제출해.	Submit it by next Thursday.
제시간에 맞춰야 돼.	I should make it on time.
마감시간 지켜야 돼.	I should meet the deadline.
마감시간 넘기지 마.	Don't miss the deadline.
마감 벌써 지났어.	The deadline already passed.
시간 다 됐어.	Time's up.
너에게 10분 줄게.	I'll give you 10 minutes.
10분 안에 끝내.	Finish in 10 minutes.
10분 남았다.	We have 10 minutes left.
타이머를 10분으로 맞춰.	Set the timer for 10 minutes.
시계 봐.	Look at the clock.
우린 시간이 없어.	We have no time.
시간이 없어.	We're running out of time.
충분한 시간이 없어.	We don't have enough time.
시간 낭비하지 마.	Don't waste time.
일에 집중/주목해.	Pay attention to the work.
집중해서 끝내.	Focus and finish.
그때까지 끝내.	Finish by then.
난 기다리고 있어.	I'm waiting.
난 밖에 있을게.	I'll be outside.

나 지금 떠나야 돼.	I need to leave now.
너보다 먼저 떠난다.	I'm leaving before you.
너 빼고 간다.	I'm going without you.
너 지금 나가?	Are you leaving now?
먼저 해.	Go ahead.
너 먼저 해.	After you.
너 먼저 가.	You go first.
나 빼고 가.	Go without me.
너 뒤에 갈게.	I'll go after you.
너 뒤따라갈게.	I'll catch up with you.
너 왜 그리 급해?	Why are you in such a hurry?
그게 언제인데?	When is it?
나 재촉/강요하지 마.	Don't push me.
서두르지 마./보채지 마.	Don't rush me.
서두를 필요 없어.	We don't have to hurry up.
시간 많아.	We have much time.
아직도 시간 많아.	We still have much time.
우린 시간이 충분해.	We have enough time.
아직 30분이나 남았어.	We still have 30 minutes left.
절대 늦지 않아.	Never too late.
시간이 좀 걸릴 거야.	It'll take a little while.
난 아직도 멀었어.	I still have a long way to go.
너 그렇게 오래 기다릴 수 있어?	Can you wait that long?
천천히 해.	Take your time.
천천히 해./쉬엄쉬엄 해.	Take it easy.
천천히/쉬엄쉬엄 해.	Do it slowly.
조금만 더 기다려 보자.	Let's wait and see a little longer.
곧 알게 되겠지.	We'll see soon.
내 예상보다 빠르네.	It's faster than I expected.

넌 벌 받아야 돼.	You deserve punishment.
넌 네 행동에 책임져야 돼.	You should be responsible for your action.
난 널 혼낼 거야.	I'll punish you.
넌 혼날 거야.	You'll be scolded.
네 나쁜 버릇 고쳐.	Change your bad habit.
조심스럽게 다뤄.	Handle it gently.
다칠 수 있어.	You can get hurt.
올바르게 해.	Get it right.
적당히 해.	Go easy on it.
걔한테 잘해줘/살살해/너그럽게 해.	Go easy on him.
그거 명심해.	Keep that in mind.
스스로를 낮춰.	Lower yourself.
네 분수를 알아.	Know your place.
현실을 직시해.	Face it.
현실적이 돼.	Be realistic.
현실을 봐./정신 차려./꿈 깨.	Get real.
책임감 있게 행동해.	Act responsibly.
매너는 어디 있어?	Where are your manners?
매너가 없어.	You have no manners.
매너 지켜.	Have some manners.
예절을 지켜./예의바르게 해.	Have good manners.
예의 지켜./예의바르게 해.	Mind your manners.
다른 사람들을 배려해.	Consider for other people.
인생을 즐겨.	Enjoy your life.
조용히 놀아.	Play quietly.
그 위에 무거운 거 올려놓지 마.	Don't put heavy things on it.
그거 잃어버리지 마.	Don't lose it.
바닥에 가방 두지 마.	Don't leave the bag on the floor.
오버하지 마.	Don't overdo it.
뭘 보고 있는 거야?	What are you looking at?

조심해.	Take care.
조심해.	Be careful.
차 조심해. (운전할 때)	Be careful with the cars.
차 조심해. (걸어 다닐 때)	Be careful of the cars.
조심해.	Watch out.
걸음 조심해.	Watch your step.
머리 조심해.	Watch your head.
그러는 게 좋아.	You'd better do it.
그건 안 하는 게 좋아.	You'd better not do it.
계속해.	Keep going.
계속 말해.	Continue talking.
솔직히 말해.	Talk straight.
차분히 말해.	Speak calmly.
조용히 말해.	Speak quietly.
공손히 말해.	Speak politely.
이렇게 말하지 마.	Don't talk like this.
말하는 것을 망설이지 마.	Don't hesitate to speak.
나한테 소리 지르지 마.	Don't shout at me.
넌 그런 식으로 말하면 안 돼.	You shouldn't talk like that.
그런 것을 말하면 안 돼.	You shouldn't say such a thing.
그건 나쁜 말이야.	It's a bad word.
취소해.	Take it back.
시끄러워.	It's noisy.
조용히 해.	Be quiet.
목소리를 낮춰.	Lower your voice.
큰 소리 내지 마.	Don't make so much noise.
너 목소리가 너무 커.	Your voice is too loud.
말(혀) 조심해.	Watch your tongue.
입 조심해.	Control your mouth.

기타 유용한 표현

나는 어떤 수준/레벨에 속해?	In which level do I belong?
난 완전 초보야.	I'm a super beginner.
내 영어는 좋지 않아.	My English is not good.
내 영어는 형편없어.	My English is poor.
난 영어를 아주 조금 말할 수 있어.	I can speak in English just a little.
내 영어가 이해돼?	Do you understand my English?
내 영어가 안 늘어.	My English is not improving.
진전이 없어./진도가 안 나가.	I'm not making any progress.
나한테는 어려워.	It's hard for me.
어디서 영어 배웠어?	Where did you learn English?
이건 학교에서 배웠어.	I learned this at school.
영어실력을 키우고 싶어.	I want to improve my English.
말하기 실력을 키워야 돼.	I should improve my speaking skill.
영어를 유창하게 하고 싶어.	I want to speak in English fluently.
난 영어학원에 가/다녀.	I go to an English academy.
영어학원에서 회화수업을 등록했어.	I registered for the conversation class at the English academy.
그건 8주 집중 과정이야.	It's an intensive 8-week program.
그들은 일대일 상담과 일대일 개인지도도 있어.	They have a one-on-one counseling and a one-on-one instruction.
새벽반 수업을 들어봐.	Try the early-bird class.
최소한 한 문장이라도 말해봐.	Try to speak at least one sentence.
적어도 한 줄이라도 써봐.	Try to write at least one line.
영어로 혼자 중얼거려.	Mumble alone in English.
영어로 설명하고 영어로 답해.	Explain it in English and answer it in English
영어를 듣고 영어로 말하는 것을 계속해.	Keep on listening to English and speaking in English.
영어 단어들을 외울 필요가 없어.	You don't need to memorize English words.
네 입에서 영어 문장들이 무의식적으로 튀어 나올 거야.	The English sentences will come out unconsciously from your mouth.
알파벳의 모든 글자를 읽어.	Read all letters of the alphabet.
A와 C 사이에 무슨 글자가 있어?	What letter is between A and C?

나는 영어로 말한다.	I talk in English.
외국인과 영어로 대화한다.	I have a conversation in English with a foreigner.
영어로 프리토킹 하자.	Let's talk freely in English.
너 영어 이름이 뭐야?	What's your English name?
배우 다니엘한테서 이 이름을 얻었어.	I got this name from the actor Daniel.
그게 영어로 뭐야?	What's it in English?
이걸 영어로 뭐라고 말해?	How do you say this in English?
이걸 영어로 뭐라고 불러?	What do you call this in English?
지금 그게 생각이 안 나.	I can't think of it at the moment.
적당한 단어가 생각 안 나.	I can't think of the proper word.
혀끝에서 맴도네.	It's on the tip of my tongue.
그걸 영어로 설명할 수가 없어.	I can't express it in English.
이 단어는 F로 시작해.	This word starts with F.
사전에서 찾아 봐.	Look it up in the dictionary.
그 단어를 표시해둬.	Mark the word.
이 단어의 발음이 뭐야?	What's the pronunciation of this word?
이 단어를 어떻게 발음해?	How do you pronounce this word?
이 단어를 어떻게 써? (철자가 어떻게 돼?)	How do you spell this word?
그 단어의 철자를 불러볼래?	Can you spell the word for me?
그 단어를 써봐.	Write down the word.
그게 맞는 단어야.	It's the right word.
그게 한국말로 무슨 뜻이야?	What does it mean in Korean?
이 간판은 무슨 뜻이야?	What does this sign mean?
그 문장을 읽어.	Read the sentence.
뜻을 짐작해/맞춰/추측해.	Guess the meaning.
출입금지래.	It says 'No entry'.
이 상황에서 그 표현을 써도 돼?	Can I use the expression in this situation?

오늘이 무슨 요일이야?	What day is it today?
목요일이야.	It's Thursday.
월화수목금요일은 평일이야.	Monday, Tuesday, Wednesday, Thursday and Fridays are weekdays.
토요일과 일요일은 주말이야.	Saturday and Sunday are weekend.
넌 평일과 주말에 뭐해?	What do you do on weekdays and on weekends?
가족과 주말을 보내.	I spend the weekends with my family.
가족과 시간을 보내.	I spend time with my family.
친구들과 놀았어.	I hung out with my friends.
오늘 며칠이야?	What's the date today?
오늘 며칠이야? (오늘이 무슨 날이야?)	What's today?
2018년 3월 4일이야. (영국식)	It's 4th of March 2018. (twenty eighteen)
2018년 3월 4일이야. (미국식)	It's March 4th 2018. (twenty eighteen)
1991년 3월 1일이야	It's March 1st 1991. (nineteen ninety one)
오늘은 무슨 공휴일이야?	What holiday is it today?
몇 월이야?	What month is it?
달력은 12개월과 365일을 가지고 있어.	A calender has 12 months and 365 days.
달력에 특별한 행사들을 표시해.	Mark special events on the calender.
새해 첫날은 양력 1월 1일이야.	New Year's Day is January 1st on the solar calender.
음력 설날은 1월 말이나 2월 초에 있어.	Lunar New Year's Day is in late January or early February.
3월 1일은 공휴일이야.	March 1st is a national holiday.
만우절은 4월에 있어.	April Fools' Day is in April.
5월은 근로자의 날, 어린이날 그리고 어버이날이 있어.	May has Labor Day, Children's Day and Parents' Day.
현충일은 아쉽게도 일요일이야.	The Memorial Day is sadly on Sunday.
7월에 여름휴가를 갈 수 있어.	We can have summer vacation in July.
광복절은 8월 15일이야.	Independence Day is August 15th.
9월에는 추석이 있어.	We have Korean Thanksgiving day in September.
10월 9일은 개천절이야.	October 9th is National Foundation Day.
11월은 휴일이 없어.	November has no holiday.
12월 25일은 크리스마스야.	December 25th is Christmas.
너 생년월일이 언제야?	What's the date of your birth?

몇 시야?	**What time is it?**
시간을 물어도 돼?	**May I ask the time?**
시간을 말해줄 수 있어? (몇 시인지)	**Can you tell me the time?**
너 시간 있어? (한가한지 물을 때)	**Do you have time?**
몇 시인지 알아?	**Do you have the time?**
정확히 몇 시인지 알아?	**Do you have the exact time?**
시계가 없어.	**I don't have a watch.**
11시 20분이야.	**It's 11:20.**
11시 10분 전이야.	**It's 10 to 11.**
지금 오후 11시야.	**Now it's 11pm.**
딱 11시야.	**It's just 11.**
11시 정각이야.	**It's 11 o'clock sharp.**
벌써 오후야.	**It's already noon.**
자정이야.	**It's midnight.**
새벽이야.	**It's dawn.**
틀리잖아.	**It's wrong.**
시간 맞춰.	**Check the time.**
1부터 10까지 숫자 세자.	**Let's count numbers from 1 to 10.**
1, 2, 3, 4, 5, 6, 7, 8, 9,	**one, two, three, four, five, six, seven, eight, nine,**
10, 11, 12, 13, 14,	**ten, eleven, twelve, thirteen, fourteen,**
15, 16, 17, 18, 19,	**fifteen, sixteen, seventeen, eighteen, nineteen,**
20, 21, 22, 23, 24,	**twenty, twenty one, twenty two, twenty three, twenty four,**
25, 26, 27, 28, 29	**twenty five, twenty six, twenty seven, twenty eight, twenty nine**
30, 40, 50, 60, 70, 80, 90	**thirty, forty, fifty, sixty, seventy, eighty, ninety**
100, 1,000, 10,000, 100,000	one hundred, one thousand, ten thousand, one hundred thousand
1,000,000 10,000,000 100,000,000	**one million, ten million, one hundred million**
555,555,555	five hundred fifty-five **million** five hundred fifty-five **thousand** five hundred fifty-five
123,456,789	one hundred twenty-three **million** four hundred fifty-six **thousand** seven hundred eighty-nine
첫 번째, 두 번째, 세 번째, 네 번째, 다섯 번째	**first, second, third, fourth, fifth**
여섯 번째, 일곱 번째, 여덟 번째, 아홉 번째, 열 번째	**sixth, seventh, eighth, ninth, tenth**